夢幻NBA

夢幻NBA

■作者／李著華（艾野）

弘智文化出版

夢幻 NBA

NBA 是許許多多人夢寐祈求的籃球天堂，那裡有球藝精湛的籃球天才，那裡有超高年薪的億萬富豪，半世紀以來，一位又一位身手佼健的籃球巨星用他們卓越的才華打造出光輝燦爛的 NBA 歷史。

『夢幻 NBA』是由旅美作家艾野（李著華）執筆，他以精研美國體育廿餘年的豐富心得與獨到見解，透過生花妙筆爲讀者剖析解碼 NBA 深奧的組織制度與人事變革，精采內容包括：選秀策略、NBA 的夢、詹氏王朝有得瞧、薪水嚇嚇跳、都是『柏德特款』惹的禍、那一夜，他用 100 分創造歷史、難忘的號碼、哀哉！籃球王國、美夢成幻影、雜牌軍上陣、外籍兵團搶攤 NBA、名人掌控 NBA、冷血殺手、誰怕那個大黑人、第一位 NBA 華人球員、籃球狀元姚明……當然，更有一個『喬丹特區』，包括喬丹的霸業、魔力、身價、微笑、企業、歸隱、復出、屈辱、再生、義氣、恩師、媽媽、婚變與傳人等，許許多多你所不知道的秘辛躍然紙上，此外，還有『籃球的故鄉』與『喊亮他的名字』等散文字字珠璣、篇篇感人，都是作者嘔心瀝血之作，『夢幻 NBA』是一本融合知性與感性的著作，也是一本記述與解析的作品，值得您閱讀深思，讀完後保證讓您對 NBA 的多元世界有透徹的了解……

本書作者艾野曾榮獲『海外華文著述獎』，著有『飛越大學城』、『征人斷歌』、『人在洋邦』、『站在歷史邊』與『當烽火燒起』等書，現爲美國美南報系總主筆，每週製作執筆『美國體育』專刊，深獲海外讀者歡迎。

自序：願把這本書獻給台灣的讀友

——寫在『美國體壇面面觀』叢書之前

●李著華

很久以來，我就有一個構想，就是把自己在海外精研多年的美國體育作品『輸入』台灣，以讓台灣廣大的讀者增加一個與美國體育正面接軌的機會，由於台北**弘智文化出版公司**的鋪路與搭橋，使得我在海外生產的大量作品可以全方位的向台灣讀者推廣，我十分感謝**弘智出版社**負責人**李茂興先生**的膽識與慧眼，由於他的眞誠與厚愛，我將一系列的把自己在美國精研了廿多年的美國體育作品歸納整理，以全新的面貌完整呈現給台灣的廣大讀者。

我的『**美國體壇面面觀**』叢書共分三冊，各冊書名與內容如下：

夢幻NBA

第一冊，書名為『夢幻NBA』——這是一本剖析解讀全球最高水準的美國職業籃球NBA深奧的組織制度與隊伍人事變革的著作，這也是我在美國廿多年實地採訪與研究NBA球賽的心得，其中包括從NBA球員的籌募誕生、球隊的選秀策略到各支隊伍的興衰變遷以及明星球員的卓越成就與超高薪水等等，我相信如果讀友們仔細讀完這本『夢幻NBA』後，必然可以全盤洞悉NBA複雜多端的人與事，讓您重回到一幕又一幕您絕對不可缺席的NBA歷史情境，並使您快速的成為一位『NBA通』。

第二冊，書名為『球轉乾坤』——這是一本廣泛解讀與介紹美國職棒大聯盟（MLB）、美式足球（NFL）、全美第一級大學（NCAA）籃壇與美式足壇以及拳壇、網壇和田徑場上的精彩現況與彪炳歷史，那是一本全方位解碼美國體壇的體育書，每一篇作品都是我近距離採訪與親身觀察美國體壇的心血結晶，相信此書一定可以讓台灣的讀友更深一層熟認美國體壇的千秋與百態。

第三冊，書名為『經典引掾』——這是一本融合了中英文的讀物，也是我在美國各大城市廿多年採訪與研究體壇盛事與活動時所蒐錄精選的各界人士的智慧語言，我除了做中英文對照翻譯之外，更把這些名人在說出這些名句與名言的時空背景給大家做一個透徹的解析，以讓台灣的讀友們熟知美國大眾媒體與體壇人士的機智、智慧、學識與幽默，同時，也讓讀者從這些經典話語之中得到一些人生的啓示。

以上三冊『**美國體壇面面觀**』叢書，弘智出版社將於一年之內在台灣全數出版，這是我在海外勤力筆耕廿多年而能對台灣讀者所做的些許貢獻，我衷心的期盼這三本靈活的『教科書』眞的能讓台灣廣大的讀者增廣見聞，如果您在讀完這三本書之後感到受益良多的話，我的宿願也就如償了！

李著華（艾野）敬上

二〇〇五年九月於美國風城芝加哥

『夢幻NBA』目錄

夢幻NBA

NBA選秀策略

NBA當局舉辦DRAFT的精義乃是在於體現一個『濟弱扶傾』的精神，以使各支NBA隊伍能夠在居於弱勢與劣勢時，可以優先選上質佳材優的球員以補充戰力而不致於落後其他隊伍太遠，換言之，站在NBA當局的立場，最好的狀況就是各支NBA隊伍都能夠在東西兩區保持長期勢均立敵以產生恐怖的平衡，然而選秀制度千變萬化，各隊球探不得不研究選秀策略……

廿一年前，如果休士頓火箭隊在與波特蘭拓荒人隊賭擲銅幣時輸掉的話，喬丹（Jordan）將會在選秀會上以第二名『榜眼』的身份被火箭隊選上；而在一九八四年NBA的正規季末，如果芝加哥公牛隊沒有策略性連連輸球而使自己的戰績退居到全聯盟倒數最爛的第三名的話，當時墊底第三的費城七十六人隊將穩穩選上喬丹。

『火箭隊已向我表達過，如果他們擲銅幣能贏的話，他們將以第一名選秀權選阿金·歐拉諸旺（Olajuwon），如果輸的話，他們才會選我，而當時擁有第三名選秀權的費城七十六人隊教頭比爾·康明罕（Cunningham）是北卡大畢業的人，他也已向我表示，如果火箭隊選走阿金，他們將選我，這一點，史密斯教練也知道。』喬丹在回憶起當年的選秀會時不禁感慨的說道：『那是擲銅幣的時代，銅幣未擲出之前我真的不能確知自己將身歸何處！』

的確如此，試想，如果當年擲銅幣的結果相反的話，休士頓大學的非洲先生阿金將會被波特蘭隊以狀元新秀選走，北卡大三年級的喬丹則會驅車南下休士頓太空城，與火箭隊前一年選中的『籃球狀元』沈樸生（Sampson）合組一個超強的『鋒衛聯盟』，那麼今天的NBA歷史必將重新改寫，火箭隊將不會有『雙塔』（Twin Towers）的歷史名詞，當然，火箭隊也不可能只在公牛隊選上的喬丹退休的那兩年裡奪得NBA總冠軍，而公牛隊如果不是在當年緊要關頭之際策略性輸球之後搶走費城七十六人隊垂手可得的空中飛人喬丹的話，今天的NBA只會有『七十六人王朝』，而不會有『公牛王朝』！自古英雄造時勢，喬丹正是這麼一位可以用隻手改寫歷史的英豪！

從喬丹兩度締造三連霸的史實可以證明出NBA的選秀會的確是對各隊伍的歷史影響至深且大，因此，彈性與機動的選秀策略就成爲各支NBA球隊不得不研習的學問與功夫，也正由於各支球隊深諳此道，所以NBA的選秀會總是每隔沒幾年就有所更改以防止不公平的現象發生。

以艾野研究NBA選秀會廿餘年的心得，得到一個清晰的結論是——NBA當局舉辦DRAFT的精義乃是在於體現一個『濟弱扶傾』的精神，以使各支NBA隊伍能夠在居於弱勢與劣勢時，可以優先選上質佳材優的球員以補充戰力而不致於落後其他隊伍太遠，換言之，站在NBA當局的立場，最好的狀況就是各支NBA隊伍都能夠在東西兩區保持長期勢均立敵以產生恐怖的平衡，如此才能吸引各地廣大球迷的觀球興趣，也唯有如此，NBA才會有暴利可圖，才可以歷久不衰，而可長可久。

在切入本文主題之前，艾野先把NBA選秀會半世紀以來的沿革歷史向大家做精要的歸納與整理，以讓大家明晰DRAFT可尋的脈絡源頭。

NBA的發展是從第二次世界大戰結束之後，也就是一九四六年開始，當時NBA只有十一支隊伍，而DRAFT則是從一九四七年起就已初步草擬創建，由於當時的球隊不多，所以一直到一九六五年都是採取由弱隊先選球員的方式，唯一值得一提的是，爲了確保本地區大學一流球員不外流的現象發生，NBA當局訂立了『本土特選』（TERRITORIAL SELECTION）的TS條款，規定凡是各支NBA球隊自認爲該球隊所在地內有那一位NCAA大學球員特別傑出不凡的，均可以用自己球隊所擁有的第一選秀權優先選中這位球員，但是爲什麼費城戰士隊可以在一九五九年能夠以TS條款搶先選走當時舉世無雙的堪薩斯大學天王籃球巨星張伯倫（Chamberlain）呢？那是因爲費城戰士隊老闆艾迪・葛提力伯（EDDIE GOTTLIEB）向NBA請願，認爲張伯倫並沒有眞正唸完堪薩斯大學，而且所唸的堪大並沒有NBA隊伍，所以應以他的眞正出生地以及他所唸的高中所在地爲TS條款的依據，NBA當局衡量得失後終於特別准許了此一申請，也使張伯倫成爲NBA歷史上，唯一是以『高中所地在』爲TS條款歸屬權者。試想，如果當初費城戰士隊老闆沒有政治手腕與選秀策略的話，以一九五九年當時的選秀排列，擁有第一選秀權的辛辛那提皇家隊必然會以狀元籤選中張伯倫，那麼NBA的歷史一定會改寫，再加上在次年，辛辛那提皇家隊同樣也是憑藉著TS條款優先選走了光芒萬丈的奧斯卡・羅拔生（Robertson），所以皇家隊一定成爲全NBA最最強勁的隊伍，波士頓皇朝很可能不會產生。不過由於許多球隊認爲NBA不應該太『本土化』，所以NBA當局遂於一九六五年起取消了TS條款，總計共有十四年是採用TS條款決定頭籤的，從此以後的廿年間的NBA選秀會都相安無事，一律以各支球隊上一季的戰績做相反方面次序來做選秀的順序，而戰績最差的最後兩名則以擲銅幣的方式來決定第一名選秀權。

不過，由於許多弱隊在正規季賽中期以後自認為無緣也無力打入季後決賽，於是為了選中質佳體優的大學球員，於是他們不惜在季末時故意輸球輸陣以佔據最佳有利的選秀位置，這是一種十分投機也不符公平正義原則的做法，尤其是在芝加哥公牛隊策略性輸球得以選中喬丹之後，群情激憤，NBA當局遂於一九八五年徹底改變行之數十年的選秀制度，改採為LS制，那就是著名的『彩票系統』（Lottery System）--凡是沒有打入決賽的所有弱隊，均一視同仁，全都用抽彩票的方式來決定選秀會的頭彩，二彩，三彩，四彩……所以當年幸運抽到頭彩的紐約尼克隊毫不猶疑，立刻以第一選秀權選走了喬治城大學畢業的天王中鋒岳威（EWING）。

可是由於眞正的弱隊依然得不到提昇戰力的保障，所以一年之後，NBA又做了小幅的更改，把『彩票系統』減少只剩下三張，換言之，只有三張--頭彩、二彩與三彩是由無法打入決賽的各支球隊來抽取，其他未能打入決賽的隊伍則依戰績做相反次序排列，此制度的優點是，可以讓最差的那支隊伍可以至少擁有前四名的選秀權，算是兼顧到公平正義以及提昇弱勢隊伍的雙重目的了。

好景不常，到了一九九O年，因NBA當局為了因應不斷擴增的新隊伍，以及為保全各新舊隊伍的均衡實力，因而再次把『彩票系統』改更為『乒乓球制度』（Ping-Pong Balls），讓所有未能打入決賽的球隊均可獲得多寡不一的乒乓球個數，經電動搖滾抽取後決定選秀會的頭獎誰屬，因此，在PPB制之下，所有弱隊均有機會贏得頭獎，只是機率不同而已，這就是二OO二年，休士頓火箭隊以第五差的戰績卻能抽中頭獎而選走姚明的原因，而當年戰績最差的芝加哥公牛隊照理說應該有最高的獲勝機率，但是最後卻只抽到第二獎而已。

在此特別一提的是，NBA選秀會原先規定必需唸完大學才可以參加，但是在一九七一年的時候有人向法院提出抗告，認爲NBA有歧視在校大學生之嫌，所以法院強制命令NBA開放給在校生參加特別選秀的權利，唯在校生必需提供一份『財務困難』（Financial Hardship）的證明，因此，這個選秀簡稱之爲『困難選秀』（Hardship Draft），到了一九七二年，此選秀拚入正規的選秀，而且到了一九七六年時，也不需要再交『財務困難』的證明，所有未畢業的大學生均可在選秀會之前四十五天寄信通告NBA當局即可，這就是今天有那麼多大學生不必畢業就可以參加選秀會的由來。

NBA選秀制度在方式上幾經更改，而在選秀名額上也是數度增減，早期從一九四七年至一九五六年期間，選秀名額從第一輪到十八輪，名額甚多，一九五七年減爲十四輪，外加『補充選秀』（Supplental Picks）共有十五回合，到一九六O年又增到廿一輪，之後不斷擴大名額，一直到一九七四年開始至一九八四年期間則減少爲十輪，之後又遞減爲七輪，直到一九八九年起迄今爲止均一律爲兩輪，平均讓每支隊伍可以挑選兩名好手入伍效力，其他未被選上的球員則可以任意與他所中意的球隊簽約，如果這支球隊也中意他的話。

從以上的選秀制度沿革歷史中，我們不難得知，選秀會眞是經緯萬端，千頭萬緒，NBA當局為讓DRAFT能夠做到『四公』——『公平、公正、公開、公義』而時時在制度系統與方式名額上更弦易張，因而各支NBA球隊的選秀策略不得不隨之而更改。

NBA各支球隊的選秀策略在半世紀裡更改極多，最重要的原因是——以往的球員源頭只有一個，那就是NCAA全美大學體育聯盟第一級的球隊，而現在的球員來源卻有四個，除了NCAA外，還有專校生，外籍球員以及高中生球星，其中高中生這一個源頭因為在今年NBA勞資雙方所簽訂通過的協議中規定自二OO六年起凡是高中生以及十九歲以下的球員均不可直接參加DRAFT後完全中斷了，所以NBA選秀的策略又得更改。

以往NBA各隊的球探（Scout）只需要守侯在NCAA各大籃球名校的球場盯住幾位大名鼎鼎的明星球員比賽即可輕易挖掘出好手，因此，NBA可視為NCAA的沿續，但是現在的球探則必需周遊列國，到世界各地去招才挖寶，尤其是歐亞非洲各國的籃球好手層出不窮，像德國的諾威斯基（Nowitzki），法國的派克（Parker）以及中國大陸的姚明等，如果不是NBA的球派慧眼識英雄，專程到海外去挖出他們的話，他們也不可能有機會遠度重洋的來到美洲大地淋漓盡致的發揮籃球才華的。

這些年來，NBA的選秀有一個明顯的趨勢，即是走向國際化與年輕化，而這兩化也正在促使全球的籃球實力產生巨大的變動。

大家或許並不明白，自從滿清光緒年間美國的納史密斯博士（Dr.James Narsmith）發明了籃球以來，籃球一直是白人獨尊的運動，而NBA一直到一九五O年波士頓塞爾特人隊選中了裘克

・古柏（Cooper）後才有第一位黑人球員加入，從此以後，NBA即丕變爲黑人的天下，細數當代叱詫風雲的NBA球星，從張伯倫與羅素以下，到喬丹與詹姆斯，十之八九都是這些所謂的非洲裔美國人，但是由於NBA的觸角廣入世界各地之後，籃球的風氣已在大量全球迷漫開來，在NBA球探的努力發覺下，有色人種的球員在NBA一天天增多，尤其是一九八六年波特蘭拓荒人隊以第一輪廿四名選中蘇聯的沙邦尼斯（Sabonis）而大放異彩之後，選秀會上受青睞的外國籍球員與日俱增，而從一九九六年起年年季季都有『外國人』被選入NBA，中國大陸的王治郅即是於一九九九年被達拉斯小牛隊以第二輪卅六名選中，二〇〇三年更有多達八人在第一輪被選中，佔當年的百分之廿七，今年的選秀會上，外籍球員更是表現耀眼，除了來自在澳洲的柏格特當選榜首外，還有十七位來自世界各地的好手入選，創下歷史的新高，而這種趨勢必將延續下去。

當然，挑選外國籍球員的風險是比較大的，因爲在外國的籃球環境並不如美國好，在弱勢區的好球員並非一定可以在強勢區的NBA裡強出頭，所以挑選外國籍球員不幸失敗的例子很多，如底特律活塞隊在二〇〇三年以第二名選中了南斯拉夫的米希西（Milicic），汽車城裡的百姓對他寄望頗深，結果這小子中看不中用，身長七呎之軀，卻弱不禁風，打了卅四場球，平均每場只得一點七分，如果活塞隊老總杜瑪斯當年聽專家們的建議去選取雪城大學的新鮮人安東尼（Anthony）或馬奎大學的韋德（Wade）的話，搞不好活塞隊就可以輕鬆蟬連今年的NBA總冠軍了。

NBA選秀的年輕化自從今年訂出十九歲的下限後，必然可以阻止那些徒有潛力，但是心智並不成熟，並不一定可以發揮的年輕球員再到NBA球場上虛擲光陰，記得早些年代的NBA裡，年輕球員中只有費城七十六人隊的摩斯斯・馬龍（Moses Malone）是從維吉尼亞州彼德斯柏格高中一躍進入NBA，但是自從一九九五年芝加哥的天才高中生葛奈特（Garnett）在第一輪第五順位被明尼蘇達灰狼隊選中之後，充分展現了驚人的籃球才華，隨後各隊開始用第一輪的選秀權來挑年輕又富潛力的高中球員，這些年來，高中球星輩出，每一年由麥當勞速食店所主辦的『全美高中明星賽』（McDonalds All Amercian Game）都會凸出一批出類拔萃的籃球天才，而且年年都有高中球星在第一輪被選走，其中包括二OO一年六位參選，共有四位入選，在前四名之中，高中生竟佔了三名，來自葛來恩高中的布朗（Brown）更被華府魔術師隊以狀元新秀選中，使他成爲NBA史上第一位高中生狀元，而二OO三年的籃球狀元更是一位堪稱爲喬丹之後的籃球大帝詹姆斯（LeBornJames），在這些入選的高中小子們當中，有成功的，也有失敗的，成敗之間對球探而言的確是要靠幾分機運的，正如一位NBA球探所說的『他們在高中的球場上所碰上的對手可能是一位未來的律師或醫生，但是到了NBA，他們的對手個個都是現任的職業球員或他們的偶像球星，他們能眞正發揮多大的籃球才華呢？誰知道！』

事實上，不但是外國籍與高中生球員難以預測，就連打完NCAA四年球賽的球員也很難測，因爲選秀很多時候也是要碰運氣的，基本上每年選秀會所有球員的排名次序百分之九十八以上是經由所有的NBA專家與球探們共同研析比較後才排列出來的『模擬名單次序』，當然囉，對各隊球探而言，『情人眼裡出西施』，他們無不認定自己所挑選的人必然是才，然後在NBA選秀史上以第一輪被選進的球員大概有九成以上的機率可當選爲12人正牌陣容的球員，但這可不保証可以長久待在陣中。例如一九八二年的比爾，葛奈特（GRANETT），雖然以第一輪第四名被達拉斯小牛隊優先選入，但他卻毫無作爲，沒多久就消失在NBA沙場。再如一九八九年以第一輪第八順位選中的瑞地．懷特（WHITE）也是一樣，只在小牛隊待了兩個球季就被放逐了，記得當初小牛隊在決定挑選懷特時，信誓旦旦的告訴小牛隊球迷，此懷特乃「馬隆第二」也，因爲小牛隊在一九八五年的選秀會上本來要以第一輪第八名挑選路易斯安那理工學院的卡爾．馬隆（MAL-ONE）的，當時小牛隊已通告了馬隆，而馬隆也興高采烈的在達城買了房子，準備要從路州搬來定居，豈知小牛隊在選秀會上聽信了ESPN球探的妖言後，突然陣前易將，沒有挑上馬隆，卻選了在華盛頓大學留學的日耳曼後裔許彥夫（SCHREMPF），使馬隆的選秀地位下滑到第十三名，由猶他爵士隊選中，也正因爲這一錯誤的選秀抉擇，使得小牛隊喪失了一位NBA的超級巨星，馬隆如今已擠身於NBA五十大球員之一，許彥夫則流落多隊，未見大紅大紫過，早已消失在NBA的浪花裡面。

小牛隊爲彌補馬隆之失，於是八九年在擁有相同的第八順位選秀權時，不假思索立即選中了馬隆在路易斯安那理工學院的學弟懷特，記得那年六月，艾野親自到達城市中心區「重逢球場」小牛隊的選秀場所採訪，全場小牛隊球迷歡聲雷動，人人爲小牛隊主管口中的這位「馬隆第二」醉心不已，然而懷特一旦在進入小牛隊陣容後，身手並不如預期的好，在噓聲連連之下，小牛隊的「馬隆美夢」終於破滅了，三年之後懷特即被放逐而不知去向。

一九九一年小牛隊也用第一輪第六名順位選了密蘇里大學的「蠻牛」道格．史密斯（DOUG

SMITH），當年的選秀會上曾有兩個史密斯很叫狂，一個就是這個道格・史密斯，另一個則是史提夫・史密斯（STEVE SMITH），結果密西根大學的史提夫・史密斯被邁阿密熱浪隊以第五名選走，而小牛隊則是用第六名選上道格史密斯，接下來的明尼蘇達灰狼隊則是以第七名選上來自澳洲的新墨西哥大學魯格・龍力（LONGLEY），後來道格史密斯雖進入小牛陣中，但由於勁道不夠，很快的，又在NBA消失了。

艾野舉出以上的例子，主要是說明NBA並不是一個好混的地方，許許多多在NCAA叱吒風雲的好手和明星球員，不一定可以在NBA佔有一席之地，像杜克大學的費瑞（FERRY），當年在唸高中的時代曾是全美第一高手，一九八九年他是以第一輪第二名被選入NBA，但是他卻因爲不滿意洛杉磯快艇隊開出的薪水價碼，一氣之下跑到外國義大利去打球，一年後等他回頭到NBA打江山時，「輕舟已過萬重山」，費瑞後來跑到克里夫蘭隊和聖安東尼馬刺隊混跡了多年，一直沒啥子作爲，他老爸是NBA有名的球隊主管，對於愛子也愛莫能助。

選秀會其實眞的是存有一些機運在內的，有多球員在NCAA藉藉無名，像皮平（PIPPEN）就是，他早年在NCAA不但沒名氣，更是在第二流的小學校--中央阿肯色大學打二流水平的球賽，從未在ESPN或ABC電視籃球賽上露過臉，一直到NBA選秀會前舉行的「秀前賽」他才展露了過人的才華，因此在一九八七年的DRAFT上以第一輪第五名被西雅圖超音隊選中，芝加哥公牛隊再以該隊所挑選到的波里尼斯（Polynice）與超音隊交換得了皮平，所以公牛隊算是幸運的得到了一塊大寶，一塊比喬丹差一點的大寶，難道這不算幸運嗎？

夢幻NBA

小牛隊曾在一九九一年的時候用第二輪第三十三名選中天普大學的明星球員丹那德・哈吉（HODGE），他也當選過正牌選手，但沒多久就不見身影了，近幾年內，小牛隊所挑選的第二輪球員中，能夠存活的幾乎就是沒有，就連整個NBA裡，能在第二輪被選中而又能頭角崢嶸的亦是少之又少，咱們津津樂道的「籃板大王」兼『搞怪大王』羅德曼（RODMAN）算是一個非常的異數，他在一九八六年的選秀會上是以第二輪第二十七名被底特律活塞隊選中，但是卻可以在NBA裡以獨到的抓籃板球功夫闖出了名號來，後來更是協助活塞隊與公牛隊拿下數枚NBA的冠軍，這種本事真算是很不錯的，而密爾瓦基公鹿隊在千禧年時以第二輪四十三名選中的瑞德（Redd）也在歷經三四個年頭的磨練之後，成爲明星球員，這也是少見的成功范例。

在NBA選秀歷史中，自八O年代中期以來似乎每十年即會出現一批銳不可擋的人才，其中包括了喬丹、歐拉諸旺、馬隆、史塔克頓、岳威、馬麟、巴克力、沈柏京、杜瑪斯與羅冰生等，而九十年代中期則包括歐尼爾、基德、希爾、韋勃、葛奈特、麥葛迪、卡特與艾文森等人，幾乎年年代代都會有不凡的人才出現，這些明星球員最大的共同點就是在大學時代或高中時代都是赫赫有名的球星，而他們的成功也非一朝一夕之功，像『海軍上校』羅冰生(Robinson)在海軍官校紮紮實實的打了四年的球，他無論的球技、紀律或運動精神上都有一流的水平，所以聖安東尼馬刺隊寧願在一九八七年優先以第一名選秀權選上他，苦等他服完兩年兵役，而他在返回NBA火戰場後立即展現不凡的戰略，使馬刺隊當年的戰績足足比上一季多贏了卅五場，而在羅冰生之後十年亦是以『籃球狀元』進入馬刺隊的鄧肯(Duncan)更是不凡，使馬刺隊的戰績比前一季進步了卅六場，成效卓越，所以像羅冰生與鄧肯等人都是NCAA時代名符其實的大學球員，對任何一支擁有第一選秀權的隊伍而言，想要放棄他們的選秀權眞的也難！

選秀的策略隨著球員市場的多元化而改變，挑選一位球員已不光是著眼於他的潛力有多大，其實也牽連了薪水上限，豪華稅與國際市場價値等等因素在內，克里夫蘭騎士隊由於選中了超級一流的本土球員詹姆斯，所以不惜在他身上投注最大的資本，可以預見的未來是，這位騎士隊的救世主將把自己家鄉的隊伍提昇到另一個登峰造極的地步，而騎士隊的幸運只不過靠這僅有的一次選秀會而已，相較之下，曾連續七年擁有第一選秀權的洛杉磯快艇隊卻沒法用路透彩劵換到紮實堅強的球員來扭轉球隊的乾坤，快艇隊是選秀策略錯誤了嗎？我們眞的倒也看不出來，或許有一點是眞實的－－他們的機運很差，手氣很背，或許他們還需要繼續等等時機吧！

NBA的夢

打NBA眞是一個夢，一個難逐的美夢，您能成爲NBA球員的機率有多大？我們有理由相信，世界上再也沒有任何體育活動比NBA更具有那麼高難度的挑戰了，不過，一旦您可以敲開NBA的大門，後半生的榮華富貴都等著您去享受了。但是，想去敲開那扇鐵門，眞是難呀難，難難難難……NBA是一個夢，也是一陣煙，如夢如煙的NBA，的確給我們極多的深思與啓示……

NBA職業籃球賽與NCAA大學籃球賽每年都有四分之三的時間在全美各州如火如荼展開，由於NCAA第一級正規球隊多達三百餘隊（根據NCAA的統計，全美只有百分之二的高中生可入獲得大學的體育獎學金入學，而能夠打進職業球隊的高中生機率更是只有一萬三千分之一），所以萬千籃球好手分散各地，再加上NCAA第二級與第三級的小型球隊，林林總總，不下千支隊伍之多，縱使你窮盡心力，也根本不可能有時間全盤去熟知各隊的強弱虛實，大概只能從排名在第一級六十四名以前的隊伍來研究。

從NBA職業籃球與NCAA大學籃球之間的歷史淵淵來分析，在歐亞非好手入侵NBA之前眞正能夠在NBA開出一片天地的籃球員，百分之九十九以上是來自NCAA第一級的三百支隊伍中的前一百名以內的大學，至於NCAA第二級或第三級的大學能夠生產出NBA一流球員的機率實在小之又小，微之又微。

夢幻NBA

巨星皮平與籃板大王羅德曼，一人出自中央阿肯色大學，一人出自東南奧克拉荷馬大學，是非常稀有珍奇的現象，像這樣小的學校能夠生產出NBA明星球員是相當不易的，大概要「數百年才有完人出」吧！如果我們把每一支NCAA的第一級至第二、第三的大學球隊的籃球員銷定爲十二名，各隊不包括傷兵後補在內全美每一年就有至少一萬兩千多位「校隊級」的球員，而這些球員如果正正規規的念完四年大學後再加入NBA隊伍選秀行列的話，能夠被NBA隊伍雀屏中選的最多只有六十位，眞正能夠留在NBA打球的絕對不會超過四十名，所以當選NBA球員的比率低達千分之三以下，由此可見，NCAA大學球員轉變成NBA球員的機率實在比任何轉換率都低。在人類早就已經輕鬆登上月球太空之際，INTERNET網路也把一切不可能的夢想一一解決之時，一位NCAA球員想成爲一位NBA球員的美夢卻是愈來愈難達成，如果沒有兩三、四五把刷子刀劍，NBA只能算是「如夢如煙」罷了！

艾野手頭上有一份非常珍貴的資料，十分耐人尋味，可以在此向大家公開，那就是當前各NBA球員所出生的州別比率。從這個表格裡，我們可以清楚的看出，當今全美國各州人口之中，能夠立足於NBA的比率有多低。由此也讓人深切的了解想成爲一位NBA職業籃球的各州州民有多麼的困難，恐怕像買中路透獎一般的不易！

以下是各州人口總數以及目前出生於各州的NBA現役職業球員的實資料，請您先找到您所居住的州，再來看看與想想，如果您的寶貝兒子想成爲NBA籃球員的話，機率有多少？

(一)華盛頓特區：人口有六十萬九千人，NBA球員六0人，機率是十萬分之一。

夢幻NBA

(二)喬治亞州：人口有四百兩千萬人，NBA球員博士十三人，機率是二十八萬分之一。

(三)路易斯安那州：人口有兩百五十萬人，NBA球員八人，機率是三十九萬分之一。

(四)密西西比州：人口有兩百五十萬人，NBA球員四人，機率是三十八萬分之一。

(五)奧克拉荷馬州：人口有三百一十五萬人，NBA球員八人，機率是三十九萬分之一。

(六)新澤西州：人口有七百七十四萬，NBA球員十七人，機率是四十五萬分之一。

(七)康州：人口有三百二十九萬人，NBA球員七人，機率是四十七萬分之一。

(八)北卡州：人口有六百六十五萬人，NBA球員十四人，機率是四十七萬分之一。

(九)密西根州：人口有九百三十二萬人，NBA球員十九人，機率是四十九萬分之一。

(十)馬里蘭州：人口有四百七十九萬人，NBA球員九人，機率是五十三萬分之一。

(十一)伊利諾州：人口有一千一百四十萬人，NBA球員二十人，機率是五十七萬分之一。

(十二)威州：人口有四百九十萬人，NBA球員八人，機率是六十一萬分之一。

(十三)印地安那州：人 有五百五十六萬人，NBA球員九人，機率是六十一萬分之一。

(十四)加州：人口有兩千九百萬人，NBA球員四十七人，機率是六十三萬分之一。

(十五)阿拉巴馬州：人口有四百萬，NBA球員六人，機率是六十七萬七千分之一。

(十六)紐約州：人口有一千八百萬，NBA球員二十六人，機率是六十九萬分之一。

(十七)田那西州：人口大有四百八十九萬人，NBA球員有七人，機率是六十九萬分之一。

(十八)南達科達州：人口有六十九萬人，NBA球員一人，機率是六十九萬分之一。

(十九)肯塔基州：人口有三百六十九萬人，NBA球員三人，機率是七十八萬分之一。

(二十)阿肯色州：人口有兩百三十六萬人，NBA球員三人，機率是七十八萬分之一。

(二十一)蒙大那州：人口有八萬人，NBA球員一人，機率是八萬分之一。

(二十二)堪薩斯州：人口有兩百三六萬人，NBA球員三人，機率是八十二萬分之一。

(二十三)佛州：人口有一千三百萬人，NBA球員十四人，機率是八十二萬分之一。

(二十四)奧瑞崗州：人口有兩百八十五萬人，NBA球員三人，機率是九十五萬分之一。

(二十五)華盛頓州：人口有四百八十萬人，NBA球五人，機率是九十七萬分之一。

(二十六)賓州：人口有一千一百萬人，NBA球員球員十七人，機率是一百萬分之一。

(二十七)德州：人口有一千七百萬人，NBA球員十七人，機率是一百萬分之一。

(二十八)密蘇里州：人口有五百一十三萬人，NBA球員五人，機率是一百萬分之一。

(二十九)俄亥俄州：人口有一千萬人，NBA球員十人，機率一百萬分之一。

(三十)科羅拉多州：人口有三百三十萬人，NBA球員三人，機率是一百一十萬分之一。

(三十一)亞歷桑那州：人口有三百萬人，NBA球員三人，機率是一百一十萬分之一。

(三十二)南卡州：人口有三百萬人，NBA球員三人，機率是一千一百萬分之一。

(三十三)內華達州：人口有一百二十萬人，NBA球員一人，機率是一百二十萬分之一

(三十四)內布拉斯加州：人口有一百五十萬人，NBA球員一人，機率是一百二萬分之一。

(三十五)猶他州：人口有一百七十萬人，NBA球員一人，機率是一百七十萬分之一。

夢幻NBA

(三十六)西維吉民亞州：人口有一百八十萬人，NBA球員一人，機率是一百八十萬分之一。
(三十七)麻州：人口有六百萬人，NBA球員三人，機率是一百八十萬分之一。
(三十八)愛俄華州：人口有兩百七十萬人，NBA球員三人，機率是兩百萬分之一。
(三十九)明尼蘇達州：人口有四百三十八萬人，NBA球員一人，機率是四百萬分之一。

以上是至少擁有一位本土球員的三十八州與華盛頓特區，而沒有任何一位土產球員的州包括：阿拉斯加州，德拉瓦州，夏威夷州，愛德荷州，緬因州，新墨西哥州，北達科達州，羅德島州，維蒙特州與懷俄明州等。由此可見，想要成爲一位NBA球員是多麼不容易的事，尤其是若想成爲NBA的明星球員更是難如登天升空，像休士頓火箭隊的阿金．歐拉諸旺一般能夠從非洲的窮鄉僻壤飄洋過來到NBA黃金之地大發利市的，尤其是「美夢成眞」了。

十年前有一部轟動全美的得獎電影——『籃球夢』（HOOP DREAMS）是由導演史提夫．詹姆斯（STEVE JAMES）實地拍攝記錄兩位貧苦的芝加哥高中生爲了追逐NBA美夢過程中的坎坷經歷與奮鬥歷程，雖然這兩位黑人男孩艾吉（AGEE）與蓋茲（GATES）經過力爭上游，但最後卻依然無法進入一流的籃球大學，當然更談不上進入NBA了，這些日子以來，由於沒法成爲NBA的一員，他們一度失業，並成爲無家可歸的人，家境極爲艱難，但最後還是回歸平凡的日子，不再懷有任何不切實際的『籃球夢』。

遠在廿年以前，『體育劃刊』曾經根據各方球探與專家們的考核，評鑒出全美國從六年級到十二年級七個不同等級之中最好的頂尖球員，結果廿年以後，這七位小時了了的全美籃球精英只

夢幻NBA

有三人達到NBA的國度，由此可見NBA是多麼艱難達成的一個夢。

NBA的確是一個夢境，世界上再也沒有任何體育活動比NBA更具有高難度的了，一旦您可以敲開NBA的大門，後生半輩子榮華富貴都等著您去享受了。但是，想去敲開那扇鐵門，眞是難呀難，難難雖難難……。君不見，遠自歐亞非澳州的各路英雄好漢都不辭千裡來到美國硬闖NBA大門。但是能夠進得門來的又有幾個呢？多年前中國籃球第一高手馬健似乎已跨入NBA半個門裡了，但是到了最後一天的最後一刻，馬健依然還是被NBA的洛杉磯快艇隊踢出門外，使第一位成爲NBA華裔球員的美夢破滅了，這能怨天尤人嗎？另一位球員王郅郜雖被達拉斯小牛隊選中，沒兩年就被放逐了，亦未能成爲NBA球員，直到姚明立足於休士頓後，才圓了中國人在NBA大放異彩的美夢。

NBA是一個人人都想進去一窺全貌的夢幻，但是每年可以闖進這個美夢之境的人少之又少，多少NCAA風光不已的明星級球員縱使是可以闖進NBA，但是往往又因爲無法成功的轉型而遭到NBA隊伍的淘汰出局。有幸者，尚可淪爲CBA二級職業球隊，一些不幸被NBA踢出去的球員卻流落街頭，以乞食爲生。像以前北卡州大的汪錫本即是活生生的例子，他在被NBA的黃金州戰士隊淘汰後，竟懷憂喪志，迷上毒品，終致流浪天涯，以孤星瘦月爲友，最後走上人生的不歸路，眞是情何以堪哪！

NBA是一個夢，也是一陣煙，如夢如煙的NBA，的確給我們極多的深思與啓示……。

詹氏王朝有得瞧

籃球天才LeBRON JAMES十九歲的時候，就力志要在NBA創建一個『詹氏王朝』，他何時可以用成績與戰績來證實呢？且讓我們拭目以待吧！

誰是喬丹的傳人？後喬丹時代，誰可以主宰NBA球壇？在NBA的歷史上，誰將會與『籃球天王』張伯倫以及魔術江生等齊名？這些答案似乎已在不久前克里夫蘭騎士隊對抗多倫多猛龍隊一役中得到了，那就是在這場比賽中獨得五十六分、十個籃板球以五次助攻的詹姆斯（JAMES）。

五十六分是NBA歷史上由最年輕的球員在單場比賽所得到的最高分數，締造這個卓越成績的當天，詹姆斯才滿廿歲零八天，而在他滿十九歲又廿天的時候，他也曾在對抗波特蘭拓荒人隊時首度創下得分、籃板與助攻皆為兩位數的佳績，使他成為NBA史上最年輕的『大三元』創造者，此外，他還是NBA史上『最』年輕的狀元新秀，美國『最』年幼的『美夢隊伍』成員……

一項又一項NBA歷史的『最』，現在都等著詹姆斯去一一締造，我們可以預期的是－－詹姆斯將會在未來的球季裡創造一個又一個NBA的奇蹟，我們可以肯定的是－－詹姆斯將是喬丹的傳人，在『後喬丹時代』，詹姆斯將主宰NBA，打造出『詹氏王朝』的盛名，並在未來與張伯倫和魔術江生等籃球偉人齊名！

詹姆斯、詹姆斯、詹姆斯……在當今的NBA世界裡似乎人人都在談論詹姆斯，到底詹姆斯是何許人物呢？為何年紀輕輕的他會成為人人稱羨的對象呢？

『我將創建一個詹氏王朝，為家鄉的騎士隊爭取最多的勝利，以不負大家對我的期望！』這就是詹姆斯剛穿上克里夫蘭騎士隊球衣，準備打第一場NBA球賽前所表露的雄心壯志，那天，在比賽之前，他在球員更衣室裡看著自己的23號球衣，內心十分激動，他說：『我終於真的到了NBA來實現我多年的夢想，我希望將來在我退休之後，我的23號球衣也可以和我一起退休！』

好個詹姆斯，好雄壯的志氣與口氣，想當年喬丹在還沒有打NBA之前，從未想過在結束NBA生涯後，他的23號球衣可以跟他一起退休，而詹姆斯竟有如此不同凡響的宏願，他真能如願嗎？

小時了了的詹姆斯早在高中時代就已揚名全美，他在十五歲的時候就被媒體尊稱為『詹姆斯大帝』（KING JAMES），這位大帝的原名叫黎布昂．詹姆斯（LeBRON JAMES），由於天賦異秉，籃球技藝爐火純青，加上身裁體形壯碩，在球場上視野寬廣遼闊，球感十足，因此被籃球專家們視為百年難得一見的籃球天才，他也是自張伯倫、賈霸以及魔術江生之後，最令人注目的高中超級巨星，喬丹在高中時代球技並不出色，他甚至連校隊都落選，這一點是詹姆斯遠遠勝過喬丹的，不過，在成長環境上，詹姆斯顯然大不如喬丹，他從小就經歷了不是常人所可以承受得了的人間悲痛。

詹姆斯出生於一九八四年年底，因此，當喬丹在同年的六月被芝加哥公牛隊以第三名選上，並開展NBA生涯時，詹姆斯都還沒有出世，這正像是，當張伯倫在一九五九年驚天動地的進入

NBA，並於一九六二年創下一場球獨得一百分的歷史記錄時，喬丹還沒有出生，不過，在張伯倫與喬丹之間，有賈霸、魔術江生與柏德在一脈相承，而在喬丹與詹姆斯之間，也有歐尼爾和鄧肯等人在傳承，十幾個世代以來，NBA的香火就是這樣不斷不斷的靠著他們傳承下去永不熄滅。

詹姆斯是出生於美國中部俄亥俄州北部艾克倫市（AKRON）的一個貧窮的單親家庭。他的母親葛蘿瑞亞・詹姆斯（GLORIA JAMES）在生他的時候才有十六歲，黎布昂・詹姆斯生下來以後從來沒見過自己的父親，其實他也不知道自己的父親是誰，所以詹姆斯就像許多NBA球員一樣，是一個『有娘沒有爹』的人，他從小就與母親和祖母、曾祖母相依爲命，在他的祖母與曾祖母先後逝世後，身無一技之長的母親因爲付不起房租，所以就帶著詹姆斯流浪，母子倆開始流離失所，四處爲家，日子過得十分艱苦，可謂朝不保夕，無以爲繼，所幸在當地社區與教會的善心接濟下，母子才勉強的有了固定棲息地。詹姆斯在就讀小學時，由於具有充沛的體育細胞，身裁又十分健壯，所以被選爲學校的足球校隊，而身兼足球與籃球兩項教練的汪克（FRANK WALKER）認爲詹姆斯有潛在的籃球天賦，所以也開始教導他學習打籃球，奠定了詹姆斯紮實的籃球基礎。

寬厚慈祥的汪克教練在得知詹姆斯不幸的家世後，發出了悲天憫人的善心，他除了大力協助與安置詹姆斯的母親，並且還特別把詹姆斯接到家裡來撫育與教養，汪克十分不願看到詹姆斯的學業中斷，他更不捨得詹姆斯在運動方面的潛力被埋沒掉，所以他視詹姆斯如己出，兩人情同父子，當然，詹姆斯與汪克的兩個孩子也像親兄弟般友好相處，汪克對詹姆斯而言，可謂情深似海，恩重如山，所以詹姆斯每當想起汪克教練時，總會很感激的說道：『他是我與我母親一輩子的恩人，沒有他，就不會有今天的我，我會永遠感恩報答他！』

在進入家鄉的聖文森特．聖瑪麗高中（ST. VINCENT–ST.MARY HIGH SCHOOL）後，詹姆斯開始在籃球與足球兩項運動上嶄露頭角，原本這所天主教的學校十分注重學業成績，在體育方面從未有過突出的表現，但是自從詹姆斯進入該校就讀之後，一人身兼籃球與足球校隊，屢屢率領該校『戰鬥的愛爾蘭人隊』（FIGHTING IRISH）打出亮麗的戰績，尤其是在籃球賽方面，他在高一時，即成爲主力戰將，使該校創下廿七戰全勝的佳績，他也當選全俄州的明星球員以及MVP最有價值球員。

高二的詹姆斯，同樣是在籃球與足球兩項比賽中大放異彩，他有過人的體力以及驚人的才能，無論在什麼球場上，他都可以精準的做好投、跑、跳、搶、攻、守的工作，他在球場上的表現不但撼動俄州，而且透過ESPN等體育媒體大肆宣揚後，十五歲的詹姆斯已成爲全美最知名的高中超級球星，多才多藝的他不但當選俄州最高榮譽的『籃球先生』（MR. BASKETBALL），後來更被『今日美國報』（USA TODAY）評選爲全美最佳高中籃球員，並在『麥當勞全美高中明星賽』中奪下MVP最有價值球員獎，此外，他也當選全俄州高中足球明星隊第一隊，所以詹姆斯就像早年佛羅里達州的天才球星狄昂．山德斯（SANDERS）一樣是『雙棲運動明星』，所不同的是，山德斯專精於足球與棒球，而詹姆斯的特長則是籃球與足球。

升上高三以後，詹姆斯的籃球天份與才華更是無比洋溢，在一場對抗密西根州底特律紅福德高中的比賽中，他勇冠三軍，隻手獨拿四十三分、九籃板、八助攻，幾乎就要是『大三元』的成績，一週之後，他又在與紐約艾特維爾的高中的比賽中個人創下卅九分的記錄，經過這兩場戰役之後，能攻能守的詹姆斯技驚全美，從此之後各大體育媒體開始把鏡頭焦點對準了俄州艾克倫小鎮的他，他的一舉手、一投足都受到特別的關注與報導，無論詹姆斯的學校到那裡比賽，都會造成球場爆滿，一票難求的情形，全美籃球迷也都注視著這一位年輕球星的每一場賽程，結果一季終了，詹姆斯平均每場比賽獨得廿八分、八點九個籃板、助攻六次、劫球三次，成績非常突出，他不但再次贏得俄州『籃球先生』美譽，也第二度當選『今日美國報』的全美最佳高中籃球員，而『體育畫刊』（SPORTS ILLUSTRATED）更是罕見的以詹姆斯做封面人物，並以斗大的標題寫著：『一顆明星已誕生』（A STAR WAS BORN），並預測他將會是未來NBA選秀會上的狀元新秀。

詹姆斯在高中的最後一年，籃球技藝更加成熟，幾乎每場比賽的得分與籃板球都可以『雙喜臨門』攻下雙位數，其中有兩場更高達五十二分與五十分之多，由於受盛名之累，詹姆斯開始被俄亥俄州高中體育協會（OSHSAA）調查是否有收受商家所贈予的不當利益，結果查出一家俄州的製衣廠贈送了兩件共價值八百多元的運動衫給詹姆斯，俄州體育會認爲有違反高中運動員規範，所以決定禁止詹姆斯二月以後所有的比賽，在經過詹姆斯的律師上訴陳情，並歸還運動衫後，俄州桑密郡法官魏廉斯在審理後法外開恩，只禁止詹姆斯兩場比賽而已，所以詹姆斯可以說是在不太平順之下打完他的高中球季，結果這一季他平均每場比賽可得卅點四分、九點七個籃板、四點九次助攻以及二點九次抄球，如此佳績，使他再一次囊括一切全美高中籃球的最高獎項，而『體育畫刊』又再一次把詹姆斯做爲封面人物，這次的封面大標題是--『獨鍾一人』（THE CHOSEN ONE），其他各大媒體的籃球專家給他的評價包括--『眞正的永無止境』（THE SKY IS TRULY THE LIMIT）以及『最佳一人』（THE GREAT ONE）等等，顯然的，衆望所歸的詹姆斯就要成爲NBA選秀會上的超級狀元新秀。

或許就是上天的巧妙安排吧？就在NBA選秀會上，幸運榮獲頭籤的球隊竟然就是詹姆斯家鄉的克里夫蘭騎士隊，多年以來，這支球隊的球運一直不佳，由於長期缺乏一柱擎天的大將支撐，戰績每下愈況，球迷流失極多，瀕臨破產易主邊緣，但是自從抽中『龍王籤』選進詹姆斯後，一夕之間突然身價百倍，必然的，這支球隊的未來就要建築在詹姆斯一個人的身上了，所以騎士隊迫不及待的用破天荒的高價碼與詹姆斯簽下三年一千兩百九十六萬元的合約，比前一年的狀元新秀姚明的合約還多百分之廿，這也是NBA史上最高薪的新秀合約。其實，詹姆斯的身價當然沒有那麼的『低微』，就在同時，耐吉球鞋（NIKE）一點也不手軟的與詹姆斯搶先簽下七年九千萬的合約，其他的商家也不遑多讓，包括雪碧汽水、口香糖公司、電池公司以及UPPER DECK球星卡公司……琳瑯滿目的合約一張又一張，加起來的總金額高達一億三千五百萬美元，這些財富的降臨竟然是在詹姆斯尚未在NBA正式奪得一分之前，他眞的價值那麼多嗎？答案應該是肯定的。

詹姆斯的的確確是一個經過千錘百煉的年輕球星，他的加盟NBA必然會給籃球世界帶來無數的驚奇，『AND SO IT BEGINS』(在期待中起步)是ESPN雜誌在詹姆斯展開NBA新季時的封面大標題，是的，詹氏王朝眞的開始了，就在大家引頸顧盼下，詹姆斯初試啼聲，在NBA生涯的第一個球季的第一場比賽就有廿五分、九助攻、六籃板與四抄球的傑作，我們又不得不把他的第一戰再跟喬丹比一比，當年的喬丹，NBA的首仗不過攻下十六分罷了，由此可見，詹姆斯的功夫有多了得，在打完第一季後，詹姆斯交出的成績是——平均每場得分廿點九、籃板球五點五個、助攻五點九次，當然，更重要的是，詹姆斯使騎士隊的戰績比他加入以前的上一季多贏了卅五場，所以他不但是克里夫蘭的『球星』，更是騎士隊的『救星』，有了這位『球星』與『救星』，不但克里夫蘭騎士隊有得救了，而且NBA也安心了，畢竟自從喬丹退休之後，我們再一次從詹姆斯身上看到了喬丹的影子，喬丹在NBA的歲月裡，曾經兩度進出，無論進場或退場，他都表現得瑞莊威嚴，不但個人獨得十次『得分王』的殊榮，而且爲芝加哥公牛隊創下兩個『三連霸』六次NBA總冠軍的偉業，詹姆斯暨已被大家公認爲喬丹的傳人，他也自許要創建『詹氏王朝』，何時才可以用成績與戰績來證實呢？且讓我們試目以待吧！

薪水嚇嚇跳！

NBA球員的薪水一直以來均居百行千業之冠，早在四十年前，張伯倫（CHAMBERLAIN）就已經是第一位領到六位數年薪的NBA巨星，當舊金山戰士隊在一九六五年與他簽下十萬元空前最高的年薪後，波士頓塞爾特人隊天王中鋒羅素（RUSSELL）認爲自己才是NBA最好的球員，於是要求塞爾特人隊加薪，結果塞爾特人隊把羅素原來的七萬元年薪提高爲十萬零一元，使羅素以一元之差額而成爲四十年代最高薪的NBA球員，但是……

四十年後的今天，外號叫『大錢袋』（BIG MONEY BAG）的邁阿密熱浪『俠客』西奎爾．歐尼爾（SHAQUILLE O'NEAL）所領到的年薪是兩千七百六十九萬元，比起羅素與張伯倫高出兩百七十七倍之多，由此可見，當今NBA巨星們支領的薪水眞是多得令人嚇嚇跳！要應付巨星們的荷包，像紐約尼克隊今年所需要付出的全隊薪水竟高達一億多元呢！

一般說來，NBA有個通則：『好球員一定獲得好薪水』，如果我們不以合約的薪水總額來算計，二OO五年年薪最高的NBA前十名『好球員』榜，除了榜首歐尼爾外，從第二名到第十名依序分別是--艾倫．霍斯頓（ALLAN HOUSTON，紐約尼克隊，年薪一千七百五十三萬）、韋勃（WEBBER，費城七十六人隊，年薪一千七百五十三萬）、葛奈特（GARNETT，明尼蘇達灰狼隊，年薪一千六百萬）、基德（KIDD，紐澤西籃網隊，年薪一千四百七十九萬）、小歐尼爾

（JERMAINE O'NEAL，印地安那溜馬隊，年薪一千四百七十九萬）、奧都・瑞姆（AB-DUR-RAHIM，波特蘭拓荒人隊）、艾倫（ALLEN，西雅圖超音隊）、哈德威（HARDAWAY，紐約尼克隊）、艾加斯卡斯（IIGAUSKAS，克里夫蘭騎士隊）、艾文生（IVERSON，費城七十六人隊）、馬白瑞（MARBURY，紐約尼克隊）、史培威爾（SPREWELL，明尼蘇達灰狼隊）、汪克（WALKER，波士頓塞爾特人隊），以上八人的今年年薪均爲一千四百六十二萬，此外，尚有七人的年薪達一千四百萬元以上，總計年薪在一千萬以上的NBA『千萬富翁』球員竟多達四十二人，所以想起廿多年前，當魔術江生與洛杉磯湖人隊簽下最著名的『十年兩千五百萬』歷史性『新高』的合約時，眞的不禁讓我們感到訝異，NBA薪水成長如此驚人，魔術江生當年神勇締造了全世界最高年薪兩百五十萬的記錄，如今還遠不如NBA所有球員的平均年薪，二OO五年NBA球員的平均年薪是三百八十六萬，新入伍的幼齒球員也至少可領卅八萬五千元，當然，像詹姆斯大帝的新兵年薪又不同了，他今年的薪水是四百卅二萬元，雖無法列入NBA百大之列，但是不久的將來，他必然有三千萬年薪的身價。華裔巨星姚明今年的年薪是四百四十三萬，比詹姆斯略高一些，他與休士頓火箭隊在二OO二年簽下一紙四年合約，價值一千八百萬元，相信以他過去這三年來的表現與貢獻，火箭隊必定會很快的再與他簽訂新合同，屆時，他的年薪一定會跟同隊的明星老將麥葛瑞迪（McGRADY）相去不遠，李葛瑞迪曾在兩千年的時候與奧蘭多魔術隊簽下七年九千兩百八十萬的合約，自從被交換到火箭隊後，雙方又加簽了一紙三年六千三百萬的合約，所以他的身價是10年一億五千五百萬元，如果張伯倫還在世的話，他一定會氣爆了！

現在咱們再回過頭來看看大歐的薪水。

大歐當年以選秀狀元的榮譽進入奧蘭多魔術隊，由於籃球才華洋溢，勇不可擋，在第一年就輕鬆奪下NBA最佳新秀獎，第二年他幾乎就要得下『得分王』的殊榮，但是卻『不幸』以平均0.5分的差距輸給了羅賓生（ROBINSON），當年的場景極爲戲劇與詭譎，因爲在正規季最後一場比賽之前，歐尼爾是以總分2345領先羅賓生的2312分，所以最後一場比賽將會決定誰可以奪下『得分王』寶座，結果歐尼爾在對抗紐澤西籃網隊時獨得了卅二分，眼看『得分王』寶座就要到手了，但是沒想到在當晚稍後比賽的聖安東尼馬刺隊在對抗洛杉磯快艇隊時全隊上下一心，全力餵球給羅賓生，竟使他一口氣拿下七十一分，所以大歐輸得很不是滋味，不過他在奧蘭多前前後後打了四年的球，十分成功，也爲他奠定了NBA歷史的地位，後來他也入選爲NBA半世紀以來最佳五十名球星之一，大歐是在一九九六年成爲『自由球員』後，被洛衫磯湖人隊用超重金把他從迪斯奈王國的奧蘭多魔術隊搶挖走的，而湖人隊所付出的『慘痛代價』是不折不扣的一億兩千一百萬元，雙方所簽下的合約是七年，但是第三年後，這位『鯊魚』可以成爲『自由球員』，換言之，到一九九九年時，『鯊魚』不爽快，或自認爲身價可再提高，他可以再次要求加薪或求去！

歐尼爾在穿上湖人隊的球衣征衫後，果然不同凡響，短短幾個月就已使湖人隊『搖身一變』，成爲西區的首霸，而他的老東家奧蘭多在缺少了他以後，不再有『魔術』般的威力，戰績一落千丈，老教頭許爾也因此而去職！

在湖人隊八年期間，大歐為湖人奪下三枚冠軍戒子，但是由於與湖人隊另一位主將布萊恩特常為爭辯『誰是湖人老大』而不合，加上對人湖隊決策當局的不滿，所以歐尼爾萌生求去之意，最後，湖人隊同意交換他，於是二ＯＯ四年他順利投入東區邁阿密熱浪隊陣容內，過去這一季，他與韋德（WADE）兩人聯手，使熱浪隊脫胎換骨，立即成為東區的霸主，來日希望無窮，熱浪隊為了永久擁有這位巨無霸，已在日前與他簽下一張新合同——五年一億元，老天，又是一個天價！

談到天價，葛奈特此人不得不提，這小子當年高中畢業後就參加NBA選秀會，結果以第五名進入明尼蘇達灰狼隊，由於人高球藝強，灰狼隊除了在九五年與他簽下三年新秀合約價值四百六十萬外，之後更是兩度與他續約，價碼分別是一億兩千一百萬（六年）以及一億元（五年），所以葛奈特才具有高中的學歷，竟有兩億兩千六百六十萬元的身價，那還不包括他的商業廣告收入呢，看來他比喬丹還會賺錢，喬丹在當紅的那年，他有三千六百萬的年薪外加三千八百萬的廣告宣傳費以及兩千萬的經營餐館權和五百萬的各項投資所得，喬丹的身價一年高達九千萬，全世界各國的總統加起來的年薪都還比不上喬丹的一年收入，布希總統與柯林頓總統的年薪分別是二十萬元。

綜合以上NBA職業球員的年薪，再來比較一下當前美國社會一般職業的年薪，諸位就會深深感到這個社會是多麼的『奇形怪狀』。根據美國勞工部的統計，現在美國收入最高的兩類職業是醫生與律師，他們均年收入最高的五萬八千元，而老師的年薪是三萬三千元，建築工人是一萬八千五百元，男女待應生由於大多申報不實，所以年薪只有一萬四千元，如果我們客觀的比較比較職業球員與一般市井小民的平均收入，眞的感到很驚訝，也很費解，然而，您可以說這是不公平的嗎？

當然不可以！在重商主義的現代，在機會平等的美國，只要您有才能，只要您有條件，您都可以加入您喜歡的職業，尤其是職業球隊，如果您本身具有非凡的球技，您就可以擠身百萬元年薪之列，沒有任何人可以阻止您加入芝加哥公牛隊或達拉斯牛仔隊，因此，我們實在不能夠去責怪或抱怨這個社會的不公或不平，也唯有社會上的年薪收入不等，這個社會才會進步，世人才會努力競爭以做一個能領高薪的『人上人』，不是嗎？

教頭，也有高薪人！

錢！錢！錢！在美國職業球隊裡，似乎可以用金錢換來一流的教練，賈克生與布朗的年薪可以與明星球員一比高下，NBA球隊老闆只要願意出高薪，一樣可以買進頂尖的教頭，反正無論如何，是金錢主宰了美國的職業體壇！

NBA的禪師教頭賈克生（JACKSON）在退休一年之後，日前復出，重返回他揮別了一年的洛杉磯湖人隊，湖人隊給他開的價碼是三年合約，年薪七百萬至一千萬之間，使他躍升爲NBA最高薪的教練，當然，這個薪水價碼也是所有職業球隊最高額的。

賈克生早年在芝加哥公牛隊時，雖有天皇球星喬丹的力保護佑，但是他所領到的薪水卻是不堪一提，也正因爲受到公牛隊的不平等待遇，所以他在爲公牛隊拿下六枚NBA冠軍戒子後，毅然出走，之後到了洛杉磯，湖人隊老闆巴斯博士（DR. BUSS）毫不手軟，一口氣跟他簽了五年三千萬元的合約，也使他成爲當時最高薪的教練，當然，賈克生也不是白拿高薪的人，他在五年內，爲湖人隊再添三座NBA王冠，因此，他是當今NBA教練中唯一擁有九枚NBA冠軍戒子的人，所以他能在薪水上面領最高額算是實至名歸。

在NBA的教練精英群中，拉瑞·布朗（BROWN）也是一位非常突出不凡的。他一再證明他可以讓一支平凡的隊伍打出非凡的戰績，他是NBA史上唯一使六支不同隊伍鹹魚翻身，打入決賽的智多星，所以當2003年底特律活塞隊以五年兩千五百萬的薪水價碼跟他簽下合同後，使他的薪水總額躍居爲第二名，僅次於賈克生，但是在率領活塞隊奪下去年NBA的王冠後，布朗似乎三不五時透露出求去的風聲，尤其是今年NBA決賽期間，一度傳聞克里夫蘭騎士隊準備以重金向他挖角，但是布朗一一否認了，不過在活塞隊輸掉NBA冠軍賽後不久，紐約尼克隊的老總湯瑪斯竟然有辦法說服了布朗，放棄在汽車城未完成的兩千五百萬合約，前去投靠了尼克隊，雖然他的薪水未公佈，但據知情人士透露，年薪一千萬絕對跑不掉。

NBA目前支領最高薪的教練是薩加緬度國王隊的瑞吉・艾德曼（RICK ADELMAN），他在兩年前與球隊簽下一紙三年兩千零六百萬元的合約，所以平均年薪是六百九十萬元，比第二高年薪的猶他爵士隊的史龍（SLOAN）多一百四十萬，目前卅支NBA球隊的教頭平均年薪是兩百八十六萬，比起球員，眞是差太多了，像冠軍教練聖安東尼馬刺隊的波波維契（POPOVICH）只有四百萬的年薪，但是你知道馬刺隊的鄧肯有多少的年薪嗎？一千四百廿六萬元也，比波波維契足足多了一千萬還不止，馬刺隊裡面共有五位球員的年薪比教練還高，當然在以球員爲主幹的NBA裡也是不足爲奇的。

目前NBA有一對兄弟檔教練，就是休士頓火箭隊的傑夫・文古迪（JEFF VAN GUNDY）與邁阿密熱浪隊的史坦・文古迪（STAN VAN GUNDY），先入行的傑夫有五百萬年薪的身價，後入行的史坦則有三百萬的價碼，都還算不錯。

其實縱觀當今NBA的許多教練的背景，除了有球員出身的外，也有一些是從NCAA升上來的，那些優秀的大學教練，只要有機會、有錢途，都會願意跳槽到NBA裡去掏金。

夢幻NBA

被喻爲NCAA史上卅年難得一見的傳奇教練皮迪諾(PITINO)在許多年以前與NBA波士頓塞爾特人隊簽下一紙合約——十年七千萬，創下NBA史上空前未有的天價記錄！

皮迪諾的巨約有兩個「空前」值得大書特書一番——

第一個空前——創下美國職業球隊最高薪的教練記錄，雖然費城七十六人隊才在那之前的廿四小時以五年兩千五百萬元的「空前」巨約簽下原印地安那溜馬隊的教頭拉瑞．布朗(BROWN)，但一夜之間皮迪諾的年薪已眞正成爲「空前」的特級高。

第二個空前——創下美國職業球隊史上第一個在球隊裡教練的薪水比球員還高的記錄。波士頓塞爾特人隊的當時最高薪球員是五百卅萬元年薪的拉德九(RADJA)，但是皮迪諾的年薪是七百萬，比他還多。

大家都知道，美國職業球隊多年來一直是球員的薪水高過教練和其他職位的人員，其差距相當大，除了剛才所提到的聖安東尼馬刺隊外，像芝加哥公牛隊的「皇上皇」球員喬丹當年年薪是三千萬元，但公牛隊教頭賈克生(JACKSON)的年薪卻低得很——只有兩百五十萬，換言之，同樣是屬於「教父級」的王牌，喬丹的「球員薪水」比賈克生的「教練薪水」多過十倍還不止，當然其他球隊裡的情形比這種情況還嚴重，而皮迪諾的年薪竟然能夠在波士頓塞爾特人隊裡居榜首，這足以說明了他的確有過人之處，否則波士頓塞爾特人隊不會也不願以如此不可思議的薪水和待遇來優惠皮迪諾。

皮迪諾眞的有値這麼多的錢嗎？爲什麼他願意離開他所鍾愛八年的肯塔基大學呢？是什麼原因促成皮迪諾從肯塔基州的來克斯頓校園走出到書香氣濃郁的波士頓呢？

「金錢不是我考量的因素，我之所以選擇波士頓是因爲我喜愛挑戰，我願意去接受一切嚴格的環境限制而創造出一些奇跡！」

這是皮迪諾當時在亞特蘭大爲他的新書「成功是一個選擇」(SUCCESS IS A CHOICE)舉行發表會時向關心的人所解釋的說詞：「傳統與挑戰是我前往波士頓的動機，我的動機並不是金錢！」

皮迪諾之言可信嗎？艾野眞的是不相信，因爲在拜金主義盛行的今日，尤其是美國的職業球隊，放眼看去，無論是NBA、NHL、NFL或MLB，所有的王牌教頭或經理，完全以自己的身價來決定爲那一支願意付出等值或超值價碼的球隊效力，而那些「求才若渴」的球隊倒也一點都不心疼的付出他們應該付的待遇，如果您不健忘的話，艾野可以舉出三個最好的實例爲印證——

其一就是NBA的邁阿密熱浪隊，多年以前由於是一支才成立不到幾年的幼齒球隊，該隊爲了尋找一位具有豐富教練經驗的首席教頭，眞是踏破了鐵鞋，最後終於把目標鎖定在天王教頭賴力(RILEY)身上，爲了引誘賴力的加入陣容，邁阿密不僅付給他三百萬元的超高年薪，而且更以熱浪隊的「乾股」相贈以使賴力成爲「自家人」，同時，爲了擺平賴力原先投效的紐約尼克隊，邁阿密更是以一百萬元現金，外加第一輪選秀權奉送給尼克隊以做爲賠償，所以賴力當時的身價眞是太高了，如今咱們來看看邁阿密熱浪隊值不值得呢？相信讀友和球迷們會衆口同聲的說：「YES！」

再來看看MLB職棒大聯盟的紐約大都會棒球隊也是在亟需經理大將時四處覓人，最後該隊看上了巴比．魏來坦，於是不惜遠度重洋到日本去找這位「小魏」談，雙方經過幾番秘密交易後，

夢幻 NBA

魏來坦於是從東瀛打道回府，經歷一番波折後投入大都會隊旗下，而這位「小魏」曾是德州遊騎兵隊(RANGERS)的經理，由於遊騎兵隊幾乎年年都是第二名，「小魏」於是被老闆炒了大魷魚，之後他很不順遂，先在一些隊伍跑龍套，最後在心不甘、情不願之下，離開美國，前往日本尋找他的「第二春」，沒想到他的「第二春」果眞早早到來，不久即在東瀛名聲大躁，使紐約大都會隊恍然大悟：「原來我們的國寶流失到日本國了！」，於是不擇手段也不惜代價硬把「小魏」挖回美國，但是大都會隊在小魏領軍下的成績如何呢？不過普普通通，差強人意而已，離大都會隊當初的理想還有一大截，職業球隊一向是以成敗論英雄，在成績平凡之下，「小魏」最後還是被炒掉了。

現在艾野再以NFL美式足球的首席教頭爲例，說明球隊爲求得名教練而無所不用其極。

這位名教練就是比爾．帕索斯(PARCELLS)。他原先是新英格蘭愛國者隊的首席教頭，但是紐約噴射機隊看上他後，想盡辦法來與他簽約，在重金相誘之下，帕索斯心裡開始動搖，再加上他原本與愛國者隊的東主不合，與球隊領導階層也時有磨擦，所以求去的心意很強，可是新英格蘭隊卻表明：「死不放人！」，經過多次的研商討價後，紐約隊終於還是用金錢和選秀權補償了新英格蘭隊，使他們心所愛的人手到擒來，帕索斯早年曾在紐約巨人隊帶過兵，而且還爲巨人隊拿過兩次「超級杯」的王冠，他是否也爲紐約的另外一支足球隊拿下「超級杯」金冠呢？沒有，但是他竟然使噴射機隊的戰績從1勝15敗進步到12勝4負，並且打入AFC的冠軍賽，如今他正在達拉斯牛仔隊操兵，牛仔隊老闆鍾世（JONE）付他四百五十萬年薪，就等著他交出成績單了。

基本上，一般球隊老闆都十分肯定教頭或經理的「絕對重要性」，他們大都認爲一支球隊的球員素質固然重要，但是教練與經理更是重要的獲勝因素，不過有一個人的看法卻很特別，這個人就是剛才我們提到的那位達拉斯牛仔足球隊的大老闆捷瑞．鍾世(JONES)，他以前並不以爲教頭是最重要的。

鍾世此人自視甚高，他當年由於以石油業發跡，一口氣買下了達拉斯牛仔隊，也一口氣把牛仔隊的傳奇老教頭藍安醉(LANDRY)給炒掉了，而且馬上以百萬元年薪帶進了邁阿密大學的冠軍教頭吉米．江生(JOHNSON)，在經過三年寒窗苦練後，江生使牛仔隊贏得了「超級杯」冠軍，但是不幸的是，鍾世與江生這兩個早年在阿肯色大學一起打校隊的同窗摯友卻因爲觀念不同而心生磨擦，最後當然是身爲雇員的江生走人，而在鍾世的觀念裡，牛仔隊之所以能贏球，固然江生有功勞，但是眞正最大的功績則是球員，尤其是牛仔隊擁有名震四方的「三劍客」——艾可曼、艾米特．史密斯和歐文，所以鍾世口出狂言道：「以牛仔隊的堅強實力，我可以在全美國找到至少三百位以上的教頭帶領牛仔隊奪下超級杯冠軍！」

結果是怎樣的結局呢？鍾世到奧克拉荷馬州找來了奧大的前教頭史威特慈，一年之後，牛仔隊並沒有贏得超級金冠，不過到了第二年時，史威特慈倒也很爭氣的爲鍾世扳回顏面，奪下了超級杯王冠。但是之後的牛仔隊一年不如一年，教頭也是一個接著一個更換，鍾世此時才知道好教練的重要性，所以兩年前，不惜高價買進了帕索斯。

發生在芝加哥公牛籃球隊的實例當然値得再提，大家知道喬丹與公牛隊賈克生的公私交情非比尋常，他倆不僅情同手足，而且更有父子般的親情，這可從喬丹一再公開宣示『如果賈克生不留在公牛隊，喬丹將退出NBA』可見一斑，喬丹之所以會有這樣的論調，當然也著眼於公牛隊太不把他心目中「既兄又父」的賈克生放在眼裡，從公牛隊不甘願的與賈克生簽下一年短約到後來又是拖拖拉拉，不願正面與賈克生談簽約之事，喬丹已旁敲側擊的暗示公牛隊，應留下賈克生，賈克生是不可多得的人才，但是公牛隊大老闆倫斯多福(REINSDORF)卻每每顧左右而言他，倫老的想法是，公牛隊贏球的唯一保證是喬丹，不要說賈克生不是公牛隊的王牌，就連皮平(PIPPEN)也並非公牛隊一定要留的人，所以只要肯花三千萬，喬丹不可能不會再為公牛隊效力，倫先生似乎太低估了喬丹的義氣，結果公牛隊不用誠心和高價碼與賈克生簽下長約，終於促成他的離去。

話又說回頭，皮迪諾之所以願意去波士頓塞爾特人隊帶領一支具有悠久歷史，但是現況極差的球隊，這也是一個很有風險的選擇，不過，皮迪諾好像也很習慣把一支爛隊在三兩年之內脫胎換骨變為好隊，像當初他能以「灰姑娘」的姿態把普文斯頓大學帶入NCAA「最後四強」，後來又能把肯塔基大學從被NCAA禁球監的窘境提升為全國第一名的冠軍隊，在過去五年內更是三度打入NCAA「最後四強」，這足以證明了皮迪諾的確有幾把刷子，但是不幸的是他接下波士頓這支破爛不堪的隊伍，很難再振作，經過三個半球季的努力後，皮迪諾依然無法使塞爾特人隊重振聲威，在無法展現柏德時期的「塞爾特人王朝」光輝之後，皮迪諾引咎辭職了，所以他的高薪只領了三分一，一切都化為烏有了，這就是NBA教練的最後結局，這不正說明了『成王敗寇』的道理嗎！

都是『柏德特款』惹的禍！

在NBA的國度裡，金錢主宰了一切，NBA的人常說『IT'S ALL ABOUT MONEY』，『尊敬』（RESPECT）啦，或是什麼『爲機會而打球』或是『爲贏球而打球』啦，都是美麗而動聽的謊話。眞正最關鍵的問題是在薪水上面，雖然各支隊伍都有『薪水帽』來節制薪水上限，但是因爲有了『柏德特款』(BIRD EXCEPTION)，所以各支NBA隊伍可以無限上綱支付薪水給自己隊伍裡高品質的老將，只是在『柏德特款』之下，資方財務失血苦不堪言，因此，說來說去，都是『柏德特款』惹的禍！

幾經波折，NBA球團資方與球員工會勞方終於在八月初達成了一項爲期六年（自二OO五年至二O一一年止）的『工資協定』（COLLECTIVE BARGAINING AGREEMENT），其中最重要的結論包括各球隊的『薪水帽』（SALARY CAP）總額爲四千九百五十萬元，『豪華稅』（LUXURY TAX）的扣稅門檻則爲六千一百七十萬，而更重要的一項新創舉是，凡是超過『豪華稅』的球隊則可以被允許裁減掉一名支領高薪，但是對球隊並無重大貢獻的球員以讓這支球隊空出較多的薪津空間來與其他隊伍的自由球員簽約，這一條規定對球隊而言，可謂是利多，但對球員而言，則相形不利，尤其是對那些徒具美名而沒法施展威力的老球星來說，他們從此再也沒有保障工作的權利，隨時可能被球隊東主炒魷魚。

NBA勞資雙方多少年來一直存在著極深的成見，也因此而造成一次又一次的罷工與停工災難，而NBA的這些『剪不斷、理還亂』的災難到底是誰釀造的呢？NBA勞資雙方當然一直都是各說各話，各執一詞。

大家知道，七年前NBA資方曾因爲與勞方談判不成，憤而於一九九八年七月一日起採行了全面停工（LOCKOUT）的策略，照理說，這個由資方片面決定的舉動所造成的一切後果與損失應該是由球隊資方的大老闆們來承擔才對的，但是經過嚴正公平的仲裁人紐約佛德罕大學法學教授約翰·菲瑞可（JOHN FEERICK）的裁決後，卻得到出乎大家意料的結果--資方不必支付勞方在停工期間的『保證工資』。

讀友們應該都知道，在NBA合約之中，只要附上一條『保證工資』（GUARANTEED SALARY）的但書話，簽了此條約的球員就可以在約期之內高枕無憂，只要他不吸毒克藥或殺人放火，他就可以坐領高薪，縱使是斷手斷腳也一樣照領工資，所以一般球隊老闆非不得已，絕不會與球員簽下『保證』這兩個保證讓他哭笑不得的字眼。

『休工』既然不是球員本身所發出的意旨，那麼爲何菲瑞可這位仲裁官卻判決球員不可以領『保證薪水』呢？大家如果記憶猶新的話，應該記得多年以前，黃金卅戰士隊因爲明星球員史培威爾兩度對教頭非禮施暴而片面中止了與他的巨額合約，但是當時菲瑞可卻主持公道，強制NBA恢復了史培威爾的合約，這事曾給NBA球員工會打下了一劑強心針，不過在休工事件上，球員工會原本寄望菲瑞可『仗義執言』的心願卻完全落空了，也由於菲瑞可的不尋常判決而使NBA資方鬆了一口氣，他們不必支付一百一十一天休工期間的『保證工資』，這些『保證金』總額竟然高達八億元之多，一般市井小民不知要打工打幾輩子才能賺到這個數目呢！艾野認爲，菲瑞可這次的判決可以說是化解NBA災難的最大功臣，由於有他的裁判，不啻給球員當頭一棒……讓他們清楚的瞭解到，如果再不拿出誠意來與資方和解談判，只要休工一天，他們就一天拿不到工資，對資方而言，由於沒有球賽可進行，所以門票、電視轉播權益金、廣告費……統統泡湯了，如果還要支付『保證薪水』給無工可打的球員，那不更悽慘才怪呢！所以菲瑞可正義的判決眞是讓NBA資方士氣大振，NBA資方龍頭史登主席就興奮的說道：『我告訴過你們，公理正義是站在仲裁官那邊，而我們站的地方也正是仲裁官那邊，球員們似乎還不知道他們損失掉的薪水是永遠都拿不回來了，如果他們再一意孤行的話，他們的損失會一天比一天還多，我爲他們感到難過，不過，我並不期待他們會覺悟。』

覺悟？NBA球員會覺悟嗎？他們似乎永遠覺得自己的薪水不夠多，永遠認爲自己的身份不夠高，多年前，葛奈特（GRANETT）才二十一歲，當明尼蘇達灰狼隊準備以一億美金和他簽約時，這位才高中畢業的小子竟說灰狼隊以『這麼少』的薪水合約提供給他是『瞧不起他』，是一種『侮辱他』的舉止，所以他揚言一定要跳槽轉隊，灰狼隊老闆在『又怨芭蕉、又愛芭蕉』的心態下，不得不與他簽下六年一億兩千八百萬的巨約。而當時位於華府首都的NBA大老闆也是在矛盾心理之下，和二十五歲的裘旺．郝爾德（HOWARD）簽下七年總價一億一百萬元的天文數目合約，這些恐怖的合約是經由誰同意簽下的呢？當然就是那些NBA資方的老闆啦，本來嘛，那些球員小子也沒有強迫老闆們一定要給他們多少工資，只不過他們冷冷的放足了狠話——不簽巨約，不如歸去。

在NBA圈裡，這些年來已形成了一個所謂的『億萬富少俱樂部』（BILLIONAIRE CLUB），這個由十二位廿啷噹歲的富少組成的俱樂部成員分別是葛奈特、郝爾德、歐尼爾（ONEAL）、牟尼（MOVRNING）、布萊恩特（BRYANT）、『一分錢』哈德威（HARDAWAY）、艾文生（IVERSON）、汪克（WALKER）、希爾（HILL）、和段肯恩（DUNCAN），這『十二小福』的總薪水高達七億一千九百萬元，如果『薪水帽』（SALARY CUP）無限膨脹上去的話，他們的薪水總和將高達十五億元以上，比第三世界國家的總稅收還多，而微軟巨擘比爾·蓋茲（BILL GATES）恐怕在得悉此訊後也會把手中的電腦砸在地上，自歎弗如了！NBA球員薪水如此之高，喬丹當年一個人的年薪比NBA十九支球隊的總合還高，而芝加哥公牛隊也因爲付給喬丹三千六百萬年薪後，全隊薪水的總合達到了六千一百多萬元，但是當年公牛隊的『薪水帽』不過是兩千萬元，所以公牛隊老闆其實已支付超過了『薪水帽』四千多萬元的『額外負擔』，爲何不算抵觸NBA的規定呢？

艾野的大學恩師——台大政治系行政法學權威張劍寒教授曾有名言：『法令多如牛毛，但有規定者，必有例外。』張教授之言，正足以說明了NBA『薪水帽』政策之『彈性』與『變性』，而所謂的『彈』與『變』則要追朔回廿多年以前的波士頓塞爾特人隊由於生產了一位白人超級巨星拉瑞柏德（BIRD），而使該隊戰績輝煌無比，連連晉入NBA冠軍系列賽，由於柏德太偉大了，他不僅把塞爾特人隊帶入登峰造極之地，更與魔術江生（JOHNSON）一起把NBA的江山打造出來，所以NBA當局爲了感恩柏德，破例讓波士頓塞爾特人隊以超過『薪水帽』數額的高薪與柏德簽下新的合約，這就是在NBA史上爭議最多也最大的『柏德特款』（BIRD EXCEPTION），這個專爲波士頓量身裁製的特款也就是吾師張教授所言之『有規定者必有例外』是也！

換言之，NBA各支隊伍由於有了塞爾特人隊所首開的例外之舉而打破了多年來的陳年舊規——每支球隊從此都可以不必去管『薪水帽』有多大，而可以用任何數額來與隊伍裡的所謂即將成爲『自由代理球員』的名將簽下巨約，以使這位超級球員的母隊可以開出其他隊無法開出的超高價碼一輩子佔有他而不致被他隊以高薪挖走或以其他非法手段和變相花招奪走，如果照一般的人情世故來看，『柏德特例』不失人道、親情和公義之理，所以芝加哥公牛隊後來就可以用三千多萬超過『薪水帽』的數目來簽下喬丹，使他跑都跑不掉，記得當年曾有些讀友洽詢艾野，喬丹不會跳到紐約尼克隊或夏洛特黃蜂隊？其實並不在於喬丹喜不喜歡紐約或夏洛特，而在於紐約和夏洛特根本沒有足夠的『薪水帽』來與喬丹簽約，同理的，岳威（EWING）也不可能跑到達拉斯去投效小牛隊，原因除了是他不喜歡小牛隊的老總那爾生外，更重要的原因是——小牛隊的『薪水帽』根本讓岳威戴不下去，也只有尼克隊自己可以援用『柏德特款』讓岳威不必管這頂『薪水帽』有多大，他都可以和尼克隊簽下巨額合約，所以他的兩千萬年薪似乎沒有任何隊伍可以開得出這個天價，除非把其他十一位隊友全部換成CBA老球皮或NCAA的幼齒球員，否則不可能會有任何明星級的球員原意用區區幾十萬來留在球隊裡的！由於『柏德特款』的暢行無阻，NBA自由代理球員眞是樂哈哈，笑成一團，但是NBA資方東家可是苦不堪言，說來說去都是自私心在作祟，當初想用『柏德特例』來防止其他球隊來挖自己的牆腳，如今卻是自己被自己量身製衣的『柏德特款』限制死了，所以球隊東家們都苦不堪言，悔不當初，這就是他們寧願付給史登主席八百萬年薪，拚死要史登這位律師出身的主席什麼都不要怕，全心全力想出對策來廢掉『柏德特例』這個特別可怕的法外開恩之例，以免將來各隊都會成爲後患無窮的災難！

史登此人從不懂籃球戰術，但是對付那些專領高薪的籃球明星則是箇中高手，他深知NBA球員工會是一個極爲難纏難搞的工聯組織，於是他招募了一批心腹，日夜苦思對付工聯之道。衆所周知，NBA資方東家心中的『最痛』莫過於爲了擁有『最愛』的球員，卻要付出慘痛的代價，而且這個代價將隨著球隊收入的增加而暴漲，上漲的帽度比率在球員勞方的『索求無度』下飛速成長，這又豈是唯利是圖的資本家所能忍受的呢？

於是，堅硬的『薪水帽』—『硬帽』(HARD CAP)就成爲NBA資本家堅不退讓的最後一道防線。

由於在現行的『軟帽』制度下，雖然每支球隊的薪水上限是兩千六百九十萬元，但是這個所謂的『上限』，如本文之前所述，在『柏德特款』之下，每支球隊均可不顧『上限』，可用任何天文數字的價碼與屬於本隊的球員簽約，那就是爲什麼當年明尼蘇達灰狼隊與葛奈特簽下一億兩千六百萬的薪水合約依然有效的原因。在這樣的『軟帽制』下，必然會使NBA大牌球員更加大牌，將來薪水的價碼無法節制，最後資本家不得不變賣家產來支付薪水，這些血汗錢若是付給喬丹或皮平也還心甘情願，至少他們還可以為東家賺得回那些數目，但是如果要付給那些阿貓阿狗，或是名不副其實的過氣球員的話，資本家只有宣佈破產一途了！

視錢如命的NBA勞資雙方這些年來一直在為一個所謂的BRI新名詞爭得死去活來。這個所謂BRI是BASKETBALL RELATED INCOME的簡稱，因此，在NBA的國度裡，凡是與籃球有關連的一切收入均冠上BRI一詞，所以像球賽的門票入場券收入、電視轉播球賽權益金、球隊球衣紀念品、球賽廣告所得……凡是與球賽和球隊有關聯的利潤都屬於BRI。

由於BRI是一塊大餅，勞資雙方都長久以來一直盯著這塊BRI大餅不放，早在一九九四年起，勞資雙方從掀起談判序幕的那一刻起就已經開始在BRI上較勁。

九四年雙方在談判沒有結論的狀況之下，相互還算尊重對方，勉強簽下球員「不罷工」、老闆『不休工』的『兩不協定』，所以使一九九四至一九九五年的球季得以順利打完。

九五年的夏天，勞資雙方在BRI的爭執未能解決，雙方僅消極的意見交流，雙方得過且過，又暫時熬過一個賽季。

但是當資方在九六年與電視公司簽下一紙超過五千萬的電視轉播權益金後，勞方反彈甚巨，最後在雙方妥協下，球員勞方再退讓一步，讓球季打完至九七賽季終了。

之後，勞資雙方均曾表達了善意，希望公平合理分配BRI，然而經過幾個回合的談判後，勞資雙方涇渭分明，根本談不攏。

記得那年的那場談判，正當大家談到一半時，NBA資方大龍頭史登主席突然拂袖而去，他的隨從也一個個一言不發地離去，使勞方詫異萬分，兩眼發直。球員代表猶他爵士隊的天王主將馬龍火氣十足的說：『他們就像小孩子玩家家酒，正當玩到一半時，突然抱起自己的洋娃娃說不玩了，調頭就走！』

當時在休士頓火箭隊服役的名嘴巴克利則說：『他們理虧了，無言以對，如果不走開，那有臉見我們呢？』

NBA勞資雙方在歷經過多年來的勾心鬥角、爾虞我作後，雙方都無法承受休工與罷工之痛，於是今年初雙方都表示有誠意重上談判桌，在雙方代表願意各自退讓後，終於達成了以下五點重大的勞資協定：

1、薪水帽：資方可給球員戴『硬帽』的硬度爲各隊四千九百五十萬，比以前增加了五百六十三萬元，但是資方與勞方強調『柏德特款』是反映出一位球員的公平市場價格，誰也不能支付低於市場價格的薪水給高品質球員，所以任何球員均應該在『柏德特款』保障之下得到更高的價碼。

2、BRI：資方要支付球員的薪水不得少過BRI的百分之五十七。

3、薪津規定：目前NBA球員百分之二十的球員均可領取最少的年薪二十七萬五千元，NBA資方同意每年從五百萬起步，簽約期限從七年減爲六年，效力六年以內可領一千一百萬年薪，而且答應定出每年不同的最低工資以符合年資公平原則，最高薪水每年從百分之十二點五減少爲百

分之十點五、

4、新兵合約：現行制度是球隊可與DRAFT第一輪選上的新兵簽下三年合約，三年後這位球員即可成爲自由球員，可與任何球隊重簽新約，新協定則可與新兵簽下兩年合約，而且到第三年的時候還可以擁有『第一回拒權』(RIGHT OF FIRST REFUSAL)以阻止其他球隊的惡性挖角。高中生必需離校一年後才參加選秀，而且必需年滿十九歲。

5、藥物規定：NBA資方把大麻、酒精過重之液體、強化肌肉的藥品列爲禁品以樹立NBA球員新形象，NBA球員每年必需接受四次藥檢。

那一夜，他用100分創造歷史！

100分，一個多麼完美又神聖的數字，一個多麼難得又難忘的數字，在NBA職業籃壇歷史上，唯一能夠一個人在單場比賽中，獨得一百分的記錄保持人，正是身長七呎一吋的巨無霸韋特．張伯倫（WILT CHAMBERLAIN）！

那是一九六二年的春天。

那是三月二日。

那是微風輕拂的清晨，那天早上居住在紐約市中央公園公寓的張伯倫（CHAMBERLAIN）從曼哈頓趕搭八時的火車前往費附近的一個小城鎮HERSHEY賽球，當時的NBA，由於比賽場地與觀衆數目的不確定性，所以並不是每一場球賽的主場地都會在球隊的所在城市舉行，而且由於飛機票十分昂貴，所以球隊到外地賽球的交通工具往往是經常會誤點誤時的火車與巴士，因此，張伯倫當天坐上火車後還一直擔心無法準時抵達費城呢。所幸在下午一時左右火車準點開到了費城，張伯倫及時與他的戰士隊隊友會合後，再轉乘球隊租來的巴士於下午三時半到了賓州的赫西小鎮（HERSHEY）的公園籃球場（PARK ARENA）以準備晚上對抗紐約的尼克隊。就在比賽之前，張伯倫爲了舒暢身心，特別抽空到遊戲間去打釘球電動玩具，並以來福槍練習打靶，前晚一夜未眠的他，依然精神抖擻，竟然可以連連的打破了記錄，這對他而言，似乎已爲當天的籃球比賽帶來了一個好兆頭。

不過，當天這場季末的比賽，由於無關決賽地位，當時的費城戰士隊已篤定名列東區第二，僅次於波士頓塞爾特人隊，將與雪城國家隊（NATIONALS）在決賽中對決，而紐約尼克隊則在東區的四隊裡敬陪末座，已無緣打入決賽，所以當天的戰士與尼克之戰是一場沒有什麼意義的比賽，不但觀衆奇少，只有四千多人觀戰，而且也沒有紐約和費城的主流媒體到場採訪，當然，在那樣一個媒體資訊尚未發達的六十年代，根本沒有電視台做現場實況轉播，所幸，還有一家費城的地方廣播電台在現場做了最眞實的實況報導，也因此爲張伯倫獨得一百分的歷史時刻做了錄音存證，使後代的人可以藉由這捲錄音帶來溫存那一百分之夜的情懷。

本來，那場比賽對張伯倫個人而言，只不過是整季八十場比賽之中的一場，在那一個球季裡，才廿五歲出頭，年輕力強的張伯倫像一頭蠻牛般的神勇無比，他幾乎打滿每一場比賽完整的48分鐘，他不但是『得分機器』，也是『籃板機器』，他在籃底禁區摘籃易如反掌折枝，平均一場比賽可輕鬆取下五十分以及廿五個籃板球，就在三個月之前，他才在費城球場對抗洛杉磯湖人隊時締造了七十八分的NBA歷史空前記錄，而四十多天以前他也在費城球場與芝加哥包裝工人隊（PACKERS）比賽時獨得了七十三分，所以張伯倫當天在打完半場後，雖然已取得了四十一分，卻沒有引起四千多位現場觀衆的特別注意，但是從第三節開始，張伯倫似乎愈打愈猛，毫無倦容，他的手感特別流暢，尤其是在罰球時，百發百中，無一失手，在打完第三節以後，他的得分數已累積至六十九分，當時費城戰士隊的發言人通過麥克風播音，大聲詢問現場觀衆：『你們認為韋特將會得多少分？』結果有人高喊『把球傳給韋特！把球傳給韋特！他將會得100分！他將會得100分！』。一時之間，球場的情緒十分高昂，但是深感屈辱的紐約尼克隊為了阻止張伯倫的予取予求，老謀深算的教頭艾迪・鄧諾文（EDDIE DONOVAN）決定採取拖延『搓麻將』的策略以遲緩比賽的腳步，戰士隊教頭馬格懷（McGUIRE）眼看不妙，立即改採快速犯規的戰術，只要紐約隊的球員拿到球後，戰士隊馬上犯規，以便重新取回控球權，當然，尼克隊也是如法泡製，用故意犯規張伯倫的隊友的方法以減少他們傳球給張伯倫的機會，張伯倫的隊友李斯雪瑞（MESCHERY）表示：『每當我們從場外發球進來的時侯總是把球高高的傳給張伯倫，當然他很容易就拿到球了。』

當天尼克隊先發中鋒費力・喬丹（PHIL JORDAN）由於生病，無法上場，接替他的後補中鋒艾姆何夫（IMHOFF）根本守不住張伯倫，讓他有如入無人之境，迫使尼克隊只好採用三人包夾的戰術，在禁區內亦步亦趨，緊盯張伯倫，但是健步如飛的張伯倫卻依然神勇非凡，銳不可擋，在隊友羅吉斯（RODGERS）源源不斷餵球給他下，他無論是遠投近射或轉身扣籃都有如神助一般，在展開第四節之後，張伯倫一上場就連續三次快攻，取得了六分，使他個人的累積得分已至七十五分，四分鐘之後，他的得分已超過了七十八分而逐步達到八十分、八十二分……八十八分、九十分……，但見全場觀衆如癡如狂，『韋特！韋特！』之聲此起彼落，當然，毫無疑問的是，此時的觀衆所期盼的乃是一個不可能的分數——一百分。由於尼克隊不願在NBA史上留下『惡名』，所以想盡各種方法來避免張伯倫創造歷史『英名』的機會，所以張伯倫在隨後的兩分鐘之內，都碰不到球，此時觀衆心急如焚，大聲責斥尼克隊的骯髒手法，果然沒多久，張伯倫開始又有機會拿到球了，他掌握住絕佳的機會，展開另一波凌厲的進攻，先以扣籃攻下第95分，然後因爲尼克隊犯規，加罰一球，得到第96分，隨後再灌籃，取下第98分，當球場上的記分板秀出九十八時，全場群情激昂，而此時此刻，離終場只剩下九十八秒鐘，轉播球賽的記者比爾・坎柏（BILL CAMPBELL）拉高聲調說道：『只差一球，韋特只差一球就要創造歷史了！』。說時遲，那時快，就在一瞬間，快手快腳的張伯倫抄劫到尼克隊手上的一球後立刻衝步上籃，但球未進入，幸好隊友泰德・魯坎畢爾（TED LUCKENBILL）幸運的搶到籃板球，他不假思索，火速快傳給張伯倫，張伯倫再投，又不進，但魯坎畢爾又搶到了球，這位後補球員這次再得球後，不敢運球，立即向外傳遞給站在禁區外，也是後補上場的喬・魯克利克（JOE RUKLICK），此時此刻，離終場只剩四十幾秒鐘，但見魯克利克不疾不徐，妙手把球高高的傳到禁區內張伯倫的巨掌上，只見張伯倫如大鵬鳥般展翅沖天，一躍而下，凶狠的把球猛灌入籃框中，老天！一百分！一百分！一百分！這就是歷史上唯一的一個一百分，張伯倫竟然創造了歷史！張伯倫竟然改寫了歷史！張伯倫竟然光亮了歷史！此時此全場觀衆熱血沸騰，情緒High到最高點，紛紛離席衝入球場，一個年輕的球迷更把那個打破記錄的籃球搶走了，迫使比賽一時無法再進行，在延長片刻之後才匆匆地把球賽結束，最後的比數是一百六十九比一百四十七，戰士隊戰勝了尼克隊，兩隊的總得分也創下了NBA的記錄，這場比賽張伯倫的表現，實在太了不起了，他全場出手投了六十三次，卅六次命中，當然，最不可思議的是，罰球卅二次，竟投中廿八次，一生罰球率只有五成一的張伯倫竟有如此精準的表現，的確太神奇了，我們可以肯定的說，這個一百分的記錄至少將保持一百年以上無人可破！不是嗎！誠如魯克利克所說的：『這一場比賽之所以傳神的原因是：張伯倫得了100分，1分不多，也1分不少！』

就在傳奇的創造歷史後不久，疲倦不堪的張伯倫搭上敵軍尼克隊上的友人那爾斯（NAULLS）的便車兼程返回紐約住所，他在自己的自傳『A VIEW FROM ABOVE』裡寫道：『我才上車不久即呼呼大睡，在偶爾清醒時，我聽到坐在後座的兩位尼克隊白人隊員重覆不斷的以不屑的口吻交談說道——『你能夠相信那個狗屎東西（SOB）在對抗我們時可以得到一百分嗎！哼，一百分！』張伯倫回憶道：『當我下車時，我毫不客氣的對他們說：你們這些臭傢伙眞是像SOB一樣的臭，謝謝你們給我得了一百分，而且還送我回到紐約的公寓，再見！』

這就是張伯倫締造一百分那天晚上的情景，試想，如果是在今天，他必然將會被所有的電子媒體和SGN轉播車圍著專訪，而所有的電視螢光幕上必然會一而再，再而三的播放著他雄奪一百分的那一幕偉大的歷史鏡頭，然而狂狷豪邁的張伯倫卻『身不逢時』，他的這一場堪稱經典之作的籃球最高藝術只能用聲音與文字流芳百世了，而憤世忌俗、自視甚高的張伯倫原本對這場一百分的比賽並不特別重視，因爲他自認爲已創造太多太多的NBA記錄了，得一百分並不算什麼，也沒啥好提的，但是他在晚年的時候卻改變了想法，他說：『隨著時間的消逝，我愈來愈覺得自己是那場一百分比賽的一部份，那場比賽已經變成是由我所手創，我也已經了解到那是由我創造的，我當然以此爲榮！』

張伯倫在NBA生涯之中曾創下許多輝煌的歷史記錄，或許你還不知道，他曾在一九六〇年時創下一場比賽搶下五十五個籃板球的歷史最多記錄，他的最好的一場『三元及弟』(TRIPLE DOUBLE)是二十二分、二十五個籃板與二十一次助攻，放眼NBA，除了喬丹、羅素、賈霸、魔術江生與柏德外，似乎無人可以與他相提並論，更明確的說，他算是NBA史上最佳的『個人』球員，如果進行『一對一』的較量，喬丹與羅素都不是他的對手，然而籃球畢竟是團體競賽，是一場『五對五』的集體比賽，所以張伯倫的成就，就整體來說，不僅不如喬丹，也一直屈居羅素之下，雖然張伯倫並不同意，他一直自認為是『前無古人，後無來者』的籃球天王！

毫無疑問的，在NBA半世紀以來，被公認為最好的『五大天王』除了張伯倫外，應該分別是：羅素、喬丹、賈霸與柏德。

在這『五大天王』之中，以羅素的貢獻最大，他雖從未奪得過『得分大王』，但卻是不折不扣的籃板大王與防守大王，他統領波士頓塞爾特人隊前後共贏得十一次NBA總冠軍，而喬丹和賈霸不過分別率領芝加哥公牛隊和洛杉磯湖人隊各奪得六次王冠而已，張伯倫則只贏得兩次NBA王冠（一次為費城戰士隊，另一次為洛杉磯湖人隊），不過，在個人的成績方面，張伯倫卻一支獨秀，個人保有四十六個記錄，他也是NBA史上唯一可以在一季（一九六二年）總得分超過四千分的人，他除了創下單場一百分的記錄，也創下單場七十八分、七十三分、七十一分以及七十分的記錄，在NBA史上單場最高得分的二十場裡，有十五場是由張伯倫所創，在七十分以上的場數，他共創下了六場，喬丹最高的單場記錄不過是六十九分而已，聖安東尼馬刺隊的大衛．羅冰生

(ROBINSON)曾在一九九四年最後一場正規季賽中創下單場球賽獨得七十一分的記錄，是九十年代以來的球員中最高得分者，但比張伯倫的一百分單場記錄還是少了廿九分，張伯倫在他全部十四個球季裡共奪下三萬一千四百一十九分，僅次於賈霸的三萬八千三百八十七分，原因是，賈霸比他多打了六個球季，而且張伯倫早年在打NBA時，一季只有七十五場至八十場比賽，賈霸在一九六九年進入NBA時，正規季賽已變成八十二場。張伯倫平均每球季可以攻下兩千兩百四十四分，平均每場球可奪得卅點五分，他在一九六二那年更創下每場球賽平均五十點四分的空前記錄，那年他每一場比賽平均籃板球有二十五點七個，遠比九十年代的籃板球王羅德曼(RODMAN)多了許多。

在進攻方面，張伯倫也展現了當今NBA中鋒所缺乏的機智助攻，他曾在一九六八年那一球季裡創下七百零二次全NBA最佳的助攻記錄，這一點，相當了不起，據丹佛金磚隊教頭丹．伊索(ISSEL)回憶當年的情況時說：『我想，當初是有人告訴他，因爲他只能自己進攻而不能傳球助攻，所以他無法賺到他想要的那麼錢，因而促使他發奮圖強，把球傳出去！』

外號『高腳鴨』和『大個子』的張伯倫的確相當傳奇，他出生於一九三六年八月廿一日，只比台灣的政治人物連戰年長六天，張伯倫的老家在賓州費城，高中時代，他就讀於OVER-BROOK高中，他曾在單場比賽中獨得過九十分，震驚全國，畢業後他選擇進入堪薩斯大學就讀，才打了兩年的NCAA籃球就提早離校了，他一度加入哈林職業籃球隊到世界各地做籃球才藝表演，一九五九年，在NBA的選秀會上，他以『本土特選』（TERRITORIAL PICK）被出生地的費城戰士隊以第一名優先選中，進入NBA後，立即大放光明，第一季就已奪得『得分大王』(平均每場得三十七點六分)、『籃板大王』(平均每場得二十七個)，同時，在投籃命中率也在全NBA領先群雄，所以張伯倫在第一個球季，獨得了『最佳新秀獎』與MVP最有價值球員獎。

張伯倫自進入NBA起，連年都奪得NBA的『得分大王』(共七年)，『籃板大王』的頭銜則共奪下十一次之多，他所締造的豐功偉業實在太多太多了，以下即是一部份出類拔萃的記錄——

五十分的單場記錄——共有一百一十八場。

命中率領先NBA--共九個球季。

一季最多出場比賽時間——三八八二分鐘。

一季最多籃板球——二一四九個(一九六一年)

NBA明星隊球員——一九六○、一九六一、一九六二、一九六三、一九六四、一九六五、一九六六、一九六七、一九六八。

張伯倫在十四個球季中還創下另一個了不起的記錄——從未在一場比賽之中犯規出場過，從這一點也可以看出他『忍』的功夫，而這一點也是當今中鋒所欠缺的，他自述：『我存在的價值是在球場上打球，而不是坐在場邊，所以我要時時刻刻上場。』

張伯倫有過人的體力，他在球場上似乎永遠不會疲累，往往一場比賽下來打四十分鐘也沒有倦容，他的勁敵比爾．羅素說：『他是我最尊敬的對手，我知道他有多好，他也知道我知道他有多好，由於他太好了，我不得不拿出我的看家本領與他比賽。』

張伯倫與羅素之爭往往是張伯倫個人的成績比羅素好，但是羅素的波士頓塞爾特人隊卻總勝過張伯倫的費城戰士隊，他倆的六十年代戰爭與八十年代的魔術江生與拉瑞．柏德之爭以及九十年代喬丹與馬隆之爭相互輝映，不過，由於張伯倫與羅素的競爭特別具有象徵的意義，所以在NBA所造成的影響力也特別巨大。

張伯倫是一個目中無人、孤芳自賞的人，在他的觀念裡，他是NBA史上最有貢獻的巨星，雖然他尊敬他那個時代的對手，但是對於現今的明星球員則很輕視，他肆無忌彈的批評過所有的中鋒人才，尤其是對於『俠客』歐尼爾很不以爲然，他常感歎這一代的中鋒缺乏他那一代中鋒的拼搏力與爆發力，他曾諷刺說，歐尼爾如果是在他那一代打球的話，只不過是普通的一名胖子中鋒而已，當歐尼爾聽到這位老前輩的批評後，笑著回答:『我祖母常告訴我，老年人很無聊，常會講一些廢話，所以我們應該要讓他們清靜獨處，不要去理會他們！』

張伯倫的一生其實一點也不孤獨，他在NBA大紅大紫十四年，奪得過一切的大獎，一九七八年也被評選進入NBA最高榮譽的『名人堂』(HALL OF FAME)，一九九六年則被評選爲半世紀來最佳的五十位球員之一，雖然媒體常會對他做負面的評價報導，但是他在NBA的地位既崇高又不可動搖。

在離開NBA之後他也不甘寂寞，繼續在體壇上風光，他曾加入職業排球隊與田徑隊，當年還親率田徑隊到台灣比賽訪問，他也參加馬拉松長跑，並向一代拳王阿里挑戰，雖然不敵阿里，但是在在證明了他卓越的體能，一生單身未娶的張伯倫曾在他的自傳中大膽透露自己曾與超過兩萬個女人有性關係，這一點，多多少少影響了他的名譽，但他卻無所謂，他認爲，人生如球場，什麼樣的狀況都有可能發生，過得有意義、有趣味就好了，所以他選擇住在紐約與洛杉磯大城市以度過五光十色的人生。

張伯倫也演過電影，他說，那是他最大的興趣之一，不過他從來沒有在好萊塢影劇圈走紅，因爲他的個子太大了，而且演技也不出色。

張伯倫炫麗的人生舞臺終於結束了，一九九九年十月十一日，他不幸因心臟病逝世於寓所，一代籃球大師從此揮別世人，得年六十三歲，由於他在NBA創造了太多不可磨滅的記錄，所以他的大名必將在NBA史上光明亮麗，永垂不朽！

噢，難忘的號碼！

00、13、23、11、22、33、44、99……一個又一個令人難忘的球衣號碼，NBA的球星們用智慧、才華、體力、毅力把這些數字打造成一流的品牌，這些號碼長久以來已深深的映入我們的腦海裡，我們將永久記得它們，也將永遠懷念它們！

球衣號碼對NBA球員與球迷而言，具有相當特殊的意義與情感，尤其是一些特別的數字，不但讓球員自己一生引以爲榮，而且還會讓球迷記憶深刻，永難忘懷。

外號叫『酋長』（CHIEF）的潘瑞喜（ROBERT PARISH）自從七十年代中期開始進入NBA球壇後，先後爲黃金卅、波士頓、夏洛特與芝加哥四個城市服役長達廿一個球季，打了一千六百零十一場，是NBA歷史上球齡最高、球資最長的球員，在過去廿多年的歲月裡，無論他打的隊伍是戰士隊、塞爾特人隊、黃蜂隊或是公牛隊，他的球衣號碼永遠都是『零零』兩個諾大的數字，所以在潘瑞喜退休多年之後，我們或許已不記得他曾經贏得過幾枚NBA冠軍戒子，但是卻永遠不會忘記他的球衣號碼是『零零』。其實，當年球季開賽之始，酋長潘瑞喜來到公牛隊時，NBA曾通知公牛隊，由於新的電腦軟體對於OO或O等號碼不能運作，那將破壞電腦系統的統計資料，所以要求公牛隊變換老潘的號碼以及瑞迪．布朗(BROWN)的零號，可是老潘堅決不退讓，並揚言將訴諸法庭請法官用法權來維持自己選擇號碼的權利，結果是——公牛隊只把布朗的號碼從零更變爲一號，而老潘則依然用兩個大零蛋的號碼，而NBA則自圓其說道：「由於『會長』德高望重，又是未來的『名人堂』球員，SO……」。

當然，在六十年代叱吒風雲的張伯倫（CHAMBERLAIN）所穿的13號球衣號碼更是NBA球迷不會忘記的，或許有人迷信，以爲13是一個不吉利的號碼，但是張伯倫可是一點也不迷信，他遠從賓州OVERBROOK高中到堪薩斯大學，再到費城戰士隊和七十六人隊以及黃金州戰士隊和羅省湖人隊，13號球衣一直都跟隨著他，他從來就沒有更改過這個球衣號碼，這個數字對他而言，不但可以大鳴大放與大贏大勝，而且也是大吉大利，大富大貴，所以張伯倫在退休之後，所有他待過的隊伍都把他的13號球衣光榮的退休以讓後人崇拜景仰。

公牛隊以前的中鋒陸克．藍尼(LONGLEY)也選了十三號做爲球衣號碼，他說：「我老爸當年在澳洲打籃球時就已穿十三號球衣，所以我追隨父親的腳步，一直都穿十三號球衣，這個號碼對我而言，當然是吉利的！」

喬丹的23號球衣也是舉世聞名，沒有人會忘掉的，喬丹是從高中的時候就選用這個球衣號碼，根據他自己的說法，他從小就跟他的哥哥拉瑞．喬丹（LARRY JORDAN）一起打籃球，高中的時候，他哥哥的球衣號碼是45號，由於十分欽佩自己的哥哥，所以喬丹就恭敬的選了45號的一半再多零點五，那就是23號，後來喬丹進入北卡大後也沿用這個號碼，這個號碼讓他在短短的三年裡，於NCAA全美大學籃壇打出響亮的知名度，並且在進入NBA之後更把23號打造成全世界最著名的球衣號碼，不過在他爲芝加哥公牛隊打出第一個『三連霸』的NBA王朝後，他的父親卻在南卡州一家旅館外面，在自己的車上遭人謀殺身亡，而當時喬丹父親的車牌號碼就是喬丹球衣的號碼，所以23號對喬丹父親而言，是一個非常不吉利的數字，喬丹在第一次退休後，23號球衣也被公牛隊退休了，喬丹曾表示，他將把23這個數字永久藏在自己心裡以紀念自己的父親，後來喬丹轉行改打職棒後，他就改用了45號的球衣，到了一九九五年，喬丹第一次復出NBA，他依然穿45號球衣打球，但是在打完廿二場平凡無奇的球賽後，有一天在與奧蘭多魔術隊比賽時，喬丹事先沒有知會任何人，當比賽正式開始時，他突然穿著那件繡有23號數字紀念他父親的球衣登場，這下子全場球迷都看呆了，就連當時公牛隊的教頭賈克生也丈二金剛摸不著頭，不過賈克生說道：『無論邁可喬丹穿幾號球衣，他都一樣可以爲公牛隊贏球。』而魔術隊的明星球員尼克・安德生（ANDERSON）則是以嘲笑的口吻說：『四十五號的喬丹缺乏廿三號喬丹的爆炸力，廿三號像是一個太空梭，而四十五號只是一個難以起飛的空架子……』

面對安德生的輕視言論，喬丹未曾做任何還擊，他只是默然不語，因爲他心裡明白，自從穿45號球衣以來，他的手氣不再像以前那麼順暢，尤其是在上一場比賽，是他NBA職業生涯之中最糟糕的一場，全場竟有八次失誤之多，並且最後一次失誤更造成了公牛隊的輸球，所以喬丹認爲，他唯有穿回23號球衣，並以眞材實學來展現給大家看才是最實際的反駁！

由於喬丹的違規，第二天NBA當局以嚴肅的懲罰來處理喬丹未經允許就穿回以前的舊球衣（23號）以及新球鞋（白色）的做法，還好只有罰款，沒有禁賽，公牛隊被罰了兩萬五千元，而喬丹則被罰了五千元，但是NBA特別附上一條但書，如果喬丹膽敢再穿上23號球衣，或是45號以外的球衣，他與公牛隊都還會受到更嚴厲的處罰。

艾野的拙見是，NBA實在是『矯枉過正』，根本犯不著那麼緊張去處罰喬丹與公牛隊，球衣號碼只是一個球員的表徵，更何況23這個響叮噹的號碼完全是喬丹一個人建立起來的威望盛名，如今他既然想再使用這個號碼，爲何不可？有何困難？NBA眞是管過頭了，不是嗎？！

喬丹個人一直不願對此事公開的表達過任何看法，不過據公牛隊教頭賈克生追憶道：『喬丹曾跟我說過，當他穿上45號球衣打棒球時，打擊率只有兩成零二，實在有夠衰，我聽完後還跟他開玩笑說，是啊，如果你穿上45號球衣打籃球，命中率也差不多是兩成二那麼低！』

喬丹可能眞的很迷信，尤其是在對奧蘭多魔術隊的那一場決賽，他的手風極逆，活端端在手上的球還會被截走，由於自己的失誤，造成公牛隊的輸球，所以他乾脆就換回以前大名鼎鼎的23號球衣罷了！然而喬丹卻沒有在事前把他準備換球衣的念頭告訴任何人，這一點也頗令人不解，是不是他想在製造另一個驚人的大新聞？如果當天在場上更換球衣號碼的是魏靈頓或卜度什麼的，恐怕不會有任何人有異議，因爲沒有多少人記得他們原先穿幾號的球衣，NBA當局大概也會睜一只眼，閉一只眼算了，但是問題出在喬丹太有名氣了，他的23號球衣家喻戶曉，既已退休了，豈可再度使用呢？

據來自NBA圈內的消息透露，NBA之所以不允許喬丹再用23號球衣是因爲當局想讓喬丹穿45號球衣以再製造另一個新形象，以便增加45號球衣的商品銷售量，如此可以增加NBA一筆極爲可觀的額外收入，但是喬丹可不這麼想，他當初之所以不再穿23號球衣是爲了紀念老爸的逝世，如今既然心意已到，再次穿上這個球衣，更表示自己對父親另一種的追思，所以顯然喬丹會執意穿上23號球衣繼續打球，如果NBA當局再嚴罰他或公牛隊，喬丹可能會向NBA提出法律訴訟，而公牛隊對喬丹也是百分之百支持的，該隊老總柯勞斯（KRAUSE）說：『喬丹告訴我，他穿上23號球衣時，就會感到非常稱心，如果任何事能使喬丹感到稱心，那也一樣讓我感到稱心！』

由於廣大NBA球迷以及大衆媒體絕大多數都是支持喬丹更換球衣號碼的做法，所以NBA當局在權衡得失後，終於對喬丹法外開恩，默認同意他穿回已退休的23號球衣，不過很離奇的一件怪事是，在後來的一場也是對抗奧蘭多的比賽時，喬丹的23號球衣竟然被魔術隊球迷神奇的偷走了，所以喬丹一時不知所措，不得不臨時改穿12號的球衣上場。總結說來，喬丹在兩進兩出NBA的十三個球季裡一共換穿過23、45與12三個不同的球衣號碼（當中不包括一九九二年他代表『美夢隊伍』參加奧運會時穿9號球衣），在這些號碼之中只有23號是吉祥號碼，我們也會永遠都甸記著這個號碼！

由於喬丹把23號球衣打造成全球最知名的品牌，所以球場上的後生晚輩無不以23號做爲球衣的上選號碼，其中以最近兩年在NBA快速竄紅的黎布朗・詹姆斯（JAMES）爲代表人物，從小視喬丹爲偶像的詹姆斯，打從小學起就選用了23號球衣，詹姆斯的籃球身手已一天天證實他將是『喬丹的傳人』，當然，他所傳承的，不僅是喬丹的號碼，更是喬丹的球技，我們有理由相信，有朝一日，詹姆斯的23號球衣應該會如他所夢想的一樣，可以和他一起退休讓人懷念的。

其實NBA當局對球衣號碼的限制並不算嚴苛，像國際籃球聯盟所舉辦的比賽，如奧運會與世界錦標賽等，都嚴格規定十二名球員的球衣號碼務必是從4號到15號，其他號碼一律禁止使用，這就是爲何喬丹在打奧運會時，不可以用23號的原因，而NCAA現在的球衣號碼規定也很弔詭奇特，可以自由選用零零號到四十五號，但是其中只要有6、7、8、9尾數的號碼都禁止使用，也不知道爲何會有這麼邪門的規定，相形之下，NBA的規定算是寬鬆多了，原則上NBA允許球員採用任何數字的球衣號碼，但是只有兩個要求－－從一號到九號必須使用單一的數字而不可使用01、02、03……等，此外，凡是採用超過55號的數字，必須先向NBA申請使用專利權，當然，在同一支隊伍裡，如果有一個號碼已被球隊退休或是目前已有人正在使用，那麼就不可以重覆使用這個相同的號碼(喬丹除外)，當年羅德曼（RODMAN）從聖安東尼馬刺隊跳槽到芝加哥公牛隊時，他不可以使用他最喜愛的10號，因爲這個號碼是公牛隊早年的明星球員勒夫（BOB LOVE）使用過的，而且已被公牛隊退休了，所以羅德曼向NBA申請了91號，他的理由是－－9加1的總和是10，他穿上91號，也等於是穿上10號，而且羅德曼解釋，91是911警急求救數字的前兩碼，讓人易記易懂，羅德曼的搞怪理由我們就姑且信之吧。

NBA球員在選用球衣號碼時的確有多種考量的，早年在NBA與ABA兩個職業籃球聯盟都名聞遐爾的瑞吉・白瑞（RICK BARRY）在從黃金卅戰士隊轉到休士頓火箭隊時，由於他的24號球衣號碼已早一步被魔斯斯・馬龍（MOSES MALONE）搶先用掉了，但是白瑞念念不忘自己鍾愛一生的24號，所以他特別選用兩個號碼－－2號與4號間隔並用，在休士頓自家球場比賽時穿2號球衣，但到外地打客場時就換穿4號球衣，由於NBA季賽主客場各佔一半，所以白瑞整個球季打下來，2號與4號球衣都平均穿到了，那是何樂而不爲的呢！白瑞不但自己的球技傑出，而且更培養調教出三個籃球明星兒子JON，BRENT與DREW，他們三人全都是NBA的優秀球員，一門四虎雄據NBA山頭，著實令人敬畏三分！

除了白瑞外，巴克力(BARKLEY)在NBA晚年也曾加入休士頓火箭隊，由於火箭隊的『美夢』

歐拉諸旺已佔據了34號球衣，所以巴克力只好放棄了他多年使用的34號，而改為32號球衣，在此之前，巴克力也曾經因為魔術江生得愛滋退出NBA，所以為了紀念好友的退休，巴克力也短暫的把自己的球衣號碼改為魔術江生的32號。而原來在波特蘭拓荒人隊的天王中鋒比爾・華頓(BILL WALTON)一直是穿32號球衣，但是他在八十年代中期後跳槽到波士頓塞爾特人隊，由於塞隊主力大將馬凱爾(McHALE)已用了32號，所以華頓只好屈就自己把32號改為5號，對華頓個人而言，32號或5號都是吉利的數字，因為他分別在兩個不同的城市穿這兩個不同的號碼，最後都分別奪得了NBA的冠軍戒子！

休士頓火箭隊當今的『鎮隊之寶』，七呎六吋的華裔小巨人姚明的球衣是11號，他的說詞是，兩個一就像他的兩隻長手臂，所以1加1起來使他顯得更高更長，但是丹佛金磚隊穿11號球衣的柏肯斯（EARL BOYKINS）只有五呎五吋，他足足比姚明短小了廿六吋呢。達拉斯小牛隊的布萊德雷（BRADLEY），從進入NBA的第一支球隊費城七十六人隊的時候就選用了76號，他之所以用76號，與76人隊的隊名並沒有關係，而是因為他身高7呎6吋，所以他要用這個號碼隨時提醒球場上的對手，他並不矮，千萬不要輕視了他的高度。當然，那位來自羅馬尼亞比他還高一吋的外籍老兵牟瑞生（MURESAN）因為身高七呎七吋，所以他所選的球衣號碼，就是77號了！

提到7這個數字，順便跟大家一提的是，在美國職棒小聯盟有一位名叫約翰・芮文斯（JOHN NEVES）的球員，他選的球衣號碼是『倒7』（ㄱ），他的理由是--他的姓氏NEVES倒過來寫就變了SEVEN，所以英文字母有時候是可以解碼的，既然倒過來是7，所以取『倒ㄱ』做球衣號碼是合邏輯的。7號對傑米森(JAMISON)來說則不折不扣是不吉利的號碼，因為他在一九九八年以第四名加入黃金卅戰士隊後穿7號球衣，一個球季下來平均一場只可以得九點六分，但是第二年他改穿回當年在北卡大時所用的33號以後，平均一場球竟然一口氣增加為十九點六分，所以從此之後傑米森便一直使用7號做為他的球衣號碼！

鳳城太陽隊的後衛安佛尼・哈德威（ANFERNEE HARDAWAY）因為從小就被人取了外號『一分錢』（PENNY），所以他的球衣號碼就選取了1號，由於『一分錢』多年以前投效奧蘭多魔術隊，攻守俱佳，多次膺選明星隊，而從小在中佛州長大的麥葛瑞迪（TRACY McGRADY）一直以他為偶像，所以也把自己的球衣號碼取為1號，如今麥葛瑞迪已成為NBA『一』流的超級巨星，難道是靠1號球衣所添來的福祉嗎？

與張伯倫同年代的一位閃亮巨星，外號叫『大歐』（BIG O）的奧斯卡・羅拔生（OSCAR ROBERTSON）也曾在密爾瓦基公鹿隊用過1號，但是之前，他在辛辛那提皇家隊時用的是14號，後來整支球隊從辛辛那提皇家隊搬到了薩加緬度，並改為國王隊，為了感念『大歐』的卓越貢獻，國王隊與公鹿隊分別把他的14號與1號球衣都退休了。

NBA當局對球衣號碼的規定標準不一，但是碰到像明星賽的時候怎麼辦呢？NBA的規定是——採用「敬老尊賢」的辦法：以年老的和賢能的球員球衣號碼為主，年少的和愚魯的球員只有更改號碼了，像前些年魔術江生(JOHNSON)叱吒風雲的時候，他年年被選為西區明星球員，他在明星賽中當然就是穿卅二號球衣，而晚進的猶他爵士隊的郵差馬隆(MALONE)只好心不甘、情不願的把自己一直穿的卅二號球衣改掉了。

在NBA歷史上，最令人懷念之一的人物是穿99號的喬治・米肯(GEORGE MIKAN)，這位出生於伊州茱麗葉市(JOLIET)、畢業於帝波大學(DePAUL)的中鋒是四十年代最早期NBA的巨星，他投效明尼亞帕里斯湖人隊多年，後來並被選入NBA的名人堂，米肯之後再也沒有人穿99號的球衣了。

NBA歷史上似乎很少生產過穿11號球衣的明星球員，除了底特律活塞隊的前朝後衛湯瑪斯（THOMAS）大名鼎鼎，穿11號球衣拿下兩個NBA冠軍戒子，其他的11號並不太吉利，但是穿上22、33、44號球衣的球員卻都相當的福泰吉祥，22號福星包括貝勒（BAYLER）、崔克什（DREXLER）、布萊克曼（BLACKMAN）與南希（NANCY）等人，33號福將包括柏德（BIRD）、賈霸（JABBAR）、岳威（EWING）與艾當斯（ADAMS）等人，44號泰斗則包括韋斯特（WEST）、尹索（LSSEL）、葛文（GERVIN）與衛斯特夫（WESTPHAL）等，穿上這些球衣號碼的球員於不同的年代裡都在NBA籃壇佔有一席之地，由於他們的球衣號碼格外突顯，所以長久以來深深的映入大多數球迷的腦海裡，相信這些球衣號碼，無論是00、13、23、22、33、44或99……我們都會永久的記得它們，我們也會永遠的懷念它們！

哀哉！籃球王國

有『籃球王國』美譽的美國，最近幾年，連連在國際性的比賽中吃敗仗，為什麼美國男子業餘籃球如此一蹶不振？如何才能振興『籃球王國』的聲威？NBA的一流籃球明星們為何不願意代表USA去打敗歐洲的隊伍？其間存有那些問題？

『美國男子籃球隊已證明了一個事實，他們可以在任何地方輸給任何國家的隊伍！』

這是多年以前美聯社發自阿根廷首都布宜諾斯艾利斯的一則電訊稿的大標題，由於美國隊在世界盃男子業餘籃球錦標賽的準決賽裡，不幸再度以九十一比九十九慘敗給南斯拉夫隊，迫使美國隊當年未能打入冠軍賽就落敗淘汰出局！

這是美國隊在國際友誼邀請賽兩度落敗之後，再度吃的第二個敗仗，使老美對於自己『籃球王國』的令名美譽大大的掃地，套句咱們老中的俗話，他們真是『羞死人了！』

其實，老美輸球，一點也不會令人感到驚訝與奇怪，早幾廿年前，美國男子籃球隊的實力可謂是金鋼鑽石般的陣容，橫掃天下東西南北無敵手，但是，這種『唯我獨尊』的局面自十年前起已不復見，各國在美國強大的刺激下，紛紛加強了自我的實力與水平，尤其是各國球員紛紛加入NBA磨練後，再返國代表他們的祖國來對抗美國，使美國籃球隊在球場上緊緊張張，似乎每一場比賽都打得很吃力和費事，就好像在NCAA大學籃賽各校之間的競爭一般驚險！

夢幻NBA

早在五十年代，美國隊在國際性的比賽中，往往是以平均五十多分的巨額差距擊潰對手，像這種『老鷹吃小雞』的現象，自八十年代起已不再出現，不僅如此，美國吃敗仗的新聞竟然接二連三的傳來，所以對於這些輸球的噩訊，老美也已『見怪不怪』了！

美國籃球隊吃敗仗的大源頭始自一九八七年的泛美籃球賽（PAN AMERICAM），在那一次的國際大賽裡，美國隊陣中盡管擁有海軍少尉羅彬生（ROBINSON）和丹尼．明寧（MAN-NING）等一流大學球員，但是來自巴西的神射手奧斯卡．施密特（SCHMIDT）卻以神乎其技的三分長射硬把美國隊打敗了，對於美國人而言，自己被封爲『籃球王國』，但卻被『足球王國』的巴西打敗，無疑的是一大諷刺，老美不僅失落了金牌，更使自一九七一年以來，連續廿四場勝利的光榮戰績中斷，總計在過去的九屆泛美賽中，美國的戰績是六十七戰六十五勝，一共贏得過八次金牌之多，只有一次是由巴西奪得。

自從在泛美賽中慘敗以來，美國隊又連連在『世界大學籃球賽』裡輸給了地主南斯拉夫，之後，並於『世界盃青年籃球賽』中再次敗北，臣服在南斯拉夫手下。

到了一九八八年的漢城奧運會裡，蘇聯隊來勢凶凶，美國隊則號稱擁NCAA史上最強的一支國家代表隊，但是結果又如何呢？羅彬生、明寧、街阿．李德（REID）和何肯世等一流大學好手依舊不敵老俄隊，迫使湯普生（TOMPSON）領銜的美國隊硬是敗陣下來，所以當年的奧運竟然只拿到一小塊銅牌。

那次漢城奧運奪魁的南斯拉夫隊陣中擁有NBA的兩員大將──波特蘭拓荒隊的皮特瓦克

(PETROVIC)以及羅省湖人隊的狄霸(DIVAC),雖然他倆在人才濟濟的NBA裡只是兩個小角色,但是卻在國際賽中揚眉吐氣,逼使美國隊的大學生球員硬是輸上一截,而職業與業餘籃球水準之差異由此可見一般,試想看看,如果魔術江生、岳威、喬丹和卡爾馬隆等巨星代表美國去與狄霸這些南斯拉夫主力對抗,誰說美國隊會慘敗給南斯拉夫呢?

面臨如此一次又一次的挫敗,美國籃壇人士已憂心忡忡的檢討研究--到底美國隊出了什麼問題了?爲什麼每次碰上老俄和南斯拉夫等陣式時,老美總是笑不起來?

其實問題的癥結點乃是在於球場上的立足點不平等,換言之,老美的陣容全是NCAA全美大學籃球隊的球員,都是一些廿歲上下的毛頭小子,而蘇聯和南斯拉夫等國家的球員則不乏職業隊的專業球員,他們或是在NBA或歐洲的職業聯盟裡打拼過硬仗,或是在整個國家隊裡共同集訓過三五年之久的時期,當然他們的默契或團體精神都相當出色,在這種有利的情況之下,老美自然是比不過他們啦!

還有一點非常重要的原因是,老美的隊伍雖然都是NCAA的一流好手,但是並不是所有頂尖的NCAA明星球員都參加了美國隊的陣容,就以八八年的奧運來說,當時具有最好實力一些明星球員如密西根大學的葛蘭特(GRANT)和路易維爾的超級中鋒艾力生(ELISON)等人均『謝絕參加』美國隊,雖然他們都有一套美麗的托詞,如『課業吃重,須加強用功讀書』、『胃痛不止、藥物難治』等等,但是說穿了,只有一個理由--深恐參加比賽意外受傷而無法進入NBA球場挖金掘寶也!因而老湯教練在當時就有感而發的說道:『在別的國家,人人都爭先恐後的想代

夢幻NBA

表自己的國家去比賽以爲國爭光，只有咱們美國不同，那些大學的小子們毫無國家觀念，他們的腦袋裡只有錢，他們開口閉口都是NBA、NBA、NBA，他們除了知道NBA，什麼都不知道，心裡一丁點國家觀念都沒有，他們不來代表美國也罷了！』

其實，民主國家，人民就是那麼的民主與自由，那裡像共黨國家，如果黨國徵召了你，你敢不從？你若是反抗不服，不被放逐到西伯利亞寒漠牧羊，也會被禁足禁到你心煩頭疼呢！

那麼，美國隊要如何改弦更張才能重奪『籃球王國』的寶座？

答案非常非常簡單，早在幾年前，艾野就已經說過了千百遍——徵召NBA的明星球員去代表USA出賽，如果在NBA出賽後，美國還是拿不到王冠，那麼老美也就不必再抱怨什麼了！

找NBA明星出來代表美國比賽原先只是一個夢——一個美得不能再美的夢，但是，在老美輸掉漢城奧運會的金牌後，這個美夢竟然成眞了！

在世界籃壇人士一致垂目下，『國際業餘籃球聯盟』（FEDERATION INTERNATIONAL DE BASKETBALL，簡稱FIBA）在西德慕尼黑舉行的一次全體會員代表大會中，以五十六票對十三票正式通過開放職業球員參加國際大賽的資格，換句話說，NBA的明星大將自此之後即可光明正大、正正式式的代表各自的國家去參加世界盃賽了！

開放NBA職業籃球明星參加國際籃球比賽公不公平？NBA一旦插足國際籃壇，其優、缺點有那些？

艾野曾經三番幾次專文探索過這些問題，對於以前國際籃球協會『閉關自守』、拒不讓美國

NBA籃球明星參戰的作法極不以爲然，因爲，艾野認爲，任何一項比賽，不論是奧林匹克運動會或是世界籃球大賽，不讓最優秀的運動員參加，就不能稱爲最好的比賽，那麼，人們怎會提得起最激昂的心緒去關注那項『不是最高水準』的比賽呢？所以艾野徹頭徹底的認爲開放競賽的門戶才是提昇體育水平的重要關鍵之所在。

可怪的是，FIDB門戶洞開的這項明智的決定並未讓美國業餘籃協高興，他們開始在投票時以『反對票』否決NBA參賽，後來又語焉不詳的說一些使人丈二金剛摸不著頭的話。根據美國籃協的說詞是，該協會擔心國際大賽的日期會與NBA的賽程衝突，致使美國的職業球員無法分身參加國際比賽。

哼！這眞是一派胡言。

賽程會衝突？既然有心要讓水準最高的球員參加比賽，難道就不可以彈性與合理的調整一下比賽日程？何況奧運會皆是在NBA的休戰期間舉行，衝什麼突呀？您千萬不要相信美國籃協所編纂出來的美麗謊言，其實他們股子裡想的是怕自己在國際上的地位被自家的NBA主子們所取而代之，換句話說，那是『面子問題』在作祟，不過，他們所要保的『面子』只是他們自私的極少數人的面子，而不是整個國家的大多數人的面子！這話怎麼解釋呢？

因爲美國業餘籃球協會這些年來一直獨攬獨包美國參與國際性籃球比賽之『肥水工程』，如果國際籃球聯盟開放讓職業球員參加，那麼NBA國際籃球聯盟不是就來『參標』了！

不必比價就可以知道，NBA必然可以包下所有的『工程』了，屆時，美國業餘籃協不是就得

夢幻NBA

乖乖的，那邊涼快站那邊，在沒有獨腳戲可唱的窘境下，那些老朽大概也就只有哼起『長鋏歸來兮』的哀歌，返回田園去種苦瓜，吃蕃薯簽了，所以嘛，還是那句中國古聖賢的老話——『人不爲己、天誅地滅』！

至於NBA當局對於參加國際大賽的興緻又如何呢？告訴你，NBA的小牌球員當然願意，而大牌明星可未必想參加，至於球隊老闆，艾野相信他們百分之一百萬不願意讓他手下的明星去參加什麼國際比賽的！原因如下：

（一）參加國際賽須遠渡重洋到國外，耗時又耗力，萬一不幸在場上斷足斷手、扭腰折背，或在場外發生意外，那麼不就是損失慘重了！

如果你是達城小牛隊的老闆或是波士頓薩艾帝克隊的東主，你願不願意讓你手下身價値千百萬元的明星主將去參加毫無助益的國際大賽？那些主將明星是你的搖錢樹，他們每一個球季在場上拼死命的爲你賺大把的銀子，你難道不怕他們受傷掛彩了，那你不就虧大本了！所以艾野相信不管是你或任何人當家主持NBA球隊，絕不可能願意放自己的人去外面冒大險的。

（二）NBA的大牌明星根本不須要再以奧運或世界杯之類的比賽來肯定自己的成就，誠如柏德所說的：『NBA的冠軍是籃球世界的極限』，換句話說，能夠奪得NBA的冠軍是當今世界上所有籃球員最高與最後的理想，一面奧運金牌又算什麼呢！所以NBA的主席史登先生對於是否讓NBA參賽的問題一直不願直截了當的答覆，直到記者們逼問後，他才不知所的云的表示：『NBA正在嚴肅的考慮之中。』

夢幻NBA

至於NBA球員本身參賽的意願又如何呢？根據美聯社（AP）當年對NBA所有球員所做的調查顯示，有百分之六十三的NBA球員認為『讓NBA球員參加國際賽』的作法是合理的，但是在這些球員當中，眞正願意代表美國出賽的NBA球員只有百分之五十八，換句話說，縱使是NBA的老闆願意『放人』，NBA球員大約有一半以上的人不願去代表USA應賽，這也說明了，不僅僅是NCAA大學球員愛財，就連NBA職業球員也一樣惜財，於是在大多數球員向『錢』看齊之下，美國隊在國際大賽中永遠沒法出頭，他們老美也只有一年又一年，眼睜睜的看著老蘇和老南，甚至老波（多黎各）和咱們老中在國際賽中狠狠的把美國打敗的惡戲上演了！

就在NBA不願代表美國去參加世界比賽之際，球場上再次傳來美國輸球的噩訊，美國隊再次於一九八九年的世界籃球大賽中遭慘南斯拉夫的修理，金牌又不翼而飛，接下來是一九九〇年，在國際友誼運動會（GOODWILL GAMES）中，美國還是傳出了敗績，只贏得一面銀牌，一直到在古巴哈瓦那舉行的泛美運動會，美國隊在第一仗碰上地主古巴隊時幾幾乎乎就慘遭滅頂，所幸老天幫忙，在最後最關鍵的時刻起死回生，保住了小命一條，但是在走完心驚膽跳的夜路後，最終的盡頭卻還是碰上了阿米哥大黑鬼，硬是死在波多黎各的魔手上矣！

由於老美連連五年在國際籃球賽上輸球，他們眞的不能再等閒視之，因為世界各國的籃球水平已大幅度提昇，而美國最高水平的籃球員全都一窩蜂擠進了NBA，以剩下來的毛頭小子來代表美國去參加世界杯的籃球賽如何有成？

於是我們每次所得到的消息總是輸輸輸輸輸輸，輸來輸去，輸得老美都麻木了，他們心想，

夢幻NBA

反正大家都知道，咱們老美是世界籃球首霸，雖然咱們只撈到一塊銅牌，那並不代表咱們的籃球是三流！

美國隊的輸球顯然不再是僥倖的事了，有識之士也認爲，如果再以業餘球員去參加國際競賽，絕對無法再有搞頭，所以痛定思痛，決心克服一切困難，全心全力去徵召NBA一流球員代表美國去參加國際賽，這個決定就是促成『美夢隊伍』能夠成軍的重大原因，試想，如果NBA當局執意不開放心態的話，今天的國際籃球賽，美國隊不知道將會輸成什麼樣子，但願美國籃壇人士能夠產生一個『共識』——唯有捐棄私利私見，共同爲美國效力，放手讓NBA的明星奮一搏，如此美國才能保存『籃球王國』的寶座，否則……我們眞的不敢再想像美國隊在球場上垂頭喪氣吃敗仗的窘態啊！

美夢成幻影

『美夢隊伍』（DREAM TEAM）是由NBA的美國本土明星球員所組成的一支籃球精英隊伍，照理說，應該是一支像銅牆鐵壁般堅強不破的隊伍，但是在希臘雅典的奧運會上，這支隊伍的『美夢』破碎了，不但得不到金牌，而且竟然連連輸給了波多黎各，立陶宛以及阿根廷，只取得第三名銅牌，這也是自從一九九二年由NBA明星球員籌組『美夢隊伍』參加奧運會以來第一次的大挫敗，一瞬之間，美夢成幻影，原因何在？

由NBA本土巨星組成的『美夢隊伍』在十二年的三屆奧運會上創下廿四場連戰連勝的輝煌記錄，但是在雅典奧運上卻是三連敗輸得很慘，今昔相比，我們只能用八個字來形容美夢成幻影的心境，那就是：『情何以堪，情何能堪！』

到底這支號稱『美夢六隊』的明星隊伍出了什麼問題？爲何足智多謀的名教練拉瑞・布朗（BROWN）才在六月的時候統率底特律活塞隊打敗了勁敵洛杉磯湖人隊而奪下NBA總冠軍沒多久，幾星期之後，由他領軍的NBA明星隊卻會慘敗給那些並不是以籃球爲主流運動的國家呢？是NBA的水平低落退步了嗎？美夢隊伍到底出了什麼問題？他們還有希望嗎？

探究這些問題，我們可以先從這支美夢隊伍的陣容來檢討，在我們仔細研析以後，才驚訝的發現，原來這支所謂的『美夢六隊』的原始十二位一流名單中竟然只有兩人（佔百分之17）繼續留在陣中，那兩位就是鄧肯（DUNCAN）與艾文生（IVERSON），其他十名超級明星（佔百分之83）包括大小歐尼爾（SHAQUILLE & JERMAINE O'NEAL）、葛奈特（GARNETT）、麥格瑞迪（MCGRADY）、卡特（CARTER）、艾倫（ALLEN）、華勒斯（WALLACE）、畢比（BIBBY）和基德（KIDD）等人都不願加入『美夢隊伍』，他們所『給』的理由五花八門，不一而足，包括『不』安全，『太』勞累、『需』養傷、『要』結婚，一言以蔽之，那就是『不』『太』『需』『要』這一個可以代表美國去參加奧運奪金牌的『愛國機會』，而一生從未有機會報效國家的超級巨星布萊恩特（BRYAN）本來非常有意願爲國捐驅，但是好巧不巧，剛好碰上那位科羅拉多州少女控告他的性侵害官司正在轟轟烈烈的審理之中，使他惡名昭彰，所以他在最後一刻也放棄了加入『美夢六隊』的權利，當看到那麼多當今第一流的超級明星球員都沒有加入『美夢六隊』時，NBA總裁史登（STERN）卻毫不以爲意，他竟狂妄自大的說道：『如果我們不能找到NBA前五十名以內的好手代表美夢隊伍的話，我們也可以派遣任何一支NBA隊伍去和他們比，我們照樣可以奪得金牌，我一點也不憂慮！』

是的，史登可以不必憂慮，但是『美夢六隊』的教頭布朗可是憂心忡忡，煩惱不已，因爲那一群新更換上來的『美夢六隊』隊員中不但缺乏威震籃下的超級中鋒，而且全隊成員平均年紀不到廿四歲，其中更有七位是八十年代以後出生的新生代球員，十九歲的籃球天才詹姆斯從沒有世界賽的經驗，其他許多人根本從未打過國際比賽，對於FIBA國際賽複雜的規則更是一知半解，而其他國家的代表隊不但陣中都擁有NBA球員，並且經過漫長時間的集訓，團隊合作無間，又有多

夢幻NBA

年國際比賽的豐富經驗，所以『美夢六隊』在二流NBA明星草草倉促成軍，又缺乏整體意志與默契之下，當然不可能會有良好成績的，因此在熱身賽中出師不利，竟慘敗給名不見經傳的意大利十七分之多，這似乎已爲雅典奧運會提前敲響了喪鐘，而史登先生卻一直到『美夢六隊』在正式比賽中一再敗北後才驚覺的說：『我們希望以後能眞正選出一支NBA的美夢隊伍來代表我們的國家出賽。』曾經代表『美夢一隊』與『美夢三隊』參加過西班牙巴塞隆那奧運會以及亞特蘭大奧運會，先後爲美國奪下兩面金牌的前NBA巨星巴克力（BARKLEY）對於『美夢六隊』的表現十分失望與難過，他說：『美夢一隊第一次參加奧運會時，各國的球員只想跟我們拍拍照片留念而不敢跟我們正面比賽，後來美夢二隊再參加奧運會時，他們已不再想和我們照相，而是想跟我們打拚比賽，但是看看現在的情形，眞是遭透了，因爲他們不但打敗我們，而且還對我們踢上幾腳！』

的確如此，就以前三次的奧運會來做分析比較，『美夢一隊』在一九九二年奧運會時創下十四場全勝，平均每場大贏對手四十三點八分之多，然而『美夢二隊』在一九九六年奧運會時雖也是全勝，但每場勝分已減爲卅二點三分，到了二OOO年雪黎奧運會時，『美夢三隊』十八場全勝，但平均每場勝分又降落到廿一點六分，如今『美夢六隊』的總戰績三負四勝，平均每場只勝七點七分而已，難道『美夢隊伍』還沒有從不斷急速下滑的分數中吸取到教訓嗎！

『美夢隊伍』的創立肇因於美國大學業餘球員已不能在世界性的各類籃球比賽中居優勢，爲了振興籃球『國運』，不得不派出NBA的高手來代表美國出賽，因此一九九二年的『美夢一隊』

的實力空前超強，除了保障一個名額給杜克大學的李鐵那（LAETTNER）外，其他的十一員大將，人人都是NBA明星中的明星，從喬丹、魔術江生、柏德、馬龍、皮平、羅冰生、岳威、史塔克頓、馬麟到崔可什等皆是NBA半世紀以來最偉大的五十位球員之內，所以當年奧運賽八場大獲全勝，平均每場攻下一百一十七點三5分，勝分達四十三點八分之巨，奧運金牌穩穩拿下，毫無疑問。

第二次的『美夢隊伍』則是在一九九四年由歐尼爾、米勒和江生等精心組合的美國隊參加世界盃籃球賽，結果也是以秋風掃落葉之勢輕易拿下冠軍杯。

第三次的『美夢隊伍』十二員大將中有五位是『美夢一隊』的原始球員——羅冰生、巴克力、皮平、馬隆和史塔克頓，此外，也有兩位『美夢二隊』的原始球員，即是歐尼爾和米勒。其他五位第一次入選『美夢隊伍』的包括入籍美國不久的休士頓火箭隊天王巨霸阿金『美夢』歐拉諸旺、何德威、許爾、李奇蒙和培頓等，其中培頓是在最後關鍵一刻接替羅冰生而成爲第十二位『美夢隊伍』一員的，算是相當幸運。

如果把以上名單仔細反覆的研析，必然有一個大疑問——這支隊伍之中怎麼沒有喬丹呢？他爲什麼沒有被選入『美夢三隊』？

那是因爲喬丹早在一九八四年洛杉磯奧運會時已代表美國奪得過一面金牌，當時還沒有什麼『美夢隊伍』，喬丹也還在北卡大唸書，他與岳威(喬治城大學)、馬麟(聖約翰大學)和康凱卡(南美以美大學)等人所籌組成的『美國隊』（TEAM USA）在印大教頭奈特領軍下橫掃世界各國而贏得冠軍，從此，喬丹就已心滿意足，不願再參加國際籃球賽，所以一九九二年當美國籌組『美夢隊伍』第一隊時，喬丹本來堅拒被徵召，他所持的理由只有兩點，其一是：他已經奪得過奧運會金牌，也爲美國盡過一份心力，其二是：奧運機會難得，他願意把機會讓給後生小子。

由於喬丹不願加入『美夢隊伍』，他立即遭到全美媒體的交相指責，魔術江生還曾表示，願以一百萬元來獎賞鼓舞喬丹參加美夢隊伍，當時艾野也再三以大篇幅文章來指正喬丹的觀念，美國奧運當局也在廣大群衆以及大衆媒體強大壓力下以近似嚴懲的態度來強力說服喬丹，喬丹最後終於在地方父老的苦口婆心勸說下點頭同意參與『美夢隊伍』，由於他的參加，使『美夢隊伍』名符其實的成爲美國歷史，也是世界歷史上最強的一支國家籃球代表隊，所以奪下金牌一點也不令人意外。

『美夢隊伍』第二隊的挑選原則是除了第一隊隊員外皆可具備條件，所以喬丹的條件並不符合，但是到了甄選第三隊『美夢隊伍』時，由於是要打奧運賽，所以美國奧運當局當然要精選出一支由最好的美國NBA球員參加的隊伍，所以被公認爲全世界最好的球員的喬丹是第一位被徵召的對象，而喬丹那一次也是一口回絕了，他的理由也是有兩點——其一是：他已奪得過兩面奧運金牌，也爲美國盡過兩份心力，其二是：奧運機會難得，他願意把機會讓給後生小子。

喬丹拒絕加入『美夢隊伍』第三隊的理由與他當初回拒『美夢隊伍』第一隊的理由是完全一樣的，但是這一回他可是鐵石心腸，再也沒有任何人可以說服他、打動他了，他說：『我需要更多時間來與家人相處，我們國家的籃球好手很多，少了我，美國隊一樣可以拿下金牌！』

夢幻NBA

NBA巨星並非人人都想代表美國參加國際賽，早期像天鉤賈霸，就在七十年代拒絕過美國的徵召，他的理由是，他不願代表『種族不平等』的美國去參加奧運賽，張伯倫則因爲在堪大風光時沒有碰上奧運賽，一九五六年奧運賽時他才大一，當時大一不可參加校際賽，他當然也無緣代表美國隊了。

喬丹既已表白了心願，所以『美夢隊伍』第三隊不再徵召他加盟，而就在美國奧運會敲定最後名單之際，還鬧出一段新聞事件，那就是原『美夢隊伍』第一隊的美夢隊員魔術江生在復出NBA後，由於想重溫舊『夢』，於是透過一切管道極力爭取『美夢隊伍』第三隊的最後兩個名額之一，然而美國奧運當局在經過一番精打細算之後，認爲魔術江生的年代早已成爲過去，以他的年齡與身手，根本無法再代表美國去參加奧運賽，所以在經過密商之後，美國奧運當局私下轉告江生，由於名額有限，他不可能被選入『美夢隊伍』第三隊，而江生在得知噩訊後萬念俱灰，於是他給自己找了一個下臺階，公開宣佈放棄參選『美夢隊伍』第三隊的資格，一場新聞事件就此打住。

可是美國奧運會當局在宣佈『美夢隊伍』的最後兩個名單時，卻又跌破了專家們的大眼鏡，因爲入選的人選並不是當初大家所公認的坎普、培頓或金德，而是巴克力和李奇蒙。

巴克力是『美夢隊伍』第一隊的主力球員，但是後來年事漸高，體力衰退，打NBA已不是十分順暢，而他從費城七十六人隊被外賣到鳳城大陽隊後，一心一意想要打下一個NBA總冠軍，但是事與願違，一直無法實現，所以多次表示要退休，卻又反悔，後來又宣稱不願再留在鳳城，總之他的私人問題很多，而當時他的籃球水平已不再是巔峰狀態，爲何在最後關鍵一刻被選中？據美國奧運會當局的理由是——巴克力有豐富的國際球賽經驗，而且他是一九九二年奧運賽的最大功臣，所以『美夢三隊』少不了他！

至於李奇蒙呢？艾野相信他的入選絕對與喬丹的力薦有關，由於喬丹再三表示不願加入『美夢三隊』的同時皆不忘提到李奇蒙的名字，喬丹在美國奧運會當局即將公佈最後兩名人選之前再一次提示到：『我樂意見到像李奇蒙這樣的球員代表我們國家去打下金牌！』

李奇蒙既雀屏中選，十二位『美夢隊員』全都產生了，這時大衆媒體又『雞蛋裏挑骨頭』，把矛頭對準了那位才在NBA打了兩年球的『大狗』（BIG DOG）葛蘭．羅冰生，認爲他根本不具『美夢隊伍』的資格，一位NBA球評家甚至取笑他：『羅冰生在密爾瓦基公鹿隊的陣容中只是全隊的第二把交椅，他如何能成爲美夢球員？我們的美夢隊員根本就不美，而且不值錢！』

羅冰生在遭到外界的強烈置疑後，心裏當然不樂也不爽，但是他心想，又不是我自己去取爭來的，是美國奧運當局選上我的，我能夠阻止嗎？於是他在生氣過後便不把此事放在心上。

但是愈來愈多的媒體指責美國奧運當局，認爲『美夢隊伍』並不是眞正美夢的組合，當然羅冰生又再次成爲被點名批判的焦點，此時的羅冰生感到無比的憤怒與不滿，於是他就在一怒之下宣佈退出美夢隊伍，原因是『身體受傷』，當然大家都知道這個原因並不是『大狗』要退出美夢隊伍的眞正原因，而眞的原因則是『心理受傷』，『身體受傷』只是一個『抗議的理由』罷了！

羅冰生既自動退出，誰可塡補上他的位子呢？

夢幻NBA

美國奧運當局在大衆媒體還來不及預測之前已主動發佈了後補的人選——培頓。

培頓是NBA當年最佳防守球員，他在球場上防守的功夫十分要得，雖然不是得分主力，但助攻卻頗有一套，尤其是他統率西雅圖超音隊打入NBA最後總冠軍賽的強力表現是他被青睞的主因。

『能夠代表美國參加奧運賽是我一生中莫大的光榮，多謝他們(美國奧運當局)慧眼識英雄，我自認爲實至名歸。』

培頓在被徵召加入『美夢隊伍』後自感而發的說出內心的話：『我們隊伍裏好手如雲，任何五人的組合都是精英陣容，我們將把重點放在團隊合作上面，個人色彩就不該太濃了！』

『美夢三隊』的十二位球員眞的一個個是鐵打出來的，尤其是三大中鋒——歐拉諸旺、羅冰生與歐尼爾更是當時全世界最偉大的三大天王，『美夢隊伍』教頭魏肯斯曾表示，他將設計出一套在同一時候排出『三大中鋒』的陣容，讀友們如果還『健記』的話，應該記得廿年前休士頓火箭隊有『雙塔』(TWIN TOWERS)的陣式，由歐拉諸旺與沈樸生(SAMPSON)兩大中鋒所組成的鋒線橫掃NBA無敵手，只可惜後來沈樸生因傷退出了『雙塔』，從此，『塔』影成單矣！

『美夢隊伍』的先發陣式到底應該是什麼呢?魏肯斯教頭說，這一點並不重要，重要的是如何平均分配上場的時間以讓每一位明星均能發揮自己的特長與優點，換言之，他可能排出不同的先發陣容，並以『完全不同的陣式』（ENTIRELY DIFFERENT LINUP）來痛擊敵軍，所以其他國家的代表隊不可能與美國這支『美夢隊伍』相抗衡，他們最多只是競爭第二名的份，這一點是所有國際籃壇上不爭的共識。

當年與美夢隊伍同分在一組(A組)的國家包括中國、安哥拉、立陶苑、阿根廷和柯羅西等國，各隊都將一對一碰頭相打一場，戰績最好的四隊入圍，再與B組最好的四隊相爭，B組的國家包括南韓、南斯拉夫、澳洲和希臘在內，顯然也都不是美國『美夢隊伍』的對手，實力較佳的是南斯拉夫，但是與『美夢隊伍』相比，又大輸一截矣！

「美夢隊伍」第三隊由於是一支NBA超級明星的超級組合，這支隊伍實力非常強勁，但是由於團隊精神不甚佳，全隊成軍不及一月，隊員自主性又特強，所以在第一天第一場對抗足球王國的阿根廷時，竟然束手束腳，失誤連連，像一支NCAA二級大學的二級球隊，經過上半場廿分鐘的苦拼苦後，才以兩分之微領先阿根廷，也創下自一九九二年NBA球員代表國參加國際性大賽以來相差分數最小的空前記錄，讀友們如果不健忘的話，應該記得在奧運會之前，這支美夢隊伍在與NCAA一流大學的明星球員對抗時曾經一度以十七分落後，最後卻能克服困難，並以充沛的體力，以車輪戰壓倒了大學明星隊員，由於可見，薑是老的辣，NBA超級巨星無論怎麼失常，最後還是會以一定的差距把對手「痛宰」掉的！

既有這樣的後勁，美夢隊伍在對阿根廷隊下半場的比賽於是發揮了「後來居上」的特異功能，三大天王中鋒羅冰生、歐尼爾和歐拉諸旺先後切入阿軍禁區內，十足的破壞了他們的防守線，在一波又一波強勁攻打之下，把阿根廷隊打得七零八落，潰不成軍，最後的比數是九十六比六十八，當然美國球迷並不滿意這樣的分數，尤其是大家是抱著「觀秀」的心裏去球場觀戰的，可是結果並不如他們想像的那麼「精彩」與「刺激」，反倒是球迷們爲阿根廷的突出表現給予熱烈的掌聲與喝彩，尤其是阿隊的神射手艾斯皮(ESPIL)在這些超級巨星的面前大展神射功夫，一個人獨得廿七分，像是打了這些籃球巨星一具大耳光一般，美夢隊員米勒若有所思的說：「最有趣的事是，現在很多國家都採用了美式打法，他們並不怕我們，但我們唯一的問題乃在於我們自己！」

也許米勒並不知道，現在世界各國都在向NBA看齊，向NBA急起直追，如果再等十年八載，到那時候的奧運會籃球大賽，恐怕不再是美夢隊伍獨霸一方的局面，至少會有愈來愈多的國家好手會不斷進軍NBA，使NBA成爲一個國際籃壇好手聚集的重鎮，一旦到了奧運會時，這些NBA好手便紛紛打道回府，各自代表自己的國家去打奧運，因此，每個國家都會組成一支他們自己的「美夢隊伍」，屆時奧運球場上將會鹿死誰手呢?那就很難預料了！

雜牌軍上陣！

由於NBA正值『休工』，NBA一流籃球明星不願意出馬代表美國參加世界錦標賽，所以只好由二級三流球員合組『雜牌軍』的美國國家籃球代表隊參賽，身爲教頭的前休士頓火箭隊教練湯姆賈諾維契若有所失的對著十二位國手說：『你們都不夠好，你們都需要磨練，更需要祈禱！』結果雜牌軍隊伍上陣以後連輸兩場，把美國人的臉都丟光了……

美國籃球國家代表隊（TEAM USA）在希臘雅典舉行的第13屆世界杯籃球賽不幸連敗兩場，只僥倖搶回來一面銅牌，使冠軍美夢破滅，美國籃壇無不引以爲憾。

事實上，這次美國隊未能奪冠，早在專家們預料之中，由於NBA當年正在鬧勞資糾紛，處於休工狀態，所以原先規劃代表美國出賽的NBA明星球員『美夢三隊』全都在罷工不願代表美國出戰，而美國籃協只有被迫找替身，從NBA世界以外的地方臨時抓一群雜牌軍上陣了。

「每一個人都有坎坷的籃球經驗。」這是美國隊教頭湯姆賈諾維契（TOMJANOVICH）在遴選出十二位美國國手後對這些球員的觀感，湯姆賈諾維契當時可是大名鼎鼎NBA休士頓火箭隊的首席教練，在喬丹暫時退休的那兩年，他統領阿金·歐拉諸旺揮軍中原一統江山，奪走兩座NBA王冠，而成爲NBA的新霸主，但是湯姆賈諾維契所能掌控的美國隊卻沒有一位NBA現役球員，使他感慨萬千，徒呼負負，賽前他若有所失的對著十二位國手說：『你們都不夠好，你們都需要磨練，更需要祈禱！』

這十二位美國國手是從NBA以外的地方甄選出來的，人人都有一本坎刻辛酸的血淚史。根據遴選委員會主委杜力（TOOLEY）的解釋，他是從第二級職業籃球CBA,NCAA大學以及歐洲職業聯盟的美籍球員共一千五百位選手之中篩選出來的，他原先曾考量『蜀中無大將，廖化做先鋒』，去找過一些已離開NBA的老將，像魏肯斯和史考特等，請他們回來代表美國隊，但他們死都不願做NBA的『廖化』，所以他只好先把候選名單刪掉三百多名已過氣的NBA老球棍。

杜力說，他花了好幾天的時間，好不容易從他口袋裡的名單中打了超過一百五十多通電話，最後敲定了有意願的三十名選手，再提供給湯姆賈諾維契來欽定最後的十二員正選國手。

七月初，除了兩名侯選者壓力太重，臨陣逃脫外，廿八位球員全都聚集在芝加哥操練，由於芝加哥正有公牛隊『牛門恩怨』的大戲上演，幾乎沒有人關注到這批即將代表美國去希臘參加世界杯賽的三流球員在此生聚教訓、卧薪嘗膽。

在經過一番去蕪存精以及教練團的精挑細選之後，十二位美國國手名單正式出爐，他們的背景包括五位CBA球員，五位美籍歐洲球員以及兩位NCAA大學球員，當中只有吉米・金恩（KING）具有一點點全國知名度，如果您是一位NCAA大學球迷的話，應該記得多年前，橫掃美國大學籃壇的密西根大學『富比五虎將』（FAB FIVE），這五位超級大一新生締造了NCAA史上嶄新的一頁，而這當中的韋勃和郝華德和羅斯等，後來都變成NBA的超級大將和億萬明星，只有金恩『錢圖無亮』，他孤單的離開密大後，雖然一度被NBA多倫多經鱷魚隊收容，但卻一直枯坐冷板凳，後被送到達拉斯小牛隊亦是稍息一邊站，不久就被小牛隊一刀切掉，金恩只好孑然一身，到CBA去討生活過日子，沒想到他到了沒有一位大將的蜀中後竟能稱王做霸，奪下了MVP最有價值的球員獎，當然，這也是他能夠獲選爲美國國手的原因啦！

除了金恩外，還有一位名叫大衛・吳德（WOOD）的三十三歲老將也曾在NBA跑過龍套，他曾是喬丹和歐拉諸旺的隊友，但是幾度被公牛隊和火箭隊賣來賣去，當年還與艾略特（EL-LIOTT）一起被打包送到底特律活塞隊，使聖安東尼馬刺隊換回來羅曼（ROOMAN）這位籃板大王，多年前，達拉斯小牛隊突然斷手斷足、缺兵少卒，於是用極低廉的薪水與吳德簽了兩紙合約--共廿天，約滿後他又被密爾瓦基公鹿隊找去塡補最後一個缺空，但沒多久，他又被開革了，吳德只好湊了錢，買張機票遠飛到歐洲去做浪跡天涯的散兵遊子，此番被選中，據說與教頭湯姆賈諾維契大有關係，因爲『阿德』吳德當年曾爲火箭隊湯教頭的子弟兵，雖然球技平凡，但品德不錯，此番『阿金』既無法代表火箭隊入選美國隊，『阿德』替代阿金至少也具有一些象徵的意義，所以湯教頭就欽點了吳德。

被視爲今年美國隊主力大將的麥可・哈肯斯（HAWKINS）也曾經有過廿九場NBA的經驗，這位才六呎高的小將曾爲衰敗中的波士頓塞爾特人隊在球場上奔波了一些短暫的時光，但自從皮迪諾接管塞隊後重整旗鼓，哈肯斯成爲第一位『不適任』而被辭退的球員，於是他在被逼退後，憤而買了一張單程機票飛到希臘去投靠奧林匹斯隊，沒想到人生地不熟的他竟然能莽撣的統領奧林匹克隊一舉勇奪希臘職業聯盟的冠軍和MVP最有價值球員，他並被稱爲『希臘的喬丹』，這次被湯姆賈諾維契選中的原因是——這位麥可雖不如公牛隊的麥可，但是卻具有在希臘人面前打球的經驗。

怪怪，這年頭可眞是無奇不有，以前咱們總是說某某球員具有在某某球隊打球的臨場作戰經驗，而今美國隊遴選出來的國手條件卻是因爲他有在某某國家球迷面前打球的經驗，這也難怪這支美國隊會出現雜牌軍充斥，不堪一擊的窘境了。

十二位國手雖然沒有NBA巨星的條件，但是他們代表美國去參加世界杯比賽時卻有NBA巨星的高級享受，他們前往度假聖地蒙地卡羅集訓比賽，然後再乘坐NBA專機飛往雅典，住進最豪華的五星級旅店，而且准許每位球員可邀請一位友人同住（性別不拘）……這些都是當初爲NBA美夢球員所準備好的條件，所有的開銷都已支付，無法退款，所以十二位雜牌軍國手坐享其成，不過唯一不同的是，原先聘請好的大批保鏢和警衛現在完全撤消了！原本要隨美夢隊前往雅典採訪的新聞記者和媒體人員全都打了退堂鼓，只孤零零的剩下休士頓紀事報的艾迪·希佛可（SE-FKO），原因無他，美國隊教頭湯姆賈諾維契來自休士頓，希佛可想多接近湯教頭以挖一些火箭隊的內幕消息，所以他或許還有些許價値吧，而原本要實況轉播美夢隊所有賽程的NBC美國廣播公司也夠現實了，毫不留情的取銷全部的轉播計劃，而ESPN第二臺則『謙虛』的向觀衆表示：如果美國隊有幸打入第二輪決賽的話，敝台願選擇性的爲觀衆做轉播服務。

就在全美國上下全不看好美國隊的情況之下，這十二位在籃球道路上荆棘滿佈的球員只有一個相同的目標——戰勝其他十五支強敵以完成美夢隊奪標的願望與壯舉。

夢幻NBA

天下事總是這樣的——『形勢比人強，謀事在人，成事在天』。毫無一流資質的這支國家代表隊面對敵手時是——鬥志有餘，戰力不足，於是在一輪二輪之後，終於向世界杯俯首稱臣，把NBA美夢二隊歐尼爾（ONEAL），柯爾曼（COLEMAN）和衛肯斯等巨星在一九九四年於多倫多穩穩拿下來的世界冠軍寶座拱手讓人，這樣的殘酷事實眞把老美的心都摔碎了，在美夢破滅後，於是大家開始又回憶起一九九二年在西班牙巴塞隆那奧運會上痛絞敵軍五六十分以上的『美夢一隊』。當年的『美夢一隊』擁有喬丹、柏德、江生、皮平、馬隆、巴克力、羅彬生、岳威、史他克頓、崔克什……除了李鐵那是美夢隊伍保留名額給NCAA當年的第一戰將以外，其他十一名都是NBA半世紀以來最好的五十位球員之一，換言之，『美夢一隊』可以說是世界籃球史上最強最好的一支精銳球隊，可以說他們是空前的棒，也可以說他們是絕後的好，平均痛宰對手近四十三分之巨，這絕非『美夢二隊』或任何國家的明星球隊可以比擬的，如今，看到美國隊輸在俄羅斯手下，不知喬丹和柏德這兩位當年的英雄好漢有什麼感想，顯然的，美國的籃球高手一窩蜂到了NBA之後，想要靠NCAA大學球員或二級三流的職業球員來打世界杯或奧運賽是完全罩不住了，今年情況不是已經明擺在眼前了嗎！

事實一，自從NBA的門戶洞開之後，歐、非洲各國的籃球好手紛紛透過NCAA之途大步跨進NBA，在經歷幾番歷練之後，這些好手每當遇到國際賽時，都會飛返他們的祖國，代表他們自己的國家參賽，所以提高了各國的水準，相久以後，美國隊若不籌組自己國家的NBA精英球隊去參加國際賽的知，那是毫無贏球機會的，偏偏NBA巨星又唯利是圖，他們的國家意識薄弱，有的球員像阿都瑞夫這些傢伙竟連國歌都不願唱，你能期待他去穿上USA的球衣去和俄羅斯球員打拚苦戰嗎？

唉，看來美國隊想靠美夢隊伍來鞏固『籃球王國』的想法是愈來愈難了，這當然無關乎球技的問題，而是與球員本身價值取向和意識型態的問題，如果這些NBA巨星沒有正確的利義觀念和愛國心的話，美國人的冠軍美夢將會永遠破滅的！

外籍兵團大搶攤！

——籃球是沒有國界的，在二OO五年球季共有35國77位外籍兵在NBA競技，人數之多，創下歷史新記錄，未來的NBA將會出現外籍兵團大舉搶灘的現象，一個小型的NBA地球村即將出現……

在美國廣受歡迎的NBA職業籃球現在有一個明顯的趨勢，那就是朝著世界各國擴展空間、大步邁進，並使之成爲全球性的體育競技活動。

由於NBA在世界上具有極高的知名度，尤其是自從NBA的超級明星球員『美夢一隊』第一次代表美國參加一九九二年巴塞隆納奧運會以秋風掃落葉之勢痛宰各國而贏得冠軍以後，世界各國不得不承認——NBA是『正』字的籃球品牌，全世界最好的四百位多籃球員全都集中在NBA！

由於籃球在全世界都十分流行，籃球人口之多，除英式足球外敢稱各類運動之冠，然而多年來，世界各國的籃球競賽卻遠不如美國的職業化與金錢化，因此，NBA具有良好的條件變成一個跨國的職業籃球聯盟，在史登（STERN）主席領導下，將來可能會被改稱爲IBA，這個『I』代表了INTERNATIONAL，由於在世界各國均有優秀球員加入，所以未來IBA的球員必定是國際上最好的籃球頂尖高手！

NBA既是當今水平最高的籃球競賽地，所以各國好手這些年以來競相進入NBA，而一般外國球員進NBA打球的途徑有兩個，第一個是到美國唸大學，打NCAA第一級大學的校隊，然後在

『最後六十四強』決賽大展身手，被NBA的球探看中，並於DRAFT選秀會上被選中，以前的『選秀會』長達十多輪，現在則只有兩輪，所以被選入兩輪之內的機率非常低，如果無緣被選中，還是有機會被球隊『邀請』參加集訓，如果才質優秀的話，依然可能被選入NBA隊伍裡。

如果一位外籍球員從小就遷來美國定居，並從小學、初中、高中一路與黑人球員拚搏上來，那麼基本上與本國籍球員無大差異，像岳威（EWING）就是這樣，他雖然在牙買加出生，但從小就到了美國，他幾乎都是在黑兄弟的環境下成長，到了華盛頓DC喬治城大學後一舉揚名天下知，率領喬大打入NCAA最後四強後，一九八五年被紐約尼克隊在DRAFT選秀會上以『籃球狀元』選上，所以岳威是外籍球員在美國本土成長茁壯最成功的典範，他的祖國牙買加把他視為『國寶』，只可惜他早已入籍美國，沒法代表牙買加打奧運。

通常外籍球員到美國後只唸NCAA三到四年就出頭了，而他們到美國唸書的途徑不外就是被NCAA大學的球探親自到他們的國家請來，給予高額獎學金入校就讀，像歐拉諸旺和許彥夫（SCHREMPT）就是例子。

歐拉諸旺堪稱『美夢成眞』的一個大例子，他高中時代是在非洲奈及利亞是踢足球的健將，在當選奈及利亞國家足球隊國腳後一度來美國比賽，由於人高馬大又身手敏捷，因而被休士頓大學球探看中，給他高額獎學金延攬他來休大留學，並大膽嘗試教他改打籃球，結果沒想到，阿金竟然具有籃球方面驚人的天賦與潛力，經名家點石成金後，他一步步踏入籃球的寶殿，不僅勇敢帶頭使休士頓大學打入NCAA『最後四強』三次，而且後來更被休士頓火箭隊以『籃球狀元』一口氣選入，隨即開展了他一連串美夢般的NBA季節，並在一九九四與一九九五年爲火箭隊連奪兩只NBA冠軍金戒子，眞是羨煞人也。

由於有了歐拉諸旺成功的例子，紐澤西籃網球隊後來在選秀會上毫不猶疑的選上也是奈及利亞來的七呎大漢戴爾（DARE），此君與歐君不同的是，他是在高中時候就已從奈國遷來美國康州唸米佛高中，後來進入喬治華盛頓大學才唸到大二，由於身材與球技都酷似阿金，所以紐澤西籃網隊就迫不及待的搶先簽下他，怎奈如意算盤卻打錯了，戴君的才能遠不如歐君，所以籃網隊傷心氣餒之餘，決心把他出賣，並把他列爲該隊八名以外，不受保護的名單。

有一年也出了一位來自非洲奈及利亞的「籃球狀元」，名叫麥可・歐羅瓦克迪(OLOWOKANDI)，這小子可以說是歐拉諸旺的翻版，天生具有過人的籃球才華，他是奈及利亞一位駐英國外交官的孩子，由於身材絕佳，才打了三年籃球，就已經被球探們視爲奇才，當年NBA選秀會上，洛杉磯快艇隊第一名選中他，使他成爲第二位奈及利亞的「籃球狀元」，但是最後並不成材。

奈及利亞還有一位叫彼德・艾魯馬的球員曾投靠在加緬度國王隊旗下，這位球員平平，沒有什麼特殊的才藝，將來的前程不會遠大。

祖籍中國天津的馬健曾因爲九二年打奧運賽一鳴驚人，使NCAA猶他大學球探看中，給他I-20來美留學，但他在當年的DRAFT之前的評鑑上在未被列名在百位以內，所以未能夠被選入NBA。但是後來北京的王治郅成爲第一位華裔NBA球員，之後並有蒙古的巴特爾以及上海的姚

夢幻NBA

明都『考』進了NBA。

德國的許彥夫來美國唸完高中，並進入華盛頓大學，在NCAA決賽時表現傑出不凡，一九八五年被達拉斯小牛隊以第一名選入，但未被重用，之後淪落到印地安那溜馬隊與西雅圖超音隊，前幾年他發奮圖強，變成了NBA的明星大將之一，九二年許彥夫曾被德國徵召返國去打奧運會，現已退出NBA。

八十年代，塞克力（SEIKALY）是外國藉球員中，身份較爲特殊的一人，他出身於中東恐怖的地區——黎巴嫩的貝魯特，在烽火中成長，後來到希臘的雅典唸『美國學校』，最後再到美國留學，唸紐約州的雪城大學，當年是NCAA中的一員大將，一九八八年的『選秀會』上，他被邁阿密新成軍的熱浪隊以第一名狀元選入，成爲該軍的第一主力，那些年裡，塞克力表現十分耀眼，一度在整個NBA的中鋒之中，他的排名在十名之內，當時一直與印地安那溜馬隊的外籍兵——荷蘭佬史密特茲（SMITS）火拚得很強烈。

八十年代裡，在NBA中，影響力最大的一批外籍兵團是從歐洲空降的部隊，包括世界籃球頂尖的蘇聯、南斯拉夫、立陶宛等國家，這些球員，由於政治因素，使他們的國籍改來改去，像馬喜隆斯（MARCIULIONIS）與沙巴尼斯（SABONIS）原來都是蘇聯隊的國手，但蘇聯瓦解之後就代表立陶宛打奧運，而當時芝加哥公牛隊的靈魂球員谷可奇（KUKOC）與波士頓塞爾特人隊的瑞加（RADJA）以及洛杉磯湖人隊的狄霸（DIVAC）原本並肩打南斯拉夫國家代表隊，但是南國內戰後分裂爲二，狄霸的國籍爲塞爾維亞和蒙特尼哥，而谷可奇與瑞加的國籍變成CROAT-

夢幻NBA

IA，所以谷可奇與狄霸兩人原來本是至交，卻因爲政治的分裂而反目成仇，兩人在球場內外視而無睹，這在NBA還曾被視爲奇事之一呢！

外國籍球員在NBA世界中似乎是少數民族，衆人皆知，今日的NBA，百分之八十以上都是非洲裔黑人球員，白人球員能夠在NBA佔有一席之地的，在柏德（BIRD）等人退休後，似乎已愈來愈少，放眼今天的NBA，不管『三大中鋒』或『兩大後衛』、『五大前鋒』，全是黑人的天下。

這些年來，NBA一直想破除本土觀念，而想把他的國度跨出美國，最明顯的兩步就是一九九五年新增加的加拿大多倫多與溫哥華的兩支新球隊，雖然兩隊的球員皆是以美國本土的球員爲主，就連主管教頭和經理等人物都是美國人，但是NBA當局相信將來必定會跨出美洲，走向歐、亞、澳，甚至非洲等地，因爲籃球本身就是世界共通的語言，NBA既已被公認爲水平高的籃球國度，所以各國最好的球員當然願意進入NBA以求大展身手的機會，他們一旦有了出路，籃球自然成爲一項熱門的職業，在大家競相從事籃球運動後，世界的籃球水平必然會提昇，如此數十年後，美國的籃球實力必然不再獨領風騷，一個非常弔詭的事是——

NBA的球員在各自返回他們的出生地以代表他們的母國參加世界性的籃球賽時，就會出現『以夷制夷』的現象，美國將不再是金牌冠軍杯的保證奪得者，或許非洲的奈及利亞都有可能贏得冠軍，如此以後，世界籃球的競爭就更有看頭，而NBA在有形與無形之中也會奠定它在全球的穩固地位，在『INTERNET網路』益形密切的未來，NBA無國界的理想必可達到，其無遠弗屆的

夢幻NBA

影響力將給全球的籃球迷留下極其深刻的印象。

當今NBA世界外籍兵團充斥球場。在二OO五年的球季，NBA共有橫跨五大洲卅五國共七十七位『外籍兵』，人數之多，創下NBA歷史上的新記錄，在卅支隊伍之中，除了印地安那溜馬隊沒有外籍兵外，其他廿九支隊伍都有或多或少來自世界各國的洋兵華將，其中今年剛奪下NBA總冠軍的聖安東尼馬刺隊竟多達七人是『非本土』的球員，包括鄧肯（DUNCAN，美屬維京島）、吉諾畢利（GINOBILI，阿根廷）、帕克（PARKER，法國）、馬克斯（MARKS、新西蘭）、那斯特洛瓦（NESTEROVIC，斯洛文尼亞）、歐瑞（UDRIH，斯洛文尼亞）與傑托卡斯（JAVTOKAS，立陶宛）等，如果沒有這些非本土球員的加盟，馬刺隊根本沒法奪下今年NBA王冠的！馬刺隊教頭波波維奇有感而發的說：『我們從不同國家的球員身上挖掘了新東西，那不是本土球員所擁有的，我們還會繼續找外國球員加入。』

外籍兵主導隊伍的情況愈來愈多，如休士頓火箭隊的中國『移動長城』姚明、達拉斯小牛隊的諾威斯基（NOWITZKI，德國）以及鳳城太陽隊的那許（NASH，加拿大）、克里夫蘭騎士隊的伊格斯卡斯（ILGAUSKAS，立陶宛）以及薩加緬度國王隊的史托傑庫克（STOJAKOVIC，塞比亞和蒙特尼哥）等都已是當今NBA各隊的主力大將，也由於他們的表現亮麗，才使得愈來愈多的國際球員在NBA的選秀會上揚眉吐氣，而在眾多外籍兵團中特別值得一提的是塞爾維亞和蒙特尼哥，該國共有十位球員目前在NBA效勞，足足可以組一支奧運代表隊，實力強大無比，這支外籍兵團左右了NBA各隊的實力，記得廿多年前，達拉斯小牛隊一度擁有最多的「外籍球員」，當時的小牛隊，有兩位西德的國手：許彥夫與布拉布(前者後來轉到西雅圖超音隊，後者早已歸祖國，從事電腦業去了)，此外小牛隊陣容中還有一位巴拿馬籍的「黑仔」布來克曼(BLACKMAN)，他畢業於堪薩斯大學，曾幾度當選西區明星球員，並曾於一九八0年當選美國奧運隊國手，不過因爲當年政治干擾體育，美國拒絕去蘇聯參加奧運，所以他也沒機會亮相，布來克曼前幾年從紐約的尼克隊退休後曾想回小牛隊當助教，但心願未了，到歐洲打了短短一陣球後再飛回美國，目前是NBC的二流球賽講評員。

小牛隊當年的另一位「外籍球員」就是加拿大籍的溫靈頓，這位留學美國，在聖約翰大學時代與馬林同被稱爲「雙劍客」，但是進入NBA以後，一直只扮演「跑龍套」的角色，前些年小牛隊進行「重建計劃」，把年事漸高的溫大個送到芝加哥，在公牛隊打了幾個平凡的球季，退休後擔任電視球評員。

小牛隊當年由於擁有四位外籍兵，使該成爲「國際牌」的隊伍，相當醒目，但是如今的NBA隊伍，早已見怪不怪了，光是芝加公牛隊來說，前些年還有來自歐洲柯羅西亞的谷可奇與中國匈奴人後裔匈牙利的戴衛德。

谷可奇早年是『歐洲的喬丹』，如前所述，在南斯拉夫共產集權尚未瓦解前，他是南國第一高手，曾代表該國奪下一九八八年的奧運銀牌，後來前往義大利打職業隊，連連三年被評選爲「年度最佳球員」，公牛隊主管柯勞斯是經過一位NBA老球棍李昂・道格拉斯的推荐，特別飛義大利看他打了幾場球後，才把他挖來的。由於谷可奇當時與義大利球隊有重約在身，公牛隊在一九九0年選秀會上以第二輪選中他之後，他自行向邊尼頓隊買下自己的合約，遠度重洋到風城來投靠公牛隊，谷克奇當時曾說，他這麼做，目的只有一個——想與喬丹一起打球，一起切磋球技。

然而谷可奇的心願卻未達成，他在投入公牛隊旗下後的第一件事就是碰上喬丹的第一次退休，使他既失望、又後悔，一直到十八個月後，喬丹重返NBA，谷可奇才有機會與喬丹同場打球，然而不幸的是，公牛隊的另一超級大將皮平似乎對谷可奇並不友善，原因很簡單，谷克奇當初是自願放棄而且買斷自己在歐洲一千八百萬美元价值的合約前來投靠公牛隊的，所以兩位JERRY主管十分感激谷可奇，便以高過此薪水的待遇來「回報」他，如此一來，谷可奇的薪水當然就遠比皮平高多了，皮平內心之不爽，想當然爾。

話又說回來，谷克奇在前幾年，由於在喬丹、皮平等人的陰影之下打球，在賈克生的「教戰守則」與攻守戰術上，谷可奇只是「第六人」的角色，所以他發揮的空間實在有限，一直到喬丹二度退休、皮平遠走南方、羅德曼西出羅省，整個賈克生的陣式瓦解之後，把可克奇這位「歐洲的喬丹」調整爲公牛隊「後喬丹時代」的「新喬丹」，因爲谷可奇立即成爲公牛隊的得分靈魂與「鎮隊之寶」，當然，谷可奇也成爲所有外籍兵團之中最閃亮、最耀眼的一顆巨星。

外籍兵到NBA所面臨的一個難題是語言問題，當年公牛隊的匈牙利籍球員戴衛德由於初到美國，人生地不熟，語言風俗都很陌生，他還鬧過一個很可憐的笑話，曾有一位體育新聞的記者問他：『能夠到公牛隊打球，但是卻沒有機會與喬丹一起打，心裡有什麼感想？』結果咱們這位匈奴人後生小子「答非所問」，他天眞的回答道：「開始的時候，吃很少、睡很少；現在吃很多、睡很好！」

其實「外籍兵」難以適應美國生活的情況還是很嚴重的，早些年的時候，狄霸(DIVAC)從南斯拉夫來到NBA投靠羅省洛人隊，在與魔術．江生一起打球時，他只會說一句破英語：PASS TO ME！但是沒多久光景，狄霸在苦練英語後已可以全然不需翻譯人員的協助，完全可以和隊友們溝通，後來他被湖人隊外放到卡羅來納洛特黃蜂隊，一度還成爲隊員的代言人，後來他再次被黃蜂隊流放到加州沙加緬度討生活，看來調應問題一點都不存在。火箭隊的姚明隨身都有翻譯COLIN PINE在旁，但姚明勤學英語，進步神速，現在已不需翻譯就可回答美國記者的發問。

由於NBA大力朝「國際化」的趨勢發展，雖然少了像喬丹這樣好的「品牌」深受影響，但是NBA在史登主席精明幹練的領導之下，正大力向多元化的方向前進了。我們有理由相信，在不久的未來，將會有愈來愈多的世界頂尖籃球好手前來美國投效NBA，而加速促成NBA的國際化，到時候，一個小型的NBA地球村即將出現，NBA將不再是美國本土球員的天下，世界籃球的重心也不可能永遠都在美洲大陸，歐洲、非洲，甚至亞洲都將會有一片美好的籃球遠景，這當然也是我們欣然樂見的了！

名人掌控NBA！

NBA近年來有個明顯的趨勢——愈來愈多的球隊迷信名人的領導魅力來吸引明星球員的加入以打出一片新江山，名人掌控NBA的年代現在已經到來……

如果仔細觀察NBA的『管教階層』，我們會驚訝發現的事實是，許許多多隊伍的總管與教練都是由著名球員出身的，這是早年NBA所沒有的現象，最近的例子是克里夫蘭騎士隊。該隊自從網羅了詹姆斯大帝（JAMES）這位曠世奇才後，也希望尋覓得一位好的主管，本來先找上名教頭拉瑞．布朗，談不妥後，騎士隊立即簽下了曾爲『騎士人』的費瑞（DANNY FERRY）。

費瑞算是不折不扣的NBA名人，他不但出身背景非凡，而且自己更有豐富的籃球經歷，費瑞的老父曾做過華府子彈隊的總經理，費瑞從馬利蘭州的高中時代就已是全美高中明星球員，之後進入杜克大學，又是全美大學明星球員，並在八九年選秀會上以第二名榜眼被洛杉磯快艇隊選中，由於薪水價碼談不妥，費瑞遠走異國，到義大利去打了一年亮麗的職業隊，回國後，快艇隊把他交易到克里夫蘭，他一待就是十幾個年頭，最後還到聖安東尼馬刺隊，雖然在NBA一直沒大紅大紫過，但是由於擁有極高的知名度，而且又是白人，所以成爲克里夫蘭騎士隊總經理的不二人選，費瑞上任後的首要課題是如何維繫與詹姆斯大帝的關係，其次是如何穩定騎士隊現有的陣容，所以他在與詹姆斯長談過後，遵照大帝的意見，立即與中鋒ZYDRUNAS ILGAUSKAS簽下

『555合約』--5年5千5百萬合約，新人新政，出手一點都不手軟，不知費瑞是否能展現他老爸當年做老總的風範了。

這些年來，入行做老總的NBA名人特多，最著名的就是艾塞雅．湯瑪斯，這位擁有兩枚NBA冠軍戒子的名人不但曾是NBA球場上的巨星，而且也幹過教練多年，但是另一位名人柏德（BIRD）在入主印地安那溜馬隊總經理後，立即把當時任教頭的湯瑪斯解職了，但是沒多久，小湯馬上搖身一變，竟成爲紐約尼克隊的老總，掌管球隊的經營運作，他所憑籍的就是自己多年來在NBA所累積的名氣與實力。

去年才被黃金卅戰士隊找去當總經理的馬麟（MULLIN）是從聖約翰大學時代一路紅到NBA的名人，馬麟也是極少數可以加入『美夢隊伍』爲美國奪下兩面奧運金牌的白人，他當然具有一定的魅力與號召力，這是戰士隊找他去做老總的主因。

NBA裡有一對相當著名的兄弟檔的老總--潘氏兄弟（JIM PAXSON與JOHN PAXSON），哥哥吉姆．潘克生曾在波特蘭拓荒人隊與波士頓塞爾特人隊打過十幾年的球，弟弟約翰．潘克生則爲芝加哥公牛隊奪過NBA冠軍，大家應該永遠不會忘記他在與鳳城太陽隊爭霸賽最後一秒投出反敗爲勝的那歷史性的一球吧！潘氏兄弟卸下球衣之後，哥哥大潘出任克里夫蘭的總經理，弟弟小潘則成爲公牛隊的總經理，在NBA一時傳爲佳話，只可惜哥哥不久前已被騎士隊開革掉，取代他的就是剛才提到的那位費瑞。

目前擔任NBA總經理的名人多得不勝枚舉，資歷最深的，如張伯倫年代的巨星艾金．貝勒

夢幻NBA

（ELGIN BAYLOR）與傑瑞．韋斯特（JERRY WEST）兩人，他們分別擔任了洛杉磯快艇隊與曼菲斯灰熊隊總經理，貝勒與韋斯特兩人在早年洛杉磯湖人隊時代堪稱一隊雙雄，一起爲湖人隊打出亮麗的NBA江山，但是自從兩人退休後以高知名度分別進入NBA的決策圈後境遇截然不同，貝勒主政的快艇隊是一支球運最差最背的NBA隊伍，年年擁有絕佳的選秀權，但是年年都選到最差的球員，每年的選秀會上，你都可以看到他哭笑不得的模樣，但是不知道爲何貝勒大哥竟可以幹廿年總經理還不被炒魷魚，這一點是艾野一直想不透的。

韋斯特的命運則比貝勒好很多，他在母隊湖人隊幹老總幹得有聲有色，也爲湖人隊拿下好多座NBA王冠，但是後來與王牌教練賈克生教頭有過節，由於湖人隊老闆巴斯博士的女兒珍妮．巴斯是賈克生的女友，又身兼湖人隊商業部門的副總裁，所以韋斯特知難而退，含恨離開打拼數十年的湖人隊而投入灰熊陣中，由於他有多年總管的經驗，所以前途相當看好，尤其是他剛把名教練法拉特羅（MIKE FRATELLO）從湖人隊挖來，準備在未來幾年放手一搏。

在NBA的名人總經理當中，值得特別一提的是波士頓塞爾特人隊八十年代的『三劍客』——柏德、馬凱爾與安吉，現在全都在NBA當上總經理，柏德在老家印地安那溜馬隊坐鎮，馬凱兒也在自己出生地明尼蘇達灰狼隊當家，安吉則回到母隊波士頓塞爾特人隊做總管，當初『三劍客』與酋長潘瑞喜以及丹尼斯．江生五人在一起奪得NBA王冠時五個人曾有一個瘋狂的『共同諾言』，就是在退休之後，大家都完全隱退，不再摸籃球，不再看球，不再出現公衆場所，結果一大堆的『不』，只有老潘做到了，其他四個人全留在NBA圈裡，所以老酋長很不是滋味，最近揚言復出NBA，但是目前沒人找他出任教職，他大概也不適合做主管，所以他能復出NBA的機率也許不大，或者他可以像比爾・華頓一樣去電視台擔任球評吧。

名人的確是具有相當吸引力的，記得多年以前奧蘭多魔術隊出奇不意的與兩名NBA界的名人簽約－－NBC國家廣播電視公司的NBA球賽評論員歐文（ERVING）與TNT有線電視的NBA球賽講評家戴力（DALY）。

當時奧蘭多魔術隊是在企圖與芝加哥公牛隊的王牌教頭賈克生（JACKSON）簽約不成後轉而找上原底特律活塞隊以及『美夢一隊』的冠軍教頭戴力的，其實，以前魔術隊早就與戴力接頭過，但是戴力有心前往電視界發展，所以在當時回拒了魔術隊的要求，後來戴力答應出任魔術隊的首席教頭，雙方的合約期是三年，每年年薪五百萬美元，至於魔術隊與歐文的合約內容則是－－擔任執行總裁五年，每年歐文可獲一百萬年薪，由他全權掌管魔術隊的籃球大政，魔術隊爲何要與這兩位名人簽約呢？一言以蔽之－－爲了網住名人球員！

熟知NBA的人都知道，自從洛杉磯湖人隊十年前以上億元的銀彈攻勢，外加好萊塢炫人的影視環境強行把西奎爾・歐尼爾（O'NEAL）從奧蘭多魔術隊搶到手後，已使魔術隊不再神奇，不但立刻讓這支竄昇中的隊伍斷翅落地，而且也讓該隊陣中的另一位超級巨星安佛尼・哈德威（HARDAWAY）在缺乏強力助手下，演出大爲遜色，因此導致他也轉隊離去，另一方面，就在佛州南邊的邁阿密熱浪隊更是在名教頭賴力（RILEY）熱滾滾的指導牽引下，大步大步的使熱浪隊成爲佛州的首霸，讓魔術隊原來的光芒盡失，因此該隊在把首席教頭希爾（HILL）炒魷魚之後，先由助教瑞吉・奧德巴代理了幾個月的首席教頭，最後再把他冷凍收藏起來，改由高薪聘來的戴力執教鞭以希望靠他的名氣來留住哈德威這位即將成爲自由球員的超級大將，當然，魔術隊找上戴力也有與邁阿密熱浪隊一別苗頭的意思，大家應該對戴力和賴力從一九八八年到一九九〇年火拼NBA冠軍的景象仍有深刻的印象才對，那幾年，由賴力統領的洛杉磯湖人隊陣中擁有天鉤賈霸（JABBAR）和魔術江生（JOHNSON），而戴力領軍的底特律活塞隊則有艾塞雅・湯瑪斯（THOMAS）、杜瑪斯（DUMAS）和羅德曼（RODMAN，此曼就是後來流落到公牛隊的那個曼）等名將，戴力在潰敗『東方不敗』的波士頓塞爾特人隊後，毅然代表東區而與西區賴力領軍的湖人隊爭霸天下，結果在『兩力之爭』後，戴力竟然打敗了賴力，使底特律連拿兩季的NBA總冠軍，當然，一時之間，使他的名聲推上了NBA的最顚峰，事過境遷，兩『力』在佛洲又展開另一場的角逐，雖然好戲在後頭，但是以當時魔術隊與熱浪隊的陣容戰力相較，顯然賴力要比戴力強壯多多，不過戴力倒也不悲觀，他心裡非常明白，NBA江山現在已丕變異變，由於球員的流動性非常大，所以魔術隊一旦可以吸引到一批饒勇善戰的明星球員，就有可能與賴力一搏，到時候再以成敗論英雄也不遲，在經過兩個球季的努力，由於戴力無法帶領魔術隊打出江山，所以他就自動引退，從此不再擔任教職。

由上面的例子可以看出，NBA有個明顯的趨勢，那就是愈來愈多的球隊迷信名人的魅力來吸引明星球員以打出一片新江山！

之所以會造成這個現象的原因在於NBA當局與NBA球員工會妥協了一個對球員十分有利的條

款——新秀球員（ROOKIE）與挑選他的母隊最多只能簽下兩年的合約，第三年以後，球員可以成爲所謂的『自由球員』（FREE AGENT），可以自自由，隨心所欲的與自己喜愛的球隊簽新的合約，所以在這樣的條款之下，使得原先極具深遠影響的『選秀會』（DRAFT），喪失了些許的意義，往年，隊伍在『選秀會』上挑選到絕佳的球員時，可以與這位球員簽下一紙『賣身契』，使他一輩子都跑不掉，如今，球隊只可以最多簽下兩年，第三年，球隊擁有優先保障權，但是第三年過後，就要看球員與球隊雙方的意願，如果球員對球隊不爽快，他當然就不會甘心留在球隊裡而會走人，當然，爽不爽快的因素除了金錢以外，就要看球隊的名氣了，如果有名人執教，有名人掌隊，球員自然會優先考量留在這支球隊裡，至於薪水嘛，每支球隊都可以付得起，這根本不是問題所在，只是每位球員的身價不同，評估有時會錯誤，但合約期滿後，新的價碼應該可以合理的顯示出這位球員眞正的身份與地位！

NBA近些年來還流行一句話就是：『你可以買到一支強隊』（YOU CAN BUY A STRONG TEAM），這句話的含意很深，如果您把這些年以來所發生的一連串的事件連在一起，這句話或許就可以得到證實——

其一是：邁可．喬丹（JORDAN）向芝加哥公牛隊索價的年薪是三千六百萬，當然，公牛隊毫不猶疑的願意用三千六百萬元買進喬丹，因爲那些錢可以使公牛隊成爲一支冠軍強隊。

其二是：印地安那溜馬隊也是用金錢和家鄉的感召把土生土長的鄉巴佬名人柏德（BIRD）從波士頓挖回故鄉隊先任首席教頭後任總經理，以塑造溜馬隊的全新形象並成爲一支超強隊。

其三是：費城七十六人隊在跌落至谷底後，以金錢買進專門醫治百病的名人教頭拉瑞・布朗（BROWN），布朗有數十年教頭的豐富經驗，深獲球員尊重，號召力特強，在他教導之下，七十六人隊已成爲一支強隊，但是同理，其他的隊伍照樣用重金買下布朗，所以布朗可以遊走多支球隊，最後則歸紐約尼克所有。

其四是：達拉斯小牛隊以重金禮聘了『鐵血教頭』那爾生（NELSON）任老總以希望他的長才能吸引住球員的加盟，那爾生在生龍活虎的整頓小牛隊後，卸下教頭之位，專任總經理，他日前才砍掉老將芬利，準備再網羅另一批小牛陣，小牛隊不久的將來當然有可能成爲一支年輕力壯的強隊！

從以上的四個實例，咱們可以清晰的理出一個頭緒－－『名人幫』掌控NBA的年代已經到來，缺乏了名人，這支球隊將不再會是強隊。

歐文在接受媒體訪問時曾說了一句眞眞實實的話：『我只知道魔術隊一半的球員，但是所有的魔術隊球員都知道我，這是很重要的事！』

的確是如此的，J博士歐文誰不知道，當年當J博歐文騰空灌籃入網神勇無比的時候，目前這批魔術隊的球員正唸中小學，有那一位中小學生不是以J博士、魔術江生和拉瑞柏德爲心目中的偶像和英雄呢！

歐文的進駐奧蘭多，這對魔術隊而言，眞的是想用金錢來買進一支強隊，相信在這位名人的魔力下，極有可能會挖到名將到魔術隊效力。

在未來的一兩年間，衆多的明星球員都將成爲『自由球員』，至少有廿位以上的明星球員『待價而沽』，他們當然有自己的主見和成見，除了金錢的考量外，球隊還要有相當的吸引力才可能簽下他們，所以一旦他成爲『自由球員』，他根本不需向母隊要求什麼，只要與他隊談妥價碼後，二話不說，馬上走人！

NBA的今天，恐怕眞的不再會出現所謂的『塞爾特人王朝』和『湖人王朝』了，在『公牛王朝』從歷史上消失後，今後的NBA已成爲像是中國春秋戰國時代各方勁旅列強逐鹿中原的激烈戰況，而『後喬丹時代』將很難再看到一方霸主長久一統NBA天下的盛況，詹姆斯誇口將創建一個『詹氏王朝』，但是現在言之過早，一切尚在未定之天，唯一可以肯定的是：名人將主導NBA，沒有名人統領的球隊將愈來愈難長久招募到明星球員，而沒有明星球員的球隊當然也就不可能成爲一支強隊了！

冷血殺手

NBA的『冷血殺手』很多，米勒是大家公認最冷最酷的冷血殺手，在『米勒時間』（MILLER TIME）內，什麼事都可能會發生，而AIR喬丹與大射手BIG SHOT BOB何瑞也是又凶又狠的『冷血殺手』，這些『冷血殺手』的共同點是——膽大、心細、臂壯、手長……

分分秒秒必爭必戰的NBA籃球大賽自從印地安那溜馬隊在多年以前的東區決賽最後十三秒內奇蹟般四度逆轉，然後在最後零點零零零秒以一分之差取得勝利後，格外引人注目！

以下咱們就再來觀看回憶一下這一幕又一幕令人難以置信的場景：

這場東區王冠之爭，原本是印地安那溜馬隊領先的局面，但是魔術隊的蕭布來恩（BRIAN SHAW）在離終場前十三點三秒時，快速的閃過溜馬隊的馬克・賈克生（JACKSON），正確的投出一個幾乎就是決定當天球賽勝負的三分球——比數變成了九十比八十九，魔術隊領先溜馬隊，正當魔術隊球員準備慶祝這『魔術一刻』贏得勝利之時，豈會料想到，在離終場前五點二秒時，溜馬隊的米勒（MILLER）在接過隊友傳來的球後，左右閃動一下，使自己成爲自由人，然後當著魔術隊安德生（ANDERSON）的面，快速精確的投出一具中間外圍的三分球，轉瞬間，球兒竟然進到籃框裡了！這一刻，比數又變成是九十二比九十，溜馬隊很慶幸將以這一球贏得這場比賽，但是……誰料到，才幾秒鐘以後，魔術隊的郝德威（HARDAWAY）在急速拿到球後，竟然魔術般的投出一個不平穩狀態的三分球，正在大家緊張注目的一刻，籃球竟破網而下，觀衆們眼睜睜的看著奧蘭多就要以九十三比九十二戰勝溜馬隊了，但是且慢，就在離終場最後零點零零零一秒之前，七呎四吋的溜馬隊中鋒史密特茲（SMITS）接到隊友馬基（MCKEY）妙傳過來的一球，他閃過魔術隊卅九歲的元老中鋒羅林世（ROLLINS），突然旱地拔葱的投出一個十六呎的長射，但見球兒不偏不倚的落入籃框中，史密特茲於是成爲這場NBA東區決賽的最後致勝英雄，他的這一投而使印地安那溜馬隊在驚濤駭浪聲中以一分之差擊敗了奧蘭多魔術隊，比數是九十四比九十三。

這場球眞可以說是NBA決賽史上最神奇魔術的一仗，就在國殤節裡讓NBA球迷留下不可抹滅的記憶，試問，一場球能夠在最後的十三秒鐘以內有四位冷血殺手分別出擊，造成四次互有領先的緊張局面，您能說NBA球賽不神奇嗎？這一仗，溜馬隊與魔術隊眞是表現太突出了，當然，NBA一向是以成敗論英雄的，史密特茲和米勒因爲溜馬隊贏了球，所以他倆都成爲這一仗的最後大英雄，而魔術隊呢？在輸了球之後，當然全都成爲狗熊了。

艾野是在德州福和市開車返回達拉斯的路上聽收音機實況轉播完最後這一段神奇戰役的，由於過程太過緊張，播音員幾乎是以廝喊的口氣播出最後關鍵的幾刻的，由於情節絲絲扣人心弦，幾乎要讓人魂飛魄散，艾野一直認爲，聽收音機的球賽廣播遠比看電視實況精彩刺激百倍，因爲，你看不到畫面，只聽到播音員描述戰況，你務必要用心去把整個球場的戰狀勾畫在腦海裡，這也是使你記憶良深之法。

夢幻NBA

NBA之高深莫測，常使人丈二金剛摸不著頭，NBA就像我們的人生一般，總令人難以預知未來的一刻！

記得北卡大教頭汀．史密斯（SMITH）曾說過：『如果你總把每一場比賽的最後一刻都變成生或死的關鍵，那麼你將會有麻煩，你將會死很多。』這句話說的沒錯，但是NBA球賽是世界上最緊張刺激的體育競賽活動之一，似乎不到最後號聲響起的那一刻，你是根本無法百分之百肯定會勝利或失敗的，而NBA球員眞不愧是當今世界上最偉大的一批籃球頂尖好手，幾乎沒有一位球員不具有神奇特異的功能！

記得好多好多年以前，在一場東西區明星球員對抗賽中，當時間終了時，東區明星隊以一分領先西區，但是西區的明星--達拉斯小牛隊的『黑人』後衛布賴克曼（BLACKMAN）因對手犯規而獲得兩次罰球的機會，就在萬千電視觀衆的注目下，布賴克曼不急不徐，一步步走向罰球線，他冷冷靜靜的對準了球框投出致命的一球，結果是--『唰！』一個空心球，使球賽的戰績立即變成了平手。

接下來，在大家屛息以待下，布賴克曼再深呼吸兩口，並用右手擦擦額頭上的汗水，又深呼吸了兩口，眼光緊盯著籃框，再投出關鍵的一球，結果是--『唰！』，又是一聲淸脆悅耳的空心球聲音！就憑著這一分球，西區明星隊贏得了那一年的勝利，而布賴克曼也因此一戰成名，成爲全美家喩戶曉的籃球明星。

像布賴克曼這樣在千鈞一髮之際能夠臨危不亂、立下汗馬功勞的冷血殺手人物，在NBA並不多見，少數之中最著名的就是喬丹。

　喬丹不僅分分鐘鐘都有不凡的表現，更是在危急存亡之際常常有神奇的演出，堪稱爲NBA最冷血的殺手之一。

　喬丹的冷與狠，其實早在一九八二年的時候，喬丹代表北卡羅萊那大學，對抗喬治城大學的NCAA全美大學男籃決賽時就已創造過奇績，那場球賽，他在離終場前十五秒投出反敗爲勝的一球，使北卡大學以六十三比六十二打敗喬大而奪下NCAA總冠軍。

　喬丹在NBA生涯中一共有十五場投出『反敗爲勝』最關鍵一球，其中二十四場是在最後十秒內投進，八場是在最後零零一秒投入，克里夫蘭騎士隊、紐約尼克隊、猶他爵士隊、底特律活塞隊與夏活特黃蜂隊都曾經在終場號聲響起那一刻，才輸給了喬丹的神射，讓他們欲哭無淚，無語問蒼天！那種心痛的感覺，我們可以問一問曾經三度吃過喬丹苦頭的克里夫蘭騎士隊當年的射手卜萊斯（MARK PRICE）就知道，他說：『喬丹可以在最後零秒鐘時讓你生不如死，哭笑不得，你必須要冷靜一分鐘以後才可以讓你的頭腦清醒過來，到底剛才發生了什麼事情！』喬丹在退休前那一年，因爲最後一秒鐘的神射而氣走了克里夫蘭騎士隊兩次，他更在NBA最後冠軍賽一役最後五點二秒時，在十九呎的地方投出致勝的一球而使猶他爵士隊的馬隆終生遺憾無法奪得冠軍戒子，喬丹『冷血殺手』之名因此戰更是大躁，就連柏德（BIRD）都說：『我想，喬丹就是上帝來到NBA的化身！』，ESPN雜誌則在封面上用斗大的標題寫著：『比賽的結果完全由喬丹來決定輸贏！』只可惜在喬丹二次復出NBA後就再沒有那麼冷血了，公牛隊也更常因爲他的無心失誤而輸給了奧蘭多魔術隊，喬丹說：『我寧願在我自己的球隊落後一分，而且只剩下最後五秒的劣勢下獲得球，這比我們領先對手一分刺激多了！』由此可見冷血殺手必須膽大、心細、臂壯、手長，才能夠在最後一秒狠狠的投出致命的一球！

印地安那溜馬隊的米勒是另一位夠狠、夠辣的冷血殺手，他的凶器不似喬丹多，喬丹常常能切入籃底禁區，適時抽身，一個箭步上籃灌球或旱地拔蔥，跳射入網，而米勒唯一讓敵軍致命的武器則是抽冷箭－－三分球長射。

多年前，溜馬隊在對抗紐約尼克隊一役時，神奇的米勒竟然能夠在最後十六秒『米勒時間』內，在尼克隊領先三分球的劣勢下，連抄帶搶一口氣放出兩個三分球冷箭，並罰入兩球，隻手連下八分，因而使戰況逆轉，當場讓尼克隊球迷看都看呆了，久久不能相信輸球的事實！

米勒由於在十八個NBA球季裡頻頻在緊要關頭射入三分球而扭轉乾坤，因此被尊崇為『米勒時間』（MILLER TIME），與NFL美式足球明星角衛李昂．山德斯（SANDERS）被稱為『重要時間』（PRIME TIME）有異曲同工之妙。

其實米勒早年在UCLA加州大學洛杉磯分校就讀時即是揚名NACC全美大學的冷血殺手，當時UCLA很多場比賽都是靠他在最後幾秒內投出的三分球而獲勝，在一九八七年六月的NBA選秀會上，當時擁有第一輪第十一名選秀權的印地安那溜馬隊曾遭受廣大球迷的強大壓力，因為當時的球迷與媒體一致要求溜馬隊能夠用選秀權來挑選印地安那州的土產－－印地安那大學的『籃球先生』艾福德（STEVE ALFORD），當年艾福德在魔鬼教頭奈特統領下為印大奪下NCAA男籃總冠軍，並當選為全美大學明星球員，所以紅遍滿邊天，他曾在選秀會之前明白表示願意留在印地安那州為家鄉的NBA隊伍效命，怎奈溜馬隊在做了全盤精細的評估之後，認為艾福德的條件並不適宜在NBA發展，所以溜馬隊最後堅持挑選了他們中意的米勒，如今事過境遷，米勒為溜馬隊樹立了許多汗馬功勞，而艾福德則早在多年前因為無重大建樹，早就被達拉斯小牛隊解僱了，所以溜馬隊球迷應該很慶幸當初球隊並沒有被他們的盲目舉動而做出錯誤的抉擇。

米勒在溜馬隊雖未能為印州奪得任何一座NBA冠軍，但是他的三分球命中總數2564卻是NBA歷史上第一多的，當然，將來他最為人津津樂道的莫過於令人難忘的『米勒時間』了。

在休士頓火箭隊歷史上也曾經出了一位不像冷血殺手的殺手--艾力（ELLE），他在有一場對抗鳳城太陽隊的最後七秒時放出有生以來最大的一支冷箭，一個三分球讓太陽隊乖乖的把西區決賽權交給了火箭隊，艾力因此被封為新的冷血小殺手，讓對手看到都怕怕三分！

在今年NBA冠軍系列賽中大放異彩的聖安東尼馬刺隊射手羅拔．何瑞（ROBERT HORRY）也是著名的冷血殺手之一，這位在NBA沙場闖蕩了十三年的老將被稱為『BIG SHOT BOB』，可翻譯成『大射手鮑布』，但他本人並不同意用BOB，他說他的名字叫ROB，是R-O-B而不是B-O-B，他每每在最關鍵的時刻展現出殺人不眨眼的功夫，尤其在勝負關鍵之際，他往往是扮演一投定江山的狠角色人物，今年冠軍賽第五場馬刺隊在對抗東區底特律活塞隊的第四節與延長賽中，何瑞一口氣射入二十三分，其中包括一個又一個令人十分震撼的三分球（共五個），到了第四節正規賽即將結束前五秒，何力的那一具三分球，終使馬刺隊化險如夷，並在打入延長賽之後驚險獲勝，如果沒有他的冷血投射，馬刺隊是不可能奪下今年NBA冠軍的，尤其是在最關鍵的終場前85秒時，他像一匹飛馬，神勇的飛躍過活塞隊的漢米頓（HAMILTON）後，再以左手巨臂做了石破驚天的滿分大灌籃，相信這一幕經典傑作必將永久留在球迷的腦海裡，而不會忘記！由於何力的BIG SHOT神射功夫，十三年來他竟十三次打入決賽，已先後幫助休士頓火箭隊、羅省湖人隊與聖安東尼馬刺隊奪下六次王冠，也爲自己贏得六枚NBA冠軍戒子，是當今NBA球員之中擁有最多冠軍戒子的，雖然他將來不可能被選NBA名人堂，但是已可與喬丹和賈霸齊名，BIG SHOT BOB雖然季賽平均得分並不高，只有七點五分，但是他現在保有的兩項珍貴的NBA季後決賽的光榮記錄就是--一九九七年西區決賽對抗猶他爵士隊時三分球投射百發百中（投七球進七球），此外，他還在一九九五年冠軍賽對抗奧蘭多魔術隊時抄球成功七次之多，這也是迄今爲止，無人可破的劫球記錄，所以何瑞除了是『神射』之外，也可稱爲『神偸』與『福將』！

何瑞現已與馬刺隊簽下一紙三年的新合約，他將繼續在馬刺隊扮演冷血殺手的角色，相信他還會不斷的演出最後一刻扭轉乾坤的神奇傑作！

誰怕那個大黑人？

曾在NBA一季之中創下333次犯規次數最多記錄的『大黑人』巴克力（BARKLEY）是一名處世不恭、爭議極多的球星，由於這位火爆浪子在球場上球風強勁，球場外脾氣暴烈，在在引來大家的垂目……

外號叫『籃板球圓堤』（THE ROUND MOUND OF REBOUND）的巴克力（BARKLEY），人稱『查理斯爵士』（SR.CHARLES），但他叫自己是『大黑人』（LARGE BLACK MAN），在NBA歷史上，他與張伯倫（CHAMBERLIAN）、賈霸（JABBAR）以及馬隆（KARL MALONE）四人齊名，原因是，他們四人都在NBA生涯之中創下兩萬分、一萬個籃板球以及四千次助攻的輝煌記錄，而查理斯爵士在十六個NBA球季之中，共有十一次當選全NBA的明星隊，其中一九九三年更贏得NBA最有價值的球員MVP獎，並入選爲NBA半世紀最佳五十名籃球明星之一，他所拉下來的籃板球個數12546名列第六位，所以他算得上是一位了不起的球星，只是生不逢時的他，一直未曾贏得過總冠軍戒子。

巴克力是於一九八四年進入費城七十六人隊，之前，七十六人除才在魔斯斯．馬龍（MAL-ONE）、J博士（ERVING）與齊克斯（CHEEKS）等人領導之下奪得NBA總冠軍。

巴克力在巨星雲集的七十六人隊無從發揮他在奧本大學時代的實力，尤其是在J博士的陰影之下，巴克力有一些不得志的感覺，所幸他從馬龍那裡學到許多拼戰的豐富經驗，使他受益頗多，但是七十六人隊在八六年卻把馬龍換走到華府，此事讓巴克力非常不滿，他公然爲馬龍這位『乾爹』叫屈，並揚言要出走，後來又因爲七十六人隊在第12名陣容中簽下沒什麼能力的白人何平（HOPPEN），巴克力認爲那是『白人至上主義』作崇，所以非常不滿，最後在與老東家費城七十六人隊交惡而分道揚鑣之後，他在一九九二年提著大刀去到西部乾旱的鳳凰城投效太陽隊，誓言振作的巴克力多少年來的雄心壯志立即得以施展，不僅創造出他在NBA的第二個春天，更使太陽隊從黑夜中升起，並達到日正當中的境界，當然，鳳凰城能夠吐放光明，巴克力是最大的熱力來源，沒有他的入盟，太陽隊可能會更換隊名爲月亮隊－－只能在漆黑的夜裡放出病瘦的月光！

有人批評巴克力的嘴巴比手臂厲害，經常口不擇言，到處開罪人，但是他並不介意，他認爲：『一切理所當然，世間事只有好與壞的區別，沒有眞與假的疑慮。』他舉例說道：『GOOD SHOOT與BAD SHOOT的分別不是在投射的姿勢妙不妙，而是在於球有沒有進入籃框裡』。巴克力還有一個『傲點』就是：不僅得謙虛，他經常誇耀自己是NBA最好的球員，但是，令人遺憾的是：往往最好的球員並不等於是最有價值的球員，查理斯如果懂得這點，那麼如果他沒有被選爲MVP最有價值球員，他也不會用他的中指指著評審惡罵『不公平』！

一九九三年初到鳳城的巴克力由於肯拼願戰，所以一掃八年在費城的陰影，在全力衝刺，創造了個人職業生涯最佳的成績－－平均每場得廿五點分（列NBA第五名）、籃板球每場十二點二個（列NBA第六名），而且助攻達每場五點一次，當然，最重要的是，他率領太陽隊打出六十二勝二十負的最佳戰績，並打入NBA東西區冠軍爭霸戰，只是最後不幸在六戰之後敗在喬丹與芝加哥公牛隊手上，所以巴克力一季的努力因爲喬丹的存在而付諸東流，或許巴克力也會有『既生瑜，何生亮』的感慨吧。

接下來的三季，巴克力因爲受傷而影響了既有的實力，而且太陽隊更是兩次輸給了休士頓火箭隊，眼見奪冠已無望，巴克力已沒有耐性待在鳳城太陽谷，於是他先是放風聲準備退休，後來太陽隊爲了怕損失慘重，於是在九六年允諾巴克力，準備把他換到他所心儀的隊伍去，所以巴克力可以自由的跳槽他隊了。

在經過一波三折後，巴克力跳槽案終於水落石出，這位自稱當代最神勇的籃球巨星之一的「名嘴」巴克力最後的歸屬正是喧騰一時的休士頓火箭隊！

火箭隊九六年曾爲了拿下巴克力，而殘忍的送出了四員大將給巴克力的老東家——鳳城太陽隊。

這四枚「火箭」分別是卡塞爾(CASSELL)、何瑞(HORRY)、布朗(BROWN)和布萊特(BRYANT)，這四員大將上一季主宰了火箭隊總進攻分數的百分之卅六，尤其是「小螞蟻」卡塞爾，那兩三年來異軍突起，球技突飛猛進，幾場冠軍賽中突出不凡的表現已使他成爲家喻戶曉的「小可愛」，而何瑞的潛力也相當大，許多NBA的球探把他列名爲「次超級球員」之輩，他更是著名的三分球『冷血殺手』，布朗與布萊特的身手也逐漸被肯定和接受……。總而言之，言而總之，「卡何布布」是火箭隊不可或缺的四員猛將，無論橫觀豎察，上望下看，火箭隊都必須保持住這四員大將，但是該隊的主管爲了獲得巴克力這位更高檔次的巨星，不惜把這四位總戰力占全隊三分之一以上的球員統統一次出賣了，其目的只在為換進一位卅四歲的「老將」，到底這筆交易值得嗎？

以艾野個人之愚見，這場近年來NBA界罕見的交易案顯然休士頓火箭隊是最大的贏家，鳳城太陽隊所得到的比所失去的少了一些！

在分析此交易案之前，艾野先給球迷一個觀念和事實是——在美國職業球隊的球員交易案中，凡是以『數目』多的交換數目少的，大約百分之九十以上都是「以多換少」的一方佔優勢，而「以少換多」的一方則占不到太多的便宜，換言之，職業球隊的球員交易是以「質」取勝，而非以「量」取勝，我們斷不可以用獲得多少球員的總價值來斷定一樁交易案！NBA歷史上許多樁的交易案，從賈霸到歐尼爾，在在說明了『質』勝於『量』的原理。

好，現在咱們就來分析一下太陽隊與火箭隊交易案的來龍去脈。

基本上，這次的交易案之所以會發生，可以說完全是由巴克力一人所主導。

巴克力這小子於費城七十六人隊發跡時，由於他的話很多，對隊友常有過份的批評，人緣不佳，既喜歡說大話又愛說笑話，他有一句名言是：「這是一場打不贏球後就要回家打老婆的球賽！」這句名言讓全美婦女團體向他嚴重抗議，但是率性發言的巴克力卻不以為忤，他為所欲為，有一次到密爾瓦基打完球後，一位球迷尾隨著他，他心感不悅，一個反身就給人一大拳，把人的鼻樑都打扁了……。巴克力在球場外又是一個「問題人物」，但是只因為他在球場內的神勇表現，使他的身價依然只高不低，不過最後由於他的利嘴批評了七十六人隊的主管，所以大老闆十分不悅，最後促成了他被「放逐」到偏遠的西部鳳凰城孤城！

巴克力到鳳城後信誓旦旦地要為他自己以及這個城市奪下一個NBA的冠軍戒子，而這其實更是他在NBA所逐的一個美夢，所以他全心全力來打球，當然，率性亂言的「劣根性」依然是改不了，他每次在輸球後就會點名批判隊友，不過他常常也會在最後補上一句不知道是損人還是護人的風涼話：「其實我只是忠言逆耳，我全是為了他好！他若是不願接受，就當作我沒說，不必聽！」

巴克力偶一批評批評隊友，倒也無傷大雅，但是他說多了以後必然引起隊友的反彈和不滿，例如他曾說過一句很難讓隊友嚥得下那口氣的話就是——「如果KJ(指凱文江生)和我巴克力生病了，太陽隊就肯定完蛋了！」

其實，巴克力是一個求勝心很強很強的人，也由於他到太陽隊後一直無法為鳳城的地方父老取下NBA的冠軍金杯，所以他心裏頭老大的不高興，每當輸了球感到不痛快時，他就揚言要告老返鄉，回到他眞正的老家阿拉巴馬州去安度晚年餘生，有好幾次他還揚言要去選阿拉巴馬州的州長，並且保證在伯明罕成立一支NBA隊伍，由於鳳城太陽隊不斷的輸球失敗，使他的挫折感愈來愈大，最後他就正式向太陽隊老闆明明白白的說出自己的眞心話——「請把我巴克力換到別的隊伍去，否則我鐵定自請退休，讓你們太陽隊一無所得！」

老天爺，一聽到巴克力以退休相逼，鳳城老闆眞是畏懼萬分，於是好言相勸，弱話說盡，但是在巴克力嚴正表達了「我本將心托明月，誰知明月照溝渠」的無奈和不滿後，鳳城主管眼見巴克力去意已定，於是不再對他有所強留，並徵詢他的意見，巴克力於是從口袋裏掏出一份他早就準備好的「最愛」去的「美夢隊伍名單」以供太陽隊做參考，巴克力最後還補充說道：「除了這些名單，你們不必再白費力氣去找別的隊伍談，否則一切將徒勞無益！」

你知道巴克力的「美夢隊伍」是那些嗎？依據他自己的排名先後分別是：芝加哥公牛隊↓紐約尼克隊↓休士頓火箭隊。

他為何把公牛隊排在第一順位呢？巴克力的說詞是這樣的——喬丹是我的好友，公牛隊是世界冠軍隊，我希望能在退休以前與喬丹並肩作戰，一起打下我生平的第一個冠軍戒子！為了到公牛隊打球，讓我做後補球員我都心甘情願！

太陽隊於是找上公牛隊，雙方一談，根本談不出交集，現實的問題擺在眼前——公牛隊已擁有三位超級巨星：喬丹、皮平與羅德曼，他們三巨頭的薪水加在一起，「薪水帽」(SALARY CAP)早就已經緊緊的，怎可能讓巴克力的大頭戴得進去呢？除非他甘願做個小小頭，但是巴克力絕不可能如此心甘的，所以太陽隊與公牛隊的談判一無所獲，雖然公牛隊一度考慮把「第六人」古克奇外賣交換，但是對「薪水帽」的影響不大，後來鳳城提議一項交易案，用巴克力直接交換皮平，但是芝加哥公牛隊堅不同意，原因有兩點：（一）巴克力經常說要退休，誰知道他什麼時候會眞正退休。（二）公牛希望太陽隊提供更多的未來選秀權而被拒。最後公牛隊所在的芝加哥市遂成為巴克力去不了的「惡夢」城市。

至於紐約尼克隊呢？

巴克力說了一段頗為感人的話：「岳威(EWING)和我一樣，我倆都從未奪得過任何一枚冠軍戒子，他需要我的相助，我也需要他的相助，我倆必須像兄弟打虎一樣一起努力來爭取冠軍戒子！」

岳威是尼克隊第一大將，多年來爲尼克隊打下不拔的千秋大業，美中不足的是——就是無法打進NBA的最後冠軍賽，多年來也是由於喬丹的存在而老是在東區的第二、第三或第四的位置換來換去，而岳威的年歲一天天流逝，他在NBA中鋒的身價排名已從數一數二淪落爲數三數四，後來更被他在喬治城大學的後生晚輩牟尼從第四名的位子硬擠下來，使他變成NBA的第五中鋒，年華的逝去，體力的衰退，岳威的確需要巴克力的相助來扭轉乾坤，怎奈尼克隊對巴克力一點也不熱衷，而且不願放走年輕的新秀球員以交換「垂垂老矣」的巴克力，況且尼克隊正在進行重建的計劃，重建的首要就是吸收新的年輕的球員，像巴克力年紀這般老的球員當然不在尼克隊計劃之列，於是巴克力又去不成紐約了。

火箭隊呢？

在喬丹退隱的時候，火箭隊趁機取代了芝加哥公牛隊的江山，但是喬丹復出後，休士頓火箭隊再也無法拿下NBA的金冠，而且連西區的山頭地位都保不住，於是既然巴克力指名想到休士頓，而火箭隊的奪冠意志與巴克力又相同，所以火箭隊與太陽隊就很認眞的談判，雙方談到最後的底線是——火箭隊願以「二換一」，把卡塞爾和何瑞送去鳳城以換進巴克力，但是太陽隊認爲吃了一些虧，堅持火箭隊要多加一些碼，如果不願再加人，補給一些現金或銀子也可以，火箭隊心想，這種買賣不太划算，於是堅不退讓，太陽隊於是心灰意冷，轉告巴克力，並詢問他想不想到德州另一個城市——牛仔隊的故鄉達拉斯？

巴克力知道達拉斯一度是他「最恨」的地方，因爲一九八四年的選秀會時，達拉斯小牛隊擁有第四選秀權，結果把他棄之不顧，卻選了喬丹的北卡大隊友沈柏京，所幸費城七十六人隊馬上以第五名選上他，使他不致太失顏面，而當年的選秀前三名就是歐拉諸旺(火箭隊)、沈不威(波特蘭拓荒人隊)和喬丹(公牛隊)，如今歐、喬、巴三人已成超級巨星，證明球探的眼光還不差，而巴克力既在選秀會上去不成達拉斯，現在去也還可以，只是巴克力在衡量，小牛隊根本不可能會在那幾年拿下NBA冠軍，所以達拉斯對巴克力而言倒也是「可去可不去」，太陽隊與小牛隊在談了幾次後，因爲小牛隊不願放走太多年輕球員而作罷。

由於火箭隊依然對巴克力具有相當程度的興趣，再加上歐拉諸旺和崔可什(DREXLER)兩位超級巨星的力薦，最後終於促成了這個罕見的「四換一」交易案，巴克力於是成爲另一枚大火箭，他的加盟讓休士頓的父老以爲火箭隊將使NBA的江山重新改寫，而火箭隊此時一不做，二不休，還從邁阿密挖進了魏力斯這位也上了年紀的勇將，很有趁著這幾位老將們退隱之前大撈一票的做法，但是在兩年以內，火箭隊卻無法大有可爲，而巴克力，這個以奪取NBA冠軍戒子爲己任的超級巨星最後雖然還有公牛隊的皮平（PIPPEN）前來火箭隊相助，但是歐拉諸旺、崔可什與皮平全都已是卅老幾的人，也都已是度過黃金年代的過氣明星，所以無論怎麼拼鬥，巴克力依舊沒法在德州陽光帶的休士頓達到他夢寐以求的NBA冠軍願望！

就在一九九九年底，火箭前往費城打客場，在對上七十六人隊這支巴克力進入NBA後的第一支隊伍時，他百感交集，他曾經說過：『以前待過的隊伍（EX－TEAM）就如同前妻（EX－WIFE）一樣的可憎而水火不容，你是無法跟她們並列在一起的。』這天，巴克力對上了七十六人隊，他拼老命般的打球，但是不幸在第一節因爲搶球不慎摔了一大跤，當他爬起來，在人扶著出場時，全場觀眾起立給他掌聲爲他鼓勵，之後他宣佈退休，他感慨的說道：『我從什麼地方開始，也從什麼地方結束，這是天意，我早料想到會如此。』

在傷心揮別NBA與火箭隊之後，巴克力並沒有履行當初返鄉競選阿拉巴馬州州長的諾言，他的解釋倒很有道理：『我看不慣那些政客，我不願淪落到魚肉州民的地步，我還是適合留在NBA做一些貢獻！』

由於巴克力多年來已成爲NBA球員中的『名嘴』，所以許多電視與廣播電台都以高薪來向他展開挖角，結果他選擇到媒體大亨透納（TURNER）屬下的有線電視台做NBA球評的工作，這下子他有了發聲的管道，許多他不滿意的球員與球隊都成爲他鐵口直斷與批判的對象，其中他對『美夢隊伍』更是責難極多，由於巴克力本人愛國心極強，早年在奧本大學就讀時一心想代表美國打奧運，但是在一九八四年奧運隊伍遴選的最後關頭，當時具有生殺大權的奧運隊教練奈特（KNIGHT）卻認爲他太胖（當時巴克力有兩百八十五磅重），硬把他砍掉，而留下他在印地安那大學的子弟兵艾福德（ALFORD），也正因此而使巴克力與奈特結下很深的樑子，每當回憶起那一段被淘汰的慘痛經驗時，巴克力都會把此事視爲一生中最痛的奇恥大辱，不過奈特曾在他的自傳裡解釋，他非常渴望把巴克力留在奧運會陣容之中，但是他要求巴克力減輕十磅，最後不但不減，反而增加了九磅，奈特說：『我勸告巴克力，你若想在NBA有一番作爲的話，體重絕不能超過兩百五十磅，結果證明我沒說錯，巴克力在NBA大紅大紫時，正是兩百五十磅左右！』，在經歷此被淘汰的大痛後，巴克力力爭上游，於一九九二與一九九六兩度當選美國NBA超級巨星『美夢隊伍』，也兩度爲自己的國家奪下奧運金牌，但是後來當他看到一個個巨星不願再參加『美夢隊伍』後，十分不滿，有一次他在電視上公然向歐尼爾叫陣，他說：『你（歐尼爾）認爲

夢幻NBA

你在NBA所賺的錢可以買到一枚奧運金牌嗎？別做夢！你不參加美夢隊伍，你就買不到金牌，你就對不起自己的國家，我要勸你醒醒吧！』

巴克力對中國『移動的長城』姚明一直很輕視，他也曾對姚明有過不倫不類的比喻，他在一場由TNT轉播的球賽之前，對另一位球評員史密斯表示：『如果姚明可以在一場球賽得19分的話，我願貼你的屁股！』只是後來小巨人用實力亮給他看，才改變了巴克力的觀點。其實口不擇言的巴克力常『因言賈禍』，有一次他竟在電視上說，公牛隊大老闆傑瑞・倫斯多福（JERRY REINSDORF）不敢炒掉總經理傑瑞・柯勞斯（JERRY KRAUSE）的原因是柯勞斯手上握有倫斯多福的老婆與猴子做愛的照片。又如，當他聽說印地安那溜馬隊的『小歐』歐尼爾自稱自己是全NBA最佳的前鋒時，體重三百磅的巴克力諷刺道：『他說他的，就像我說我是很輕的瘦子一樣，你相信嗎？』對於馳騁球場的NBA勇將，巴克力也會幽他們一默，他說：『別以爲他們會灌藍得分，他們就可以養活小孩！』，他也常說：『在NBA，沒人給過我什麼東西，我得到的，都是靠我自己的雙手賺來的，我的看法是，NBA沒有白吃白拿的東西，你若沒本事，別夢想在NBA打混！』

巴克力的人生觀很豁達豪放，他是那種不容別人挑釁他的人，有一次他到奧蘭多打球，抽空到當地的夜總會消費，結果一位球迷向他叫囂，他二話不說，就把那個『惡人』舉起來，扔出窗戶外，當他被控告傷害後，他竟對法官說：『我眞難過當時我們不是在更高的樓層上，否則他會得到更好的教訓！』巴克力曾告訴過喬丹，有一天他會用一種刺激的方法解決自己的生命，巴克力說：『我會在高速公路上開時速一百五十哩的快車，然後車禍身亡！』這就是快人快語、妖言惑衆的巴克力，聽他的話似乎不必太當眞，最近他出版了一本書，名叫『誰怕那個大黑人？』（WHO'S AFRAID OF A LARGE BLACK MAN?），書名很聳聽，但是全書論調並不嚴謹，他在書裡表示：『如果你們以爲我說的是涉及種族觀點的話，你們就別當眞，如果你們認爲我說的是種族歧見的問題，那問題就嚴重了！』巴克力從他所經歷的全美各地所看到的種族問題談到異族通婚與文化認同等，他都有一套自己獨到的看法，他的言論頗似張伯倫，字裡行間充滿了對現實的不滿與不平，當然，巴克力在NBA最大的憾事就是沒有贏得過NBA軍戒子，就像馬隆與岳威一樣，他們都是NBA八十年代中期以來的一時之選，只是在喬丹強大的陰影之下，他們都一直無法圓冠軍之夢，或許只有四個字來闡釋他們的心境，是那四個字呢、我想，也許就是『生不逢時』吧！

郵差送信來

「郵差」馬隆打了十九個歲月的球季，其中有十五個球季除了九天缺席以外，天天打球、天天「送信」，像他這般勤奮的球員，難怪會被兩度選爲NBA的MVP，並當選明星球員十七次之多，他也被評選爲NBA半世紀以來最好的『五十大』明星之一！

喬丹被公認爲地球上最好的籃球員，但是卡爾．馬隆（MALONE）卻能在一九九六與一九九八兩個球季被票選爲NBA的MVP最有價值球員，他的光芒甚至亮過了喬丹。

連喬丹自己都說：「如果我可以投票，我也會投票給馬隆，因爲他打得眞是無話可說。」

馬隆，別號「郵差」（Mailman），他究竟是何方神聖呢？竟連喬丹都敬畏他三分！

「他是一個工作勤奮的人，不過在我眼裡，他不過是隻大貓罷了！」

馬隆的媽媽雪莉說，他的這個兒子全身是勁，但是做起事來有模有樣，一點不含糊。

每次看馬隆打球，您一定可以注意得到，他打球的踏實與認眞，尤其是在緊要關頭的時刻，他眞是像敢死隊的隊員，不畏橫逆，他自我解釋道：「我打球時的態度就像是我不喜歡你，把你當成我的敵人一般，在球場外，我是一位謙謙君子，但是在球場內，我可管不了那麼多了！」

如果您仔細觀看馬隆拼戰，每當他在罰球時，口裡總會唸唸有詞，到底他在唸什麼經文呢？大概只他自己知道吧，據說這個神經兮兮的習慣是他進入NBA後才養成的，第一年，當他進入猶他爵士隊時，平均罰球命中率只有四成八，這個命中率是馬隆的致命傷，所以他咬緊牙根苦練罰球，並在高人指點下，爲聚精會神而唸上一段經文，結果很靈光，使馬隆的罰球命中率像是吃了仙丹靈藥一般突然上升到七成二以上，之後每年都在進步，在一九九七年季後賽對抗洛杉磯湖人隊時，他竟然罰十八球全進，創下NBA季後賽的新記錄，不過我們印象最深刻的一幕就是，在與芝加哥公牛隊做NBA冠軍系列賽的第一場決賽還剩九秒鐘時，馬隆獲得兩次罰球良好機會，他竟然兩球都落空了，最後讓喬丹搶下籃板球反撲到前，在最後一秒鐘時跳投中弟使馬隆的猶他隊輸掉了這場原本已到手的戰利品，這也是馬隆一生中最大的憾事之一，事後馬隆相當沮喪，他說，在他投那兩球之前，公牛隊的皮平曾走到他身邊進行心戰叫陣，皮平對他說：「郵差在星期天是不送信的！」

是的，馬隆眞可以算得上是一位勤奮的「郵差」。

他在十九季的NBA歲月裡，除了兩年因爲受傷外，他只有九天沒有送信，試想，有誰可以在一千四百多場比賽中只缺席了那麼幾場？

這眞是太難能可貴了，馬隆說：「那是我的母親教導我努力工作的價值，她讓我深切的明白勤奮的重要性！」

馬隆出生在一個十分貧寒的窮苦家庭，他的老家在路易斯安那州只有兩百多個居民的夏田市(SUMMERFIELD)，當他三歲的時候，老爸JP馬隆就自殺身亡了，他的媽媽雪莉爲了撫養九個孩子，眞是辛苦備至，雪莉找了三個工作，每天清早四點多就起床到鋸木廠幹苦活，然後在下午又到別人家裡做清掃和烹飪的工作，做完後再返鋸木廠做第二班的工作，直到深夜十一時才返家休息，雪莉說：「我一直要到星期六才能看到孩子們！」

夢幻NBA

馬隆與他的兄弟姊妹九個人擠在兩個臥室裡長大成人，也由於家境清貧，馬隆的媽媽在馬隆十歲的時候才買了第一個籃球給他，而那個球還是用分期付款，每月支付廿五仙，花了三個月才付清的。

談到自己的家世背景，這位身價千萬元的NBA超級巨星不禁悲從中來，尤其是每當提到他自殺的父親，馬隆傷痛萬分，由於從小缺乏父愛，所以他立志要做個好父親，他的家庭觀念非常濃厚，每天都不離家人，當有遠行的時候，也不忘讓太太與孩子同行，算是NBA球員中的楷模，他不僅給予自己的母親、繼父、兄弟姊妹和自己的家人孩子良好舒適的居家環境，更是以愛來溫暖在他四周的親人。

馬隆自己還有一個揮之不去的傷痛，這個痛曾使他嚎淘大哭，久久不能自己。

那是在一九八五年六月，那時他提前離開他所就讀的路易斯安那理工大學準備參加NBA的選秀會，達拉斯小牛隊的球探早已看中了馬隆，認爲他具有莫大的發展潛力，雖然他的母校在NCAA史上藉藉無名，但是馬隆的威名 遠播四方，由於他的老家只離達拉斯有四個小時的車程，他十分高興小牛隊答應要用第一輪第八名的次序來選他，於是就決定搬到達拉斯，也買下了房子，只等選秀會(DRAFT)那天到來。

天下事不如意者十之八九，馬隆竟然被達拉斯小牛隊耍了一招，小牛隊食言而肥，棄馬隆而不選，卻選上就讀於華盛頓大學的西德好手許彥福(SCHREMPT)，馬隆一時承受不了這樣的打擊，竟嚎淘大哭起來，更壞的事是，不僅小牛隊不選他，就連第九名的克里夫蘭騎士隊也不選他，而第十名的鳳城太陽隊、第十一名的芝加哥公牛隊與第十二名的華盛頓子彈隊統統不選他，一直到了第十三名的猶他爵士隊才在新上任的菜頭總經理米勒主導下選中了馬隆，當時米勒還自言自語的說道：「是不是上面這五支球隊發現了馬隆有什麼地方不對勁而我不知道呢？」

回憶起八五年的選秀會，您就可以知道，當年的選秀會有多少隊伍犯下「識人不明」的大錯，那一年在馬隆之前被選上的球員，除了第一名狀元岳威(EWING)外，幾幾乎乎都不成材，這些球員依照被選中的次序排列如下——

第二名：提斯岱爾(TISDALE)

第三名：班傑明(BENJAMIN)

第四名：麥克丹尼爾(MCDANIEL)

第五名：康凱克(KONCAK)

第六名：柯林恩(KLEINE)

第七名：馬麟(MULLIN)

第八名：許彥福(SCHREMPT)

第九名：歐克力(OAKLEY)

第十名：皮克尼(PINCKNEY)

第十一名：凱思．李(LEE)

第十二名：葛林(GREEN)

諸位看倌如果仔細查對一下，除了第七名的馬麟和第九名的歐克力還曾在NBA佔有一小席之地外，其他人不過是淪爲跑龍套或坐冷板凳的球員，尤其是像芝加哥公牛隊當年擁有選馬隆的權利，偏偏因爲上一年選中了喬丹這個稀世珍寶而樂不思蜀，放棄了選馬隆的天大良機，反而選了凱思．李，結果才選上他後，馬上就後悔了，把李送到克里夫蘭，換回了歐克力，而李才在NBA現身一下就消聲匿跡了，試想，如果公牛隊當時慧眼識英雄，選中馬隆的話，兩世代的NBA江山篤定屬於公牛隊了。

而最令人遺憾的莫過於小牛隊了，該隊從執意要選馬隆，再到棄「馬」的決策過程迄今依然未對外公開，爲了向球迷表示最深沈的歉意，小牛隊竟然在一九八八年選秀會時竟以補償的心理以第一輪選秀權選了同樣出身於路易斯安那理工大學的馬隆學弟瑞地．懷特(WHITE)，選秀會那一天，艾野在達拉斯重逢球場(REUNION)採訪，現場球迷在小牛隊主管人員的「誤導」下，歡聲雷動，好似小牛隊選中了第二個馬隆一般，然而懷特畢竟不是馬隆，他雖有馬隆的身裁，卻無馬隆的身手，在小牛隊才待了一個球季就因「江郎才盡」而被逐出了NBA，而不知身在何方?當然，這一切都已不再重要，重要的是，小牛隊曾對馬隆不義，而馬隆在經過幾番陣痛之後已從陰霾裡撥雲見日，而且展露了萬丈的光芒，而小牛隊，就只有到大樹旁邊乘涼吧！

馬隆在NBA的成就的確難以令人相信，一九八三年，當他在路易斯安那理工大學就讀時曾代表美國隊前往臺灣參加湯姆．瓊斯杯籃球賽，當時的馬隆並非頂尖球員，但是自從去到猶他州鹽湖城後，有助攻大王史塔克頓(STOCKTON)的相助，使他全盤脫胎換骨，以全新的面貌出現，除了第一季幼齒階段較不顯眼外，第二年以後的馬隆已能與另一位NBA的同名超級大將馬龍(MALONE)相比擬，隨後平步青雲，屢屢創出佳績，總共十九個球季裡，馬隆攻下三萬六千多分，籃板球數也超過一萬四千個，十七度入選NBA明星球員，兩次明星賽的MVP和兩面奧運會金牌，當然對馬隆而言，最最珍貴的還是他千辛萬苦所贏得的兩次MVP最有價值球員獎，那兩年他的成績極為不凡，平均每場球得廿七點四分、九點九個籃板球和四點五次助攻，因而迫使喬丹讓出MVP的寶座。

馬隆在球場上生龍活虎，威震八方，但是球場外的馬隆卻彬彬有禮，他來自窮困的家庭，所以他知道勤儉，他堅決不打高爾夫球，只從事釣魚、打獵、騎摩托車和開大卡車的消遣，此外，馬隆律己甚嚴，私生活有規律，數年前，他是極少數指責魔術．江生不對的球員之一，馬隆對魔術染有愛滋病毒後還復出打球深感不解，也由於他的批評，魔術．江生最後還是二度退出了NBA了。

馬隆對自己的期望很高，他認為MVP獎對他個人而言，意義雖然很大，但是他眞正想要去證實的是——為猶他爵士隊贏得一座NBA的王座，然而，在喬丹的力爭之下、在皮平的抗拒之下，馬隆卻一直未能如願，這似乎是一個很難、非常難和極為難的事，於是他在與爵士隊的合約到期之後，他不惜以超低的年薪與洛杉磯湖人隊簽約，目的就是希望能與歐尼爾、布萊恩特等聯手奪下一枚NBA冠軍戒子，然而事與願違，馬隆在湖人隊的那一年盡管曾以四十一高齡創下『大三元』（Triple Double）的歷史記錄，但是卻不幸因傷而沒法打完全季，湖人隊又發生歐布內訌互鬥的事件，所以在東西區冠軍賽中被底特律活塞隊打敗，也終結了馬隆的NBA冠軍夢，當然，連續送了19年信件的郵差馬隆也不得不在二OO四年的球季終了時飲恨退出了NBA………

又見柏德

NBA傳奇人物柏德(BIRD)復出江湖，擔任印地安那溜馬隊總管，這位八十年代的偉大球員是否可以再創建新歷史？又見柏德，又想起NBA叱吒風雲的八十年代！

NBA美國職業籃壇本週起點燃新的戰火，在新的戰役開火之際，最受人矚目的焦點之一是：柏德(BIRD)復出江湖，出任印地安那溜馬隊的首席總管。

柏德，好一個既熟悉，又響亮的名字，眞的是久違了，在喬丹塡滿了NBA世界之時，是否大家還記得柏德，這位NBA八十年代的英雄人物呢？

柏德不僅是一位好球員。

柏德不僅是一位偉大的球員。

柏德更是一位NBA史上的傳奇人物(LEGEND)！

這位傳奇人物是否也是一位偉大的教練呢？柏德說：

「我嚐試，那是因爲我喜愛籃球，我不僅喜愛做爲一位球員，我也喜愛做一位教人打球的教練，對我而言，打球與教球雖然方式不同，但目標卻是一致的，那就是——贏球！柏德的發跡，的確可稱之爲傳奇，在他一輩子的籃球生命中，充滿了太多不可思議的事，雖然他只有NBA闖盪了十三年，但是他的成就卻是別人卅年也無法達到的。

一九五六年十二月出生於印地安那州法蘭西林肯市鄉巴佬地方的柏德，家境貧寒，老爸又是一名酗酒鬼，在借酒消愁之後竟自殺了斷殘身，使柏德的母親一人身兼兩職，茹苦含辛的把柏德的兄弟姊妹撫養長大。

「家境的不順利，使我立定志向，好好做人。」

柏德在進入家鄉的泉谷高中後，籃球技藝超人一等，獲得印地安那大學教練奈特(KNIGHT)的垂青，邀請入學就讀，但是土裡土氣的柏德卻在印大待了廿四天之後就因爲承受不了大學校的壓力，並且對奈特教練的作風不滿，所以就退學返家，改行做垃圾車司機以及割草的工作，但因爲事業不順，才結了十個月的婚姻，就此離棄了結。

一切皆空的柏德轉入北木學院，再轉進印地安那州立大學，在此，他開始了另一個新的生命，他努力朝籃球方面求精求進，而他的女友此時也爲他生下一個女兒，名叫柯瑞。

「我一直以爲，籃球是一項特異的運動，沒有經過特別的訓練和鍛煉，絕對產生不了天才！」

柏德的籃球聲名因爲自己的苦練而日益擴散，就在他大三那年，波士頓薩爾蒂克籃球隊的領導紅毛頭艾爾巴契以第一輪第六名選拔了他，但柏德卻選擇留在學校繼續完成學業。

一九七九年，柏德率領印地安那州立大學打入NCAA最後四強大賽，在冠軍賽一仗中，他與密西根州立大學的魔術江生面對面、頭對頭幹上了，這一仗也開始了這兩位宿敵往後十三年的漫長拼戰。

柏德雖然在冠軍賽中敗給了江生，但是他與江生的美名同時光輝NCAA史冊，而柏德更是個人獨得NCAA最高榮譽的「伍登獎」(WOODEN AWARD)和「納史密斯獎」(NAISMITH AWARD)。

在與薩爾蒂克隊簽下五年契約之後，柏德於一九七九年十月正式向波士頓花園球場報到，從此展開他光輝明亮的NBA歲月。

「NBA是一個臥虎藏龍的地方，當我第一天到球場練習時，我就覺得我可以打得不錯，我應該可以在這裡找到一個安身立命的地方才對！」

柏德不能快跑，也跳不高，以他外在客觀條件來看，他不太像是可以在NBA揚名立萬的英雄人物。

但是，多多少少NBA球評家與球探對柏德的評語與判斷全都錯了，柏德利用他過人一等的智慧以及勤奮不懈的精神，在NBA球場硬是打出蔚藍的一片天空。

幾乎與魔術江生同步，柏德才進入任NBA，就能在芸芸眾生好漢的東區稱王，而江生則在好手如雲的西區做霸，這一東一西的柏德、江生對比也更提高了球迷的興趣，使NBA在這一年大大的提昇了水平，NBA各隊因此而開始由虧轉盈，難怪NBA主席史登(STERN)會說：「柏德與江生改變了NBA的歷史，他們倆個人是NBA的新創造者！」

柏德第一年就奪下NBA最佳新秀獎，並且開始連年當選NBA明星球員第一隊，一直到他於八九年開始負傷爲止，他也三度當選NBA的MVP最有價值球員獎，這些成就，雖非空前絕後，但是柏德與人不同的地方是，他在場內場外的謙和有禮與溫文儒雅的風範，這不是大多數橫行球場的NBA老粗型球員可以做得到的！

柏德到底對波士頓有多大的貢獻呢？

自從他加盟薩爾蒂克隊後，在十三年後，使薩隊奪下十年大西洋區的王冠，並且五次打入NBA東西區冠軍賽，三次取得世界總冠軍戒子，而波士頓花園球場更創下連續五百四十一場爆滿的空前記錄，花園球場的球迷惡名即因爲對柏德球技的過度瘋狂迷戀所造成。

「沒有柏德，就沒波士頓薩爾蒂克王朝」。

這是絕大多數NBA專家一致認同的觀念。

在柏德的年代裡，波士頓從來就沒有失敗的月份，有柏德出賽時，波士頓隊的戰績是六百六十勝、兩百卅七負，贏球率是七成三六，但是在沒有柏德出賽時，波士頓隊的戰績卻只有九十一勝七十八負，贏球率僅達五成三八。

檢視以上的統計數字可以知道柏德的確爲波士頓薩爾蒂克隊樹立下汗馬功勞，稱他爲傳奇人物，一點也不爲過。

柏德與江生兩位NBA百年難得一見的超級大將雖並存於一時，但兩人卻沒有瑜亮情結，柏德曾說過：「江生是我唯一願意花錢買票去看他打球的人。」

而江生也尊稱柏德道：「柏德是我在球場上最害怕的人，沒有人比柏德更會用頭腦在球場上打球！」

柏德在十三年裡，平均每場球打下廿四點三分，八點五個籃板球、助攻七次，單場攻入最多分是八五年與亞特蘭大對抗時創下的六十分，他曾與達拉斯小牛隊對決時投入五十分，成績非常了不起。

在球場外，柏德一向重視形象，除了在一九八七年夏天因爲夥同他的哥哥馬克與姊姊琳達向他的姊夫班傑明進行電話恐嚇被提起公訴(後來被他姊夫撤訴)外，他沒有任何不良記錄，而且在八九年九月與交往了十多年的女友馬汀麗小姐完婚，現在擁有一個幸福的家，但是他卻不能與自己與前妻所生的女兒多見面，到底是什麼原因呢？柏德不願多所說明。

柏德萌生退休的念頭已很久了，早在九一年，他因重傷，有廿二場球不能上場時，他就說過：「我會打到不能動彈爲止，但是我現在的狀況令我懷疑還可以撐多久？」

在入選爲美國參加一九九二年奧林匹克運動賽的「美夢隊伍」後，柏德一度因傷考慮退出，但是爲了美國的榮譽，他硬是撐著受了傷的身軀戰鬥了八場，他的精神的確可貴，終於在最後協助美國奪回了久別的奧運金牌。

「我如願的爲國家達成了使命，現在退出球場，我眞的心滿意足了！」

柏德退出NBA沙場後，無法忘情籃球，於是他在脫下征衣後，依然擔任母隊的球探工作，只是身藏在幕後之後的柏德從此過起深居簡出的清淡日子，他說：他不喜歡太炫麗的生活，只想安然的與籃球共度餘生，當然，此番他之所以選擇以印地安那溜馬隊做爲教練的地方最大的考量是回到自己的老家，他眞的很喜歡鄉巴佬人的生活情趣，只是NBA緊張的歲月恐怕將讓他得不到安寧罷了。

NBA近年的歷史上曾有著名的球員在退休後轉任教練，但是成功的機率並不大，遠的如比爾．羅素(RUSSELL)和張伯倫(CHAMBERLAIN)，近的如魔術．江生(JOHNSON)和安吉(AINGE)等都是失敗的例子，柏德是否可以走出這些陰影呢？

「我竭盡己力，全心去做，我不畏失敗，我認爲自己可以決定勝負，怨天尤人不是正常之途！」

好一個柏德，就讓咱們來看看你如何去帶領印地安那溜馬隊闖出一片NBA的大地吧！

八十年代的NBA

長久以來，許多NBA的專家試圖把八十年代的NBA用兩個人物來做代表，這兩人就是家喻戶曉的大鳥柏德和魔術江生，喬丹由於是在八十年代中期以後才進入NBA，所以無法列爲代表人物。

八十年代的NBA在籃球史上是最閃耀、最令人震撼的十年，在這段時日裡，先後有賈霸(JABBAR)、歐文(ERVING)、柏德(BIRD)、魔術江生(JOHNSON)和喬丹(JORDAN)等天王巨星以精湛的球藝把籃球做了最佳的詮釋和注解。

在八十年代裡，最顯赫的兩支NBA隊伍就是洛杉磯湖人隊(LAKERS)和麻省波士頓薩艾蒂克隊(CELTICS)，其中湖人隊共有八次打入NBA總冠軍賽，有五次贏得王冠，尤以八七與八八兩年蟬聯兩屆冠軍更爲絕響，那是自一九六八年薩艾蒂克隊蟬聯兩屆冠軍以來，唯一創此佳績的記錄。湖人隊在十個球季裡，有六年至少贏五十七場以上(每季是八十二場比賽)，有四年的贏球數超過六十場。

薩艾蒂克隊是NBA史上贏得冠軍次數最多的球隊，八十年代該隊僅略遜於湖人隊，其中以八五至八六年該隊達到登峰造極的地步，創造出六十五勝十七負的NBA空前記錄，是自一九七一年以來廿年之中最好的NBA記錄，薩艾蒂克隊當年只在波士頓花園球場輸過一場，全季從沒有連輸過兩場以上。

除了湖人、薩艾蒂克兩隊以外，在八十年代中曾經雄佔中原霸主之位的兩隊是費城七十六人隊與底特律活塞隊(PISTONS)。

七十六人隊之所以能在一九八三年連勝紐約、密爾瓦基和湖人隊而奪得NBA王冠，主要是靠J博士歐文和魔斯斯·馬龍(MOSES MALONE)兩人的合力，當時還沒有察理斯·巴克力(BARKLEY)這條好漢入盟。七十六人隊在那次獲冠之後即節節敗退，一年不如一年，尤其是在馬龍和歐文紛紛離去之後，巴克力威力並未能把七十六人隊的戰績提升至一定的水平之上。

底特律活塞是八十年代最後一支贏得NBA王座的隊伍，在八十年代之初，活塞隊的戰績是十六勝六十六負(贏球率只有一成九五)，落後該區冠軍亞特蘭大鷹隊卅四場之鉅，但是由於後補球員豐沛，兩位後衛湯瑪斯(THOMAS)和杜馬斯(DUMARS)的合作無間，使活塞隊能勇往直前，切斷了湖人隊第三個NBA蟬聯王座之路。

長久以來，許多NBA的專家試圖把八十年代的NBA用兩個人來做代表，這兩人就是家喻戶曉的大鳥柏德和魔術江生，喬丹由於是在八十年代中期以後才進入NBA，所以無法列爲代表人物。

柏德與江生這兩個人好像生下來就注定要互相對抗到底。柏德是出生於印地安那州的鄉巴佬，而江生則是密西根州黑人土產，這一白一黑鮮明的對照，自大學時代起即開始在場上較勁，其中最讓美國人留下深刻印象的就是一九七九年的NCAA全美大學籃球最後冠軍爭奪賽，結果是：才唸大二的江生所率領的密西根州立大學擊潰了當時已唸大四的柏德所統領的印地安那州立大學，那一場比賽的電視轉播收視率創下美國電視球賽的新高，迄今未能打破。

那年之後，江生與柏德不約而同的進入NBA，兩人也把競爭從NCAA延伸到NBA火戰場。

柏德是在唸大三時就被波士頓薩艾蒂克隊的首腦紅毛頭艾爾巴克慧眼識中而預先選中，當七九年柏德初入薩隊時，該隊的成績是廿九勝五十三負，居聯盟倒數第一名，可是柏德剛入盟，立即使薩隊的戰績扶搖直上，第一年就打出六十一勝廿一負的卓越記錄，也爲他樹立下萬丈光芒的偉名。

而江生也像柏德一樣，在初入湖人隊時，該隊亦平凡無奇，只因江生有魔術般的球技，他縱橫沙場，前鋒、中鋒與後衛五個不同位置都可以打，因而使湖人隊能在八十年代三番幾次奪冠！

除了柏德與江生之外，老賈的成就亦是非凡，當他正式退休告別球場之際，艾野曾寫了一篇「賈氏王朝」，對於這位籃球上的曠世奇才有詳盡的報導。

老賈的NBA橫跨七十與八十兩個年代，自古以來，從未有一位籃球員能像他這樣歷久而彌新的，雖然老賈在八十年代的成就不如七十年代豐碩，但是絕少有人能夠像他一樣可以帶動一支隊伍年年在NBA主戰場雄據一方的。如果湖人隊在八十年代的成功要細細比較分析的話，江生與賈霸兩人的功勞可以說要佔九成以上！

在歲月的逼迫之下，賈霸雖然退出了球場，但是他卻在NBA留下最多光彩的記錄——包括十八度當選明星隊員、六次MVP最有價值球員獎以及NBA史上個人得分最多的記錄(三萬八千三百八十七分)。

夢幻NBA

喬丹在八十年代的入盟NBA是一樁極爲令球迷振奮的事情，由於他的球藝，使芝城公牛隊由一支破碎不堪的隊伍變得雄壯無比，年年銳不可當，保持了東區的第一名領先地位，喬丹的威力已不是以往大家熟知的空中灌籃得分，每場可以攻下卅多分，而是助攻、抄截、籃板……等等，我們可以說，喬丹已是一位既可攻，又可守的萬能球員，這種球場上的奇才實不可多得也！

喬丹之外，八十年代尚有兩位超級球員將來必可選入「籃球名人堂」(HALL OF FAME)的就是休市火箭隊的阿金．歐拉諸旺和紐約尼克隊的岳威(EWING)。

阿金是當今NBA的第一中鋒是錯不了的，不過在球季未開賽之初，艾野曾提醒大家注意，今年極可能是岳威取代阿金而成爲第一中鋒的關鍵性一年，在經過兩個多月的賽事後，岳威果眞威力猛不可當，他目前平均每場得分是廿九分，高居NBA第二名，僅輸給喬丹三分左右，由如果他能經過歲月的磨練，九十年代將是他的天下。

以下，我們就分別從各單項來看看八十年NBA的各方英雄豪傑：

一、得分王——八十年代共出現了六位「得分大王」包括喬丹(三次封王)、葛文(GERVIN)和但特力(DANTLEY)各奪得兩次、殷葛力西(ENGLISH)、巴納德．金恩(KING)和魏肯斯(WILKINS)各一次。

在喬丹奪得NBA得分王之前五年，年年的得分王都不同，NBA競爭之火烈由此可知，早在七十年代里，超級巨星張伯倫(CHAMBERLAIN)曾七度贏得「得分大王」的美譽，這個記錄，就等著喬丹到九十年代去打破了。

喬丹在八十年代曾兩度創下一場比賽攻下六十一分的最高記錄，在一場與柏德對決的季後決賽中，喬丹是在傷後復出比賽的劣勢下，但他竟然神乎其技的攻進六十三分之多！

二、籃板大王——過去十年幾乎是魔斯斯．馬龍的天下，他曾在八十年代初期五度贏得「籃板大王」的頭銜(其中有兩年是在休市火箭隊，有三年是在費城七十六人隊。)

但是自八五年之後，MBA的籃板王成爲各路英雄並分的局面，先後由藍比爾(LAIMBEER)，外號「壞小子」在場上潑辣無比、巴克力．凱格國(CAGE)和歐拉諸旺奪得。

最有「籃板大王」潛力和實力的達城小牛隊的唐埔里(TARPLEY)因爲酒醉駕車違規，被不限期禁賽，如果他能及時復出，今後十年內，這小子至少可以奪得五次以上的「籃板大王」頭銜！

三、助攻王——人們第一個想到的就是魔術江生。

在八十年代裡，江生四次稱王，但是自從猶他爵士隊的史塔克頓(STOCKTON)於八七年崛起後，江生不再能夠與之相抗衡，不過，江生的助攻給人留下較深刻的印象，而且實效也比史塔克頓來得恰到好處一些！

四、火鍋王——八十年代幾乎是尹頓(EATON)和寶二(BOL)平分天下的局面，未來幾年似乎還找不到與他倆抗爭的有力對手。

五、抄截王——STEAL是偷竊、行竊之意，用在球場上就是截掠對方的球，這方面的行家以羅拔生(ROBERTSON)最在行，在八十年代他個人曾在三場比賽中各截掠了十次以上的最高記錄，其中有一場他竟然寫下「四位兩元」的記錄(得分、籃板、助攻與截掠均超過兩位數)！也是八十年代的NBA籃壇值得大書特書的一項記錄！

阿彌陀佛，NBA！

在球場暴力事件日漸嚴重下，NBA當局已不再姑息養奸，決心採取「寓禁於罰」的嚴肅手段，明星球員艾泰斯特與史培威爾的被禁賽與停薪，具有相當指標的意義，NBA已從理想與現實的矛盾中找到新的方向，從此他們就可以自力救濟與自求多福，而我們也不需要再為他們唸阿彌陀佛了……。

有超過半世紀歷史的美國NBA職業籃壇近年以來爆發了兩樁駭世驚聞的暴力事件——一件是由艾泰斯特（ARTEST）所導引印地安那溜馬隊隊友公然在底特律活塞隊球場向球迷施暴，並造成兩隊球員打群架互毆的事件，另一件則是明星球員史培威爾(SPEWELL)因為對自己的教練不滿，竟在練球場上兩次以拳頭攻擊教練卡力斯蒙(CARLESIMO)，並公開要脅教練，準備殺害他，史培威爾的言行舉止讓人驚訝不置，也是美國體壇上最嚴重的暴力事件之一。

我們先來審視一下艾泰斯特暴力事件的始末。

那原本是一場溜馬隊與活塞隊勢均力敵的正規季節比賽，就在離終場前45秒時，活塞隊的籃板大王賓・華勒斯（BEN WALLACE）在溜馬隊的禁區內飛奔上籃，但是就在這一刻，溜馬隊的防守大王艾泰斯特不知是有心，還是無意，嚴重的犯了規，讓華勒斯十分光火，轉過頭來就用力推了艾泰斯特兩下，並露出想要殺人的惡相，此時溜馬隊員見狀後火速上場救援艾泰斯特，但是活塞隊瘋狂的球迷此時卻以飲料杯猛烈擲向躺在計分台上的艾泰斯特，所以艾泰斯特在盛怒之下，立即衝進了觀眾席尋仇，他的隊友賈克生（JACKSON）也跟進，一時場面秩序大亂，兩隊隊員也分別在場內場外混亂中互毆，後來餘氣未消的艾泰斯特更是火爆的打倒一名到場上向他挑釁的觀眾，由於場面不可收拾，所以最後裁判決定中止當天的比賽，NBA當局也在第二天立刻公佈了懲處名單，根據電視錄影帶的查證核對，所有離開球員席位的兩支隊伍共有九位球員全部遭受嚴罰，其中艾泰斯特被罰停賽73場，停薪四百九十九萬，創下NBA最嚴重的懲處記錄，其他八人被罰得也不輕，賈克生與小歐尼爾兩人加起來共停賽55場，薪水的損失達五百八十多萬元，創下NBA空前的最高罰款記錄，NBA主席史登說：『他們已逾越了我們規範的那條紅線，我們不容許任何人那樣做，現在不准，以後也不准！』

史培威爾的暴力事件則是NBA半世紀歷史以來，第一個以強暴手段直接攻擊教練的惡倒，他的行徑震驚了整個NBA球壇，也令整個社會的衛道者極度不安，到底這個遍地黃金白銀的NBA將會變成了什麼樣的世界呢？以下咱們就來看一下這件驚天動地的暴力事件的來龍去脈，然後再來看看各界對此事的反應。

這次暴力的事件的導火線是九七年十一月九日晚上，當天由黃金卅戰士隊對抗洛杉磯湖人隊，戰士隊由於戰力不足以威脅湖人隊，所以節節落後，輸得讓在場邊休息的史培威爾發笑不止，由於他的失控，教練卡力斯蒙(CARLESIMO)欲加以制止，命令他閉口，但是史培威爾卻相應不理，並以褻瀆不恭的口吻向教練說，這是一個『笑話』(JOKE)，一向治軍極嚴，不苟言笑的卡力斯蒙難以苟同史培威爾的惡言劣行，於是「冰凍」史培威爾，不再讓他上場打最後廿分鐘的球賽，這場比賽，由於發生了這段不愉快的插曲，所以戰士隊以卅五分的差距慘遭湖人隊痛宰。

十一月十一日黃金卅戰士隊在例行的練球時，教練卡力斯蒙嘗試著找史培威爾溝通談話，但是史培威爾耍大牌，自認爲是戰士隊的「鎭隊之寶」，卑視卡力斯蒙，一副「沒有我，你就不行」的神氣模樣，卡力斯蒙感到史培威爾的傲慢不恭後，馬上叫他離開球場，謝絕他參加練球，史培威爾聽到禁令後，二話不說，掉頭就走人。

十一月十二日，戰士隊對抗底特律活塞隊時，具有統軍帶兵權的卡力斯蒙以後補球員蕭布來恩(BRIAN SHAW)取代史培威爾先發主將的地位，而讓全隊得分王、籃板王與助攻王集一身的史培威爾枯坐冷板凳，使史培威爾深感受辱，開始萌生求去的念頭。

感恩節那天夜晚，黃金卅戰士隊啓程前往猶他州，準備次日與卡爾．馬隆的爵士隊拼戰一場，但是史培威爾不僅沒有與隊伍搭同一班機，而且到了午夜還未準時到旅館報到，所以球隊以隊規處罰了史培威爾，他則沒有任何抗爭的舉動。

十二月一日是暴力事件正式爆發的一天，這天戰士隊沒有球賽，只進行例行性的練球，由於史培威爾覺得卡力斯蒙對他有成見，當練球到一半時，跑到卡力斯蒙那裡大聲責他怪的不是，並且抓著他的脖子痛打一頓，把現場的人都驚嚇住了，在球員們與助教們拉開史培威爾後，卡力斯蒙命令史培威爾離開球場不准再練球，史培威爾於是氣衝衝的到更衣室去了。

大約廿分鐘過後，當大家正在繼續練球之際，火氣未消的史培威爾竟然又走向卡力斯蒙，他指著卡力斯蒙，大聲咆哮道：「除非你把我換到其他球隊，否則我要殺掉你！」說著說著，馬上再出重拳揮打卡力斯蒙，讓卡力斯蒙身受其害，當場目擊者在驚訝不置後再一次拉開史培威爾，才使這次的暴力事件告一個段落。

當天晚上，黃金卅戰士隊舉行臨時記者會，總經理聖堅恩(ST JEAN)宣佈，戰士隊決定禁賽史培威爾十場，並且不支薪十場，史培威爾因而損失了九十三萬五千多元，卡力斯蒙也在記者會上陳述暴力事件的始末，他心痛的說：「發生這種事，不僅是我個人的不幸，也是NBA的悲劇，我無法表達自己對此事的哀戚之情！」

事實上，戰士隊原本只想以十場比賽來懲罰史培威爾，只要他痛改前非，表達後悔之誠意就夠了，但是史培威爾卻不願承認對不起教練，他透過舊金山KPIX電視臺說：「我發生這次不幸的事件，首先我得向我的球迷、我的家人和所有看到此事發生的我的朋友致歉，這絕對不是我當初想如此做的，但卻發生了！」

由於史培威爾始終未向卡力斯蒙教練道歉，所以戰士隊決心「快刀斬亂痲」，逕行中止與史培威爾未來四年三千兩百萬元的合約，讓他永遠不能在戰士隊翻身，戰士隊所援用的依據是球員合約中的第十六條條款——『在任何時候，任何球員失去、拒絕和否決他個人的行爲以成爲良好公民、良好道德規範和良好體育人時，球隊可以使合約失效。』

就在戰士隊決定中止與史培威爾的三千兩百萬高薪合約没一天，NBA正式下達了最嚴厲的禁令——禁止史培威爾出賽一年，任何球隊不可讓史培威爾使用場所與設施，這也是NBA史上第一次對非使用藥物的球員在違禁後所採取的最嚴苛的處罰，NBA主席史登(STERN)沈痛的說：「史培威爾侮打教練卡力斯蒙兩次，第一次，他使人震撼不已，之後，在離開練習後，史培威爾先生再度向教練挑釁，這一次顯然是蓄意的，體育界是無法承擔這種舉止的！」

據瞭解，NBA當局的本意是，只要史培威爾公開向卡力斯蒙說一聲抱歉，保證不再犯，就不願再重罰他，但是史培威爾卻毫不悔改，所以只好嚴處他，也有人主張監禁他一輩子，不過最後還是以一年爲限，以免事端弄大，大家都受到傷害。

但是沒想到，史培威爾並未善罷甘休，他竟然高薪聘請了曾爲OJ·辛普生打贏謀殺官司的名律師柯罕恩(COCHRAN)準備控告黃金卅戰士隊與NBA的不當懲罰，並且選在奧克蘭市會議中心戰士隊練球的地方舉行了一個記者招待會。

這個記者招待會很有耀武揚威的意思，出席的除了史培威爾外，還有他的律師柯罕恩、經紀人提姆(TELLEM)、NBA球員工會執行主任亨特(HUNTER)以及六位史培威爾的隊友，其中包括他以前在阿拉巴馬大學的隊友何瑞(HORRY，他就是曾用毛巾擲向教練安吉，之後被鳳城大陽隊外送到洛杉磯湖人隊的那個『冷血殺手』)。

在記者會上，擠滿了全美各地的體育記者，史培威爾首先表示，他將要訴說他自己一面的故事。

史培威爾痛訴NBA未經過與他溝通就擅自處罰他，他說：「我覺得十年的辛勤工作不應該因爲一次錯誤而使一切付諸東流，我總是被歪曲了，每次媒體刊出我的照片時，都是窮兇惡極之貌，我從未見到一張有笑容的照片，那是很不公平的！」史培威爾也一再強調：「我是一個好人，我長到這麼大，從未有過像如此的狀況發生，我感到很遺憾。」

一直在爲自己辯護的史培威爾完全一廂情願的在訴說自己的故事，當有記者向他發問時，他絕口不答，只說道：「我希望我能開放自己給大家，並且爲大家回答問題，但是對我而言，到法院控訴將更會有意義，我不想破壞了事件！」

NBA球員工會執行主任亨特在記者會上表示，NBA對史培威爾的處罰過於嚴苛，因爲NBA的球隊要到次年十二月才能與史培威爾再簽新約，所以這次禁賽就如同兩年一般，那實在太重了！

柯罕恩律師則企圖用「種族歧視」來「誤導」NBA，這也是他當年爲辛普生打官司時所使用過的手段，同時柯罕恩也強調，NBA未先尊重史培威爾的意見就逕行懲處，「這並不是美國之道！」

柯律師已安排好舉行一個聽證會，由佛德罕大學法學院院長約翰·費瑞克(FEERICK)來仲裁是分曲直，以斷定孰是孰非。

NBA方面在得知史培威爾記者會狀況後頗不以爲然，NBA發出一個宣告，「我們在決定做成之前，曾與廿三位人士談過此次事件，其中也包括了史培威爾在內，NBA的公權力不容挑戰，我們不論種族，沒有歧視，只求公正與公道！」

這個事件在介入律師與經紀人後，已折損NBA的形象，尤其是，在司法「還」史培威爾「公道」，只判處史培威爾停賽68場，導致球員在場內場外的行爲不再有強大的約束力，長久下去，NBA將會遭到不測之橫禍，教練人人自危，人人視球員爲至尊至上，教練不再是「師者」與「長者」，NBA的秩序恐將難以維持了。

在NBA擁有莫大權威的波士頓塞爾特人隊總裁艾爾巴契(AUERBACH)憂心忡忡的說：「發生了這種事，任何地方都不容許，他是在破壞比賽的構架，他是應該接受嚴罰的，讓我驚嚇不已的是，這傢伙在冷靜過後竟然還會有如此粗暴的行爲，沒有任何地方可以容忍此事，他跨出了線區，將來可能會有人跟進！」

當年受難的卡力斯蒙那時才剛與戰士隊簽下五年一千三百萬的教練合約，而且戰士東主同意由他指定總經理，由此可見他的權位有多大，不過由於過於嚴苛治軍，使一些散漫的球員大爲不滿，卡力斯蒙在經過那次不幸事件後心灰意冷，最後在季賽之後自動辭職，他說：「當你不能滿意環境時，除了離去，無從選擇！」

由於美國人高度重視體育，使四大職業球壇成爲大衆注目的焦點，明星球員，名利雙收，成爲社會的偶像崇拜，但是由於這些球員們侍寵而驕，在「暴利」之後，「暴力」隨之而來，給社會帶來了負面的、消極的和黑暗的形象。

明星球員的搞怪作惡行徑令人不解，籃球健將羅德曼染髮紋身，侮罵裁判，腳踢攝影師，照領高薪。棒球巨星艾羅瑪以口水吐向裁判，作賤之後，依然是棒球場上的大英雄。足球怪傑菲力普脅迫女友、吸毒違規，被球隊開革後，馬上又有另一支球隊以高薪買進他……。

這眞是一個畸型的體育世界與功利社會，道德規範與法律條規經常錯亂了人們的價値取向，球員似乎只要有球技和球藝在身，球品與球德變成了不重要的東西，當然「尊師重道」也就不再必要，球員自尊自大，教練只有阿彌陀佛、自求多福了。

從艾泰斯特毆打球迷以及史培威爾攻擊教練的暴力事件中我們可以淸楚的認知以下三個事實與觀念——

第一：NBA當局已不再姑息暴力事件，決心採取「寓禁於罰」的嚴肅手段。以往巴克力對球場邊的球迷吐痰以及在酒吧把球迷扔出玻璃窗外並要脅人去死等等不法言行發生後，NBA當局從未採取任何制裁和懲罰的行動，以致於使這些目中無人的大牌明星球員我行我素，樹立下壞的榜樣，如今NBA主事者已明察其嚴重性，所以此次不惜殺雞警猴，判處艾泰斯特與史培威爾等人球監，而且他他所屬的球隊更是以壯士斷腕的魄力停發巨額薪水以表示對不法暴力懲處之決心！

第二：NBA球員依然沉迷在以自我主義爲中心的痴狂世界裡。有些球員在鑄下大錯後，不僅不表示懺悔之意，反而轉移焦點，把自己塑造成無辜的悲劇英雄，並且還聘請著名的律師來抗辯，並以「種族歧視」的爛調來遮掩自己的不法行徑，更可笑的是，NBA球員工會竟然還全力支持自己違法的成員，準備舉行聽證和仲裁以「討回公道」，而那些平時即已惡言劣行昭彰的球員竟鼓動球員以罷工來要脅NBA取消對違規者的禁令，由此可見，NBA球員對於「法」的認知程度太低落了。

第三：NBA教練已在理想與現實的矛盾中找到新的方向。以往NBA一直是以球員爲中心，教練只是附屬品，所以一般都稱謂那是「球員的教練」，一旦球員與教練有衝突矛盾，球隊東主八成是放棄教練而保住球員，像「鐵血教練」那爾生當年在尼克隊時因爲與天王球員岳威意見相左，於是被球隊東主逐出紐約，由此可見，教練的自保自救之道即是附合討好球員，因此，久而久之，球員自尊自大，教練自形慚穢，終使球員養尊處優，越線犯規，如今卡力斯蒙在球隊支持下敢向明星球員開刀嚴處，並不惜以辭職表白不向暴力屈服的勇氣，眞的是值得喝采和鼓舞的！如果每一位NBA的教練都能夠勇於面對事實，能夠讓球員們敬畏而使球場暴力減少到最低最小的程度！

英雄與哀愁

八十年代，休士頓火箭籃球隊的英雄沈僕生因與老教頭失和，被球隊無情的換走他鄉，從此，英雄流落異鄉成異客，沈樸生爲此，極度悲傷，當他揭露內心的告白時，令人鼻酸不已，英雄呵！你的名字叫哀愁！！

「自古英雄多寂寞，唯有飲者留其名」。

這是中國長久以來留傳下來的一句名言，這句頗令人玩味的名言用在八十年代被休士頓火箭籃球隊交易(TRADE)換到金山州勇士隊的籃球英雄沈僕生(SAMPSON)身上是十分貼切的。

尊稱沈樸生是一位籃球英雄，大概除了火箭隊的教練費希(FITCH)不認同外，其他的人，只要略知NBA一二的人應該都會同意，沈樸生與歐拉諸旺(OLJUWON)多年來被美譽爲「雙塔(TWIN TOWERS)」，其威力震憾八十年代NBA球壇，但是由於沈樸生與教練費希不對頭，兩人積怨日深，火箭隊東家竟以種種理由，把我們的沈樸生英雄「摧(TRADE)」走了，艾野這回將從這位英雄的角度來觀看分析這樁NBA史上極重大的交易事件所帶給籃球英雄的悲哀與憂愁是何許物也。

首先艾野要告訴您的事實是——在NBA裡頭，大牌的籃球英雄與球隊教練不合的事比比皆是，通常只要存在有這種失和的情形，其結果總是千篇一律！——不是教練走路，就是英雄出家，而其關鍵完全視乎英雄與教練的本身能力，強者生存、弱者上路，如此而已。

譬如達拉斯野牛隊的當家英雄艾國懷(AGUIRRE)長年與老教頭馬濤(MOTT)失歡，盡管球隊大老闆卡特(CARTER)既愛瑜又惜亮；但最後還是得終歸到一個難關——切掉一個人——所以馬濤教練在敵不過艾國懷之下，辭職走了。再如紐約尼克隊的天王英雄岳威(EWING)逼退教練勃郎(BROWN)也是個明例。

那麼這次既然是沈僕生被逼上路，那顯然是表示出我們的這位英雄是屈敗在教練費某人手下了，對於這次被火箭隊老東家的掃地出門，沈僕生真是悲痛異常，他在事後曾哀傷的在休士頓紀事報(HOUSTON CHRONICLE)上指責費希教練「以不入流(CLASS)的方式把我趕走。」

沈樸生回憶那天的情景時表示，當火箭隊在芝加哥賽完球搭機返回休士頓機場，他照例是第一位走出機門，當時即看到費希的女朋友(艾野按，費老已屆天命之年，卻風流不減，若是沈樸生不抖出來，誰敢相信呀？哈哈，又是一個蓋瑞．哈特！)站在那邊等接機，並告訴沈樸生等一下，費希可能要對全隊說話，但後來助理教練段昇(DANSON)說，費教練只要單獨對沈一個人說話。

沈樸生說，費希教練一看到他，劈頭就說：

「我不知道交易(DEAL)的內容，沒有人向我接頭，我不知道將會發生什么事？但是我得先警告你，不應該向那些體育專欄作家亂開腔，否則你只會自找苦吃！」

沈樸生丈二金剛摸不著頭的反問費希：

「你老兄到底在說些什麼？什麼DEAL？到底發生了什麼事？」沈某人最初還是以爲有關他老婆即將生產的問題呢，正當他顛三倒四的想著時，誰知道費希卻一臉正經的說道：

「好，讓我告訴你，你和何瑞世(HARRIS)已被交易換到金山州勇士隊，該隊的康若柔(CARROLL)和馮樂德(FLOYD)將前來我們火箭隊！」

沈樸生對於這突如其來的「噩訊」極爲震驚，但是卻堅勇的說了一聲OK，立即調頭轉身就走了，他沒有取行李，獨自到停車場駕車返家，立即打電話給他的代理人裴瑞(PERRY)查問此事，但裴某也被蒙在鼓裡，在經過他在NBA道上的朋友碾轉查證後，裴瑞沉痛的告訴沈樸生，他眞的被換走了，那是事實，一點也不假！

沈樸生於是把這個事實告訴他的太太、媽媽、姊姊和最要好的朋友——火箭隊前鋒馬奎(MCCREY)，沒有一個人不感到震驚的！

沈樸生的媽媽一直在電話裡追問他，爲什麼被換走，並再三表示決不相信這是事實，而沈樸生的妹妹在外參加一個俱樂部的聚會得知此消息後，立即跑回家裡抱頭痛哭，沈樸生說：「每一個人都有挫折感，只有我最堅強，我知道NBA講的是生易買賣，沒有什麼仁義道德，任何時候都有可能發生任何事情，被換走是沒什麼大不了的事，但我並不想到金山州打球。」

第二天，當沈樸生返回桑密特球場(SUMMIT)收雜物與行李時，聽聞費希在批評他，於是他變得十分光火，遂下定決心前往金山州勇士隊好好打球以奪取冠軍爲志向。

沈樸生悲痛的說：「一直到現在，火箭隊的主管，從大老闆唐瑪士(THOMAS)，總經理潘德生(PATTSON)到教練費某人，沒有一個家伙打電話正式我被交換走的事，就連我的代理人也沒有被通告，這太令人寒心了！」

沈樸生隨即表示：「從另外一方面來看——我總算是解脫了，我再也不需要看費希的臭臉，對於唐老闆，我不知道該說些什麼，他以前不止一次跟我說，我是火箭隊的中流砥柱，只要我不想走，我永遠可以留在休士頓，但是現在他卻做了我不想做的事，所以我無法再尊敬他！」

上面沈某人的獨白自述確是令人感傷，讀者諸君，您心有戚戚焉嗎？可能您很想知道，到底老沈和費老結下什麼樑子？他們之間有何深仇大怨呢？好，請看——

(1)沈樸生「杖義執言」，打擊費希教練權威——沈某人一進入火箭隊即表現神勇。頗得費教頭的歡心賞識，立即提昇爲隊長，但是季末火箭隊眼看打不進決賽圈，所以費希嚴格執行每日苦練三小時球的政策，引起隊友們(尤其是那些上了年紀的老球棍)的強烈不滿，沈某身爲隊長，豈能坐視不顧哉！所以上書秉告費大人開恩寬典，遂引起倆人之間的不快。

加油添醋摻辣椒，使費沈倆人產生矛盾與誤解，費希竟還爲此事在沈的面前痛哭流泣，指責沈某的目無尊長，沒大沒小。

(3)上球季火箭隊傳出沈樸生聯合魏更世(WIGGINS)，準備串謀打輸球以讓火箭的戰績低落，迫使費希教練走路，後雖無證據可教考，而且魏小子又因吸毒被NBA判出局，此事不了了之，但費某對沈某已愈加防範不信賴了。

(4)本球季之初，火箭隊有內鬥，阿金・歐拉諸旺聽人說隊友李德(REID)在散布說他吸毒，一氣之下，狠狠的幹了李德幾拳，李德出手反擊，，老沈見狀，立即跳到中間勸架，並召集全隊在休息室開會，不讓別人插管此事，但費希卻以教練之尊，硬是要管，沈費再次起衝突也！

以上是促成沈樸生與費希關系惡化的四大因素，當然還有許多原因，譬如沈某說費某只是他的教練，不配做他的朋友，及費某在記者面前公然指責沈某球技不長進，身高而沒充分利用等等。太多太多的「因」，最每釀成了沈樸生被換走的「果」！這一切，誰又能怨誰呢？

沈樸生既然離去，他心理想那也沒什麼了不得的事，只是對於火箭隊的冷酷與無情深感寒心而已。他說，火箭隊的主管口口聲聲說要把球隊看成一個家庭，但是事實全不盡如此，譬如馬奎的女兒死了，火箭隊主管視若未見，竟沒派任何代表去醫院拜祭，他在自己家後院特別爲好友的女兒舉行追思禮拜，竟也沒有任何火箭主管代表參加，沈樸生哀戚的說：「那裡像一個家庭呀！」

臨行之際，沈樸生特別懷念馬奎，他說：

「馬奎和我一起進入NBA(艾野按：馬奎是在一九八三年以第三名的優異成績被火箭隊選中，當時沈樸生是第一名狀元)，我們和睦的相處，親如兄弟，我走後，只希望他過得好，我很懷念他。」

至於他對他的長期老搭檔歐拉諸旺的看法又如何呢?沈樸生表示：

「阿金只是我職業上的同事，我倆在球場上互相尊敬，在場外我們沒有任何來往。」

沈樸生還特別提出他對於「雙塔」的看法，他說：

「我從來就不喜歡別人稱呼我們是」雙塔「(TWIN TOWERS)。因爲我倆不是雙胞胎(TWIN)，而是個別的實體，阿金是阿金，沈樸生是沈樸生，我倆是完全不同的，我們之所以能夠一起打入NBA的冠軍賽，那只表示我倆可以堅強的合作一致！」

馬奎對於沈樸生的離去，極感悲傷。他說：當他得知沈兄離去的惡訊時，心裡閃起的第一個念頭不是籃球，而是了解到沈樸生將不再留在火箭隊裡了，那一切還有什麼好說呀。

歐拉諸旺則表示：沈的被換走，確是一件令人難過的事，但那樣做卻是對球隊有幫助。阿金的說法對嗎？目前很難下一個定論，誠如沈樸一自己所說的：

「兩年前，當我在最後一秒鐘投進致勝的一球打敗湖人隊而使火箭進入冠軍賽時，我心裡想，我這一生就準備投入休士頓，打完NBA球涯了，我確信在八十年代末期與九十年代初期將是火箭隊大放異彩的時刻，但是現在一切都改變了。我走後，也許只有時間能證明一些東西，我喜愛休士頓，但我再也不能爲休士頓打球了，我不想再說些什麼，我只希望他們更好……。」

這就是沈樸生的臨離之言。

英雄啊，你的名字除了是「勝利」外，難道就是「哀愁」了？

最愛與割愛！

在美國的職業球壇上，除了講求勝利、重視贏球外，其他一切都是六親不認、三姑不理的，球隊東家主子對教練和球員不是「最愛」就是「割愛」，在功利至上的球壇，實力與號召力是最重要的，沒有了這兩項，什麼都將落空！

很久以前，有一部叫「最愛」的國語文藝片是講述一段錯綜複雜的戀愛故事，情節頗爲感人，其中讓艾野記憶最深刻的就是女主角張艾嘉在該部電影裡所唱主題曲中的兩句：

「以前忘了告訴你，最愛的是你，現在想起來，最愛的是你！」

「最愛」，那是男人與女人多麼莊嚴和動人的一句宣言和表白，在情場中，有的人慣用這句詞匯，而有的人卻難以啓口這兩個字，因此最後的結果不是「最愛」就是「割愛」了。

撇開「情場」不談，現在來好好爲您談談美國職業球場上的「最愛」與「割愛」。

不久前轟動美南地區的一件體壇大事就是休士頓火箭籃球隊的教練費希(FITCH)被球隊老闆「割愛」革職了。費希之去職，各方的反應不一，擊掌歡欣者有之，捶心悲戚者亦有之，艾野認爲，費希的被徹職的確是一件令人感傷而又無奈的事！

艾野經常在不同的文章之中傳達給您的兩個最重要的理念資訊是：

(一)職業球隊中，一山長久難容兩虎。

(二)球場上下，球員若與教練不合，不是球員走路，就是教練捲鋪蓋，其關鍵完全在於誰最被球隊和球迷喜愛(最愛)也！

在以上兩個理念架構下，火箭隊的「雙塔(TWIN TOWER)」之一的沈樸生(SAMPSON)在鬱鬱不得志失歡之下揮淚離開了休士頓，轉移到加州奧克蘭投效金山州勇士隊。

豈知，就在老沈走了半年之後，他當初的「罪魁仇家」費某人竟也被迫走上不歸路！費希此番被炒魷魚的原因故然是在於火箭隊這兩年來的戰績不佳，尤其是在今年的季後決賽第一回合就被四十五號公路上的小仇敵——達拉斯野牛隊擺平了，但是眞正被革職的嚴重原因是火箭隊的天王巨星阿金．歐拉諸旺(OLAJUWON)對他無情的撻伐，因此球隊不得不痛心的把費希給「割愛」掉了！

從這一連串的事件看來，以簡駁繁，我們得到的因果是——

沈樸生因費希而走，費希則因歐拉諸旺而去。

從這三個人的境遇和待遇來比較，您當然就了解到阿金兄歐拉諸旺乃是火箭隊的「最愛」，費某與沈某自然就是被「割愛」了！

在現實的美國職業球壇上，除了講求勝利重視贏球外，其他一切都是六親不認、三姑不理的，不論是球員、教練和經理，只要能亮得出實力、拿得出成績，球隊的老闆什麼都可以乖乖的跟你坐下來細談，反之若是交不出什麼好戰果棒成績，你甭想向老闆要求這、要求那的，極少數性情中人一點的老闆可能會給你冷凍起來或是燒賣脆掉(TRADE)，絕大多數絕情無義的老闆，保證會隨時把你給切割(CUT)掉！

就以當年爲例，在NBA的廿三支球隊裡，目前爲止，已有十位教練被開除，其中包括我們的費老和聖安東尼馬刺隊的魏斯在內，巧的是他們兩位被解職的時間相差不到廿四小時，眞是兩位「哥倆不好」的難兄難弟也！

另外一位在該球季裡被迫解甲歸鄉的名教練就是沙加緬度「國王隊」的羅素(RUSSELL)，這位在球員時代即已名震寰宇的大人物在去年被沙加緬度超高薪水禮聘時，曾豪氣干雲的向球隊放出壯語：

「你們若是想找一位能打進季後決賽的教練，那我不是這樣的人。你們若是想找一位能打到NBA總冠軍的教練，那我羅素就是這傢伙(GUY)！」

羅素這傢伙的壯志豪語猶言在耳，但是那廝沙加緬度的小兵小卒卻一點不爭氣，在連輸連敗之下，「國王」一氣就把羅素給請走上路了，羅老還有什麼好說的？因爲敗將沒有說話的餘地、弱者沒有悲觀的權利，古今中外皆然也！

在四大職業球壇中以NHL曲棍球聯盟的教練最容易被「割愛」，光是從一九八0年至今爲止，一共已有一百名教練被切割分屍。而NHL只有廿一支球隊，所以平均下來，有一半的隊伍教練位子不保。

其次是職棒大聯盟，廿六支隊伍中，這八九年來已有九十五位經理被開革，其中最熱門的一年是一九八0年，一共有十五位經理被老闆取銷掌兵權，相形之下，NFL足球聯盟就比較穩固多了，像達城牛仔隊的老朽藍安醉(LANDRY)一幹就是十幾年，由於他代表了權威、公正與贏球，所以雖然已兩鬢斑白、齒危珠黃，沒有人能把他的總教練座子搬走，不過由於近幾年來牛仔的威風已大不如前，藍安醉的前途頗堪憂慮，能夠再撐個一兩年，該算是牛仔老闆給他「最愛」的施捨了！

足球壇的總教練之所以被「割愛」較少的主要原因是足球賽激烈異常，戰術與戰法詭異多端，若非有豐富的統軍經驗，極難端上抬盤，而且一個球季才短短十幾場比賽，如果率然在季賽中把總教頭革除掉，對整個球隊的戰力影響甚大，所以在四大職業聯盟里，NFL的教練是被老闆們「最愛」的！

提到球員，顯然要比教練和經理們安全多了，任何一位球員，在球季進行中若沒有染上毒癮，或大爲失常，則被「割愛」的機會並不像教練那麼大，這一方面是因爲這些能入選爲球員的家伙當初都是經過極爲艱澀的「選秀會(DRAFT)」而加盟球隊，所以沒有實力的人根本就進不了球隊，一旦進入了球隊，沒有一個人不拼死命的在球場上討生活以維持生計也。

NBA爲了廣開財源，特別增加了兩支隊伍——加洛特黃蜂隊(CHARLOTTE HORNETS)和邁阿密熱力隊(MIAMI HEAT)，爲了不致使這兩支初生之犢的實力太弱，NBA特慣舊例，準許這兩隊挑選原先廿三支球隊的球員以做爲新隊伍的骨幹。

至於這兩支新隊伍要如何去挑選舊隊伍的老球員？

NBA的主子們可是聰明多多，他們既想維持多年來的NBA均衡之勢，又想使新隊伍能有一定的水準，所以就宣令廿三支老隊伍：每隊可以保證八名球員，另外四名球員則將被「割愛」送進自由市場任由新的兩支隊伍的主子挑選購買！

這麼一來，可不就太傷感情了，每支隊伍不得不顧前思後、量東算西的籌劃——到底要「保護」那八名？要「割愛」那四名？

既然要保護既有的資產，當然得先從「最愛」的球員開始算計起了，通根據廿三支隊伍已發布的「最愛」、「次愛」、「三愛」、「四愛」……到「八愛」的名單以及四名被「割愛」的名冊來看，顯然各隊對於未來長遠的整體計劃極爲重視，一些有礙團隊合作的球員均不在保護之列。

譬如亞特蘭大鷹隊就不惜「割愛」汪錫本(WASHBURN)這位極具潛力的年輕好手。這位小子在兩年前才唸完北卡羅來那州立大學二年級即綴學參加NBA「聯考」、結果竟一鳴驚人，以全盟第三名的高分「考」入金山州勇士隊，並簽下百萬高薪契約，但是，「君本佳人，奈何吸毒！」汪小子竟染上了毒品，在心智未成熟下，他一腳踏進了泥淖之中，自此生活放浪、作戰不力，遂被管訓戒毒，後又被賣到亞特蘭大隊，但惡習依舊難改，所以鷹隊把他視爲「最惡」的人，看來大概加洛特和邁阿密兩隊都不會選上他才對。

美南地區的兩支強隊達城小牛隊與休市火箭隊這次所公布的「最愛」與「割愛」的名單中，幷沒有多大的驚異，唯一令艾野感到可惜的是艾福德(ALFORD)的被割愛。

其實艾福德被割愛早已在大家預料之中，因爲這位心中充滿一把怒火的野牛隊新手自從入盟後極少有上場亮相過招的機會，全隊八十二場比賽，他只被派上去跑了二十八場龍套，每場球平均只上場七分鐘，在重大的壓力下，他在大學時代最拿手的三分球功夫只有一成二五的命中率(投八球只進一球)，全季平均每場只得二點一分，所以被野牛隊列爲「割愛」的名單，如果兩支新隊伍挑選了艾福德而讓他有更多表現的機會，相信他必定可以證明一些東西給NBA的球迷看的！

從上面的分析可知，在美國的職業球壇里，實力與號召力是最關緊要的因素，任何一位教練、經理或球員被老闆「最愛」或「割愛」都與這兩個因素息息相關，野牛隊的艾國懷(AGUIRRE)因爲有實力與號召力，所以他縱使是脾氣再怎麼火大，球隊大老闆卡特依然是「最愛」他，再多的人向他獻計出賣艾國懷，卡特硬是不肯「割愛」之，但是老教頭馬濤(MOTT)因爲對西雅圖一役失利引咎辭職時，卡特卻留都不留他，職業球壇實在是太殘酷無情了，「愛」只是短暫的、套一句歌手羅大佑的話：「愛是可貴的，但是永恆是什麼？」

美夢消逝

一代籃球巨星阿金．美夢．歐拉諸旺的34號球衣被休士頓火箭隊退休了，這位曾經在非洲踢足球的人，做夢都沒想到自己會來到美洲打籃球，並且打得有聲有色，如今他已從NBA球場退下來，他一生在NBA沙場縱橫了十九年的美夢當然也將會在退休之後消逝無影……

外號叫『美夢』(THE DREAM)的NBA元老巨星阿金．歐拉諸旺(OLAJUWAN)不久前到NBA老家休士頓火箭隊的球場參加了火箭隊為他舉行的三十四號球衣退休典禮，這也是歐拉諸旺在二OO一年八月被老東家放逐到加拿大多倫多後，第一次以笑臉返鄉，而火箭隊既然是以溫馨的舉動來歡迎他的衣錦榮歸，所以『美夢』現在終於又一次感到了『美夢』的甜蜜。

大家知道，在NBA有一個沿襲已久的傳統，凡是對球隊貢獻卓著的球員在退休之後，他們穿過的球衣號碼將被球隊退休，後人就不可以再使用，不過迄今為止，唯一的例外就是空中飛人喬丹，因為他前前後後一共進出NBA三次，當第一次他震撼的離退芝加哥公牛隊後，他所穿的二十三號球衣也隨著他光榮的被公牛隊退休了，但後來喬丹又復出公牛隊，經過NBA當局的諸多考量之後，法外開恩，所以特別允許喬丹再次穿回了已被高掛在聯航球場的二十三號球衣。

阿金．歐拉諸旺雖然球衣被退休了，但當時他的本人還沒有真正在多倫多退休，只不過他是以傷兵名冊上的殘廢人士身份枯坐在場邊觀球罷了，也許有人會問，既然阿金受傷了，人也老了，球衣也在休士頓被退了，爲何當時他不趁著那次機會一次退光光，留下一個令名美譽呢？道理非常簡單，因爲阿金與多倫多有合約在身，所以他可以不必打球，坐領巨額乾薪，又可隨球隊四處旅遊觀光，那眞是一舉兩得的事！如果他一旦宣布退休的話，什麼錢也沒得拿了，所以阿金寧可以傷兵身份枯坐冷板凳，等合約滿了之後，再來一次全退休。

阿金在NBA算是一個非常傳奇性的人物，其實他的傳奇可以從他在休士頓大學時候談起。原來他是出生於非洲奈及利亞，這個國家最盛行的球類運動並不是籃球，而是英式足球，阿金由於身強體壯，精於足球，被選爲國腳，有一次隨隊到美國踢球，偶然間展現了籃球的天份，被休士頓大學球探發覺之後把他挖來美國打NCAA，在施予嚴格的集訓後，阿金竟一點就通，立即開竅，不久之後他竟『美夢成眞』，從大二起，他連續三年球技精進不止，不僅統領休大打入NCAA最後四強，當選一九八三年與一九八四年最佳大學球員，值得注意的是，他在一九八四年的NBA選秀會上以第一名籃球狀元的身份被NBA的休士頓火箭隊選上，而當年喬丹也參加了選秀會，只不過名列第三名而已，由此可見，阿金的前途早被NBA球探看好了。

阿金進入NBA之後的表現也沒有讓人失望，他與火箭隊的另一位七呎大漢沈樸生(SAMPSON)被大家稱爲『雙塔』(TWIN TOWERS)，其威力無窮，也使火箭隊在NBA揚名，後來小沈被換走他鄉，最後並因傷退出NBA，阿金則分別於一九九四與一九九五連續兩年爲火箭隊拿下NBA總冠軍，當然，那兩年火箭隊之所以能奪冠，與喬丹退出NBA兩年是有關連的，也正由於喬丹與阿金的相互克制，NBA東西兩區的戰況常激烈。

阿金在NBA有那些彪炳的戰績與記錄呢?:艾野願舉出三項最不可思議的事績如下--

(一)創下NBA史上極爲罕見的『大四元』記錄--一九九〇年三月二十九日在與密爾瓦基公鹿隊作戰時，他個人拿下十八分、十六個籃板、十一次火鍋、十次助攻，這也是NBA五十多年歷史上的第四次不朽記錄。

(二)當選NBA五十年歷史上最佳的五十位球員，阿金也是火箭隊唯一選入五十大的球員。

(三)創下休士頓火箭隊四項不朽記錄，迄今無人可打破--得分(二六五一一分)、籃板(一三三八二個)、火鍋(三七四〇個)。

至於他在十八個正規季賽中的平均成績則是--

出賽一二三八場，共得二六九四六分(平均每場得二十一點八分)、籃板球一三七四八個(平均每場得十一點一個)、助攻三〇五八次(平均每場得二點五次)、劫球二一六二次(平均每場一點八次)、火鍋三八三〇次(平均每場三點一次)。

阿金在十八年裡有十二次被選入明星隊，共得一一七分、九十四個籃板球、助攻十七次，劫球十五次，火鍋二十三次，成績不俗，他也在一九九四，一九九五兩年爲休士頓火箭隊打下NBA總冠軍時被選爲MVP最有價值球員獎，其他獎項也多不勝枚舉，例如：一九九三年與一九九四年榮獲最佳防守球員獎、一九八五年得到最佳新人獎(此獎也勝過喬丹)、一九九六年美國奧林匹克隊金牌獎，這也使他入籍爲美國後眞正爲美國效力奪下奧運的籃球金牌。

阿金的成功，就像他的外號『美夢』一般，這位來自奈及利亞的非洲蠻牛，自從奪下冠軍的球季結束後與老東家的合約談不攏而決心轉隊，所以他利用整個夏天的時間關在休士頓發憤苦練，使火箭隊老闆湯瑪世深受感動，再加上休士頓地區的輿論界強烈反對火箭隊放走這位對地方相當具有貢獻的非常英雄，在幾經商研之後，湯手瑪世竟然一口氣在與阿金簽下了一紙令全休士頓人都歡喜的四年新合同，因此阿金這才平靜下起伏不止的心境，專心一意的在火箭隊裡爲休市父老效命，當記者詢問他，是否因爲新的合約又使他恢復了平靜的心緒？我們這位非洲先生回答的可是妙極了，他說『金錢不能夠使你的心緒平靜，而金錢只是使你方便而已，當上帝賦予你才能後，你就必須設法去發揮它，並且周延它！』

沒想到這小子頗有學問，也頗有觀念的，在新約簽訂而回到球場後，阿金眞像脫胎換骨一般，不僅在進攻得分一項突破了他九年來的紀錄，名列全NBA第五名，而且在籃板球和封球兩項更是名列前茅，使他從季前被認爲是NBA第四中鋒躍爲天下第一中鋒，而且更可貴的是，在他統率之下，火箭隊從南部的廢墟中一衝飛天，竟打到中西區的冠軍，這一切都是阿金的功勞和苦勞，而他對自己的定位是：『我從不把自己比做七呎的中鋒，而是把前鋒和後衛的角色融合在長人身上。』

阿金在球場外的生活則十分簡易，據他自己的說法是：『生活過得非常有組織，就像科學一樣，我信奉伊斯蘭教，吃適當的食物（他很喜歡去休士頓西南華人區吃中國菜），喝大量的水，靜謐的待在家裡，拜訪親近的朋友，我相信使自己的生活簡單化。』

阿金雖然在NBA有如此不凡的記錄，但是他從一九九五年奪下NBA王冠之後之起，似乎已開始下坡，連年累月的征戰使他的體力消耗甚大，所以他的戰力開始下降，一路從平均每場比賽二十七點八分下滑至十一點九分，當他飽受傷痛之苦，不能再打滿正規季後，火箭隊不顧一切的把他放逐到加拿大，並與多倫多交換了未來不知數的新秀球員，經此打擊後，阿金試圖振作，並與多倫多暴龍隊簽下三年一千八百萬美金的合約，照理說，這個價碼是不高的，因爲明尼蘇達灰狼隊的葛奈特的身價早已超越億元，所以阿金的數目一點都不算高，但是由於他已垂垂老已，去年八十二場正規季賽只打了六十一場，平均每場不過拿下七分而已，所以暴龍隊很後悔與他簽三年的約，也只好吃下這個約了。除非阿金自己求退，否則未來的這兩年，阿金只要有傷在身，他不必上場跑都可以坐領高薪，那是何樂而不爲呢？！

『我會執著自己的毅力和信心，爲自己的NBA生涯留下美好的記憶。』三十九歲的阿金在球衣被退休後有些悵網地說：『三十四號球衣曾流過汗水與淚水，如果那代表了美好回憶的話，我會好好珍惜它！』

彪炳半世紀！

NBA五十年歷史上，『五十大』球員正式出爐，由於這五十位英雄人物的功績彪炳寰宇，造就了NBA的千秋不朽大業，誰是這『五十大』中的『大哥大大』？爲何喬丹能稱得上是NBA的『皇上皇』？球技、球藝、球品、球德皆屬獨一無二的喬丹算是NBA彪炳半世紀以來最偉大的代表……

NBA職業籃球自一九四六年創建以來，迄今已橫越半個世紀，在過去的五十多年悠久歷史中，NBA造就了無數彪炳寰宇的英雄人物，也由於這些偉人的豐功懋績，使NBA的壯業千秋萬世綿延不絕。

翻開這一部NBA半世紀的歷史，你可以發現，其中存在著一脈相傳的香火，從米坎、柯斯伊、貝勒、羅素、張伯倫、羅拔生、魏世特、賈霸、歐文、馬龍、柏德、魔術江生、喬丹、歐拉諸旺、岳威、羅冰生再延續到目前日正當中的歐尼爾、鄧肯、布萊恩特以及詹姆斯……這個香火從未中斷過，也必然將燃燒下去。

爲了狂熱的慶賀五十多年的偉大業績，NBA當局特別評選了五十位偉大的球員予以公開表揚和褒獎，這有一點像商務部或媒體在評選『五十大』績優企業，獲選之廠商無不令人敬佩折服。

根據NBA官方所公佈的『五十大』球員，每一位球員都是紮紮實實、不折不扣的實力派人物，他們都是經過公平、公正，但不公開的記名投票所選舉出來，參與投票的包括現任的以及前任的球員、教練、總經理、球隊主管和媒體代表等，代表性很強，所以票選出來的『五十大』球員算是大家公認的這半世紀以來最頂尖的球員，由於官方在公佈時並沒有眞正的排名次序，僅按照球員位置以當選者的姓氏依ABCD字母次序排列以免造成『排名困擾』，也就是咱們老中常說的『排名不分先後』，以下就是NBA五十年來最好的五十位球員名單，他們分別是：

中鋒（十九位）——

張伯倫（CHAMBERLAIN）

賈霸（JABBAR）

柯文斯（COWENS）

岳威（EWING）

馬龍（MALONE）

米坎（MIKAN）

歐拉諸旺（OLAJUWON）

歐尼爾（ONEAL）

潘瑞喜（PARISH）

瑞德（REED）

羅冰生（ROBINSON）

羅素（RUSSELL）

華頓（WALTON）
海恩斯（HAYES）
魯卡斯（LUCAS）
皮帝特（PETTIT）
謝雅斯（SCHAYES）
杜莫德（THURMOND）
尤斯德（UNSELD）
前鋒（十位）——
柏德（BIRD）
巴克力（BARKLEY）
白瑞（BARRY）
貝勒（BAYLOR）
康寧漢（CUNNINGHAM）
狄巴斯契爾（DEBUSSCHERE）
歐文（ERVING）
馬隆（MALONE）
馬凱爾（MCHALE）

夢幻NBA

皮平（PITTEN）
伍思禮（WORTHY）
艾瑞希（ARIZIN）
哈維西克（HAVLICEK）
後衛（十九位）——
艾契貝德（ARCHIBALD）
畢恩（BING）
柯斯伊（COUSY）
崔克什（DREXLER）
法拉茲爾（FRAXIER）
葛文（GERVIN）
吉爾（GREER）
魔術江生（JOHNSON）
山姆・鍾斯（JONES）
喬丹（JORDAN）
馬拉維契（MARAVICH）
莫羅（MONROE）

夢幻NBA

奧斯卡・羅拔生（ROBERTSON）
謝爾曼（SHARMAN）
史塔克頓（STOCKTON）
湯瑪斯（THOMAS）
魏世特（WEST）
藍尼・魏肯斯（WILKENS）

根據官方的資料統計，這五十大球員所締造過的光榮記錄包括：

——四十九個MVP最有價值球員獎
——十七位最佳新手獎
——一百零七個NBA冠軍
——四百四十七次被選爲明星球員隊伍
——卅六次「得分主」
——九十二萬三千七百九十一分
——四十二萬三百廿七個籃板球

審視這些紀錄，眞是令人佩服萬千，所以應該不會有人對這「五十大」的名單有所質疑，唯一的難題莫過於——到底誰是這「五十大」裡的「大哥大」？而NBA五十年來的五位先發球員「美夢隊伍」又是那五位呢？

艾野個人之掘見是：五位夢幻球員容易組合，但是『大哥大大』球員甚難抉擇。
艾野個人所精選的五位先發美夢球員分別是：
中鋒－－張伯倫
前鋒－－賈霸（由中鋒兼打前鋒，形成『雙中鋒』）、柏德
後衛－－喬丹與魔術江生
以上五位球員是艾野個人所認知的五位最佳球員，其中在前鋒方面，艾野之所以把賈霸列入其中，是因爲張伯倫已把中鋒的位置強佔住了，而老賈又是一位萬萬不可遺落的第二號中鋒，所以艾野認爲，由賈霸以前鋒的位置入選『五虎將』也不爲過，想當年休士頓火箭隊有『雙塔』（TWIN TOWERS）的雙中鋒陣線，所向無敵，所以如果由張大帥和賈太爺所組合的『超雙塔』更將是NBA史上絕無僅有的『大絕配』！
至於柏德『大鳥』這位波士頓塞爾特王朝的大霸主打前鋒，再配上張賈兩人，這三人所構成的『鋒陣』恐怕將是古今中外最佳的陣容了。
後衛的喬丹和魔術江生也是絕配，而且這兩位球員也眞正一起出現在美國參加巴塞隆那的奧運會美夢隊伍陣容中，不過，當時的魔術江生由於深受愛滋病毒所害，他已不是健全完美的球員，喬丹則如日中天，威大力大，讓地球上的籃球迷驚震萬分。
以上五位鑽石陣容眞是堅強不已，舉世無敵，而喬丹自己心目中的五位先發美夢隊伍則是由他和魔術江生職司後衛，柏德與皮平打前鋒，中鋒是歐拉諸旺。至於到底誰是NBA史上最好的、

最偉大的、最有價值的球員呢？

以下咱們先聽聽看幾位列名在『五十大』的偉大球員對於『誰是大哥大大』的觀點：

歐文說：『這就像你要去品嚐什麼口味的冰淇淋是最美味的一樣具有多種選擇！』

超級中鋒羅索則斬釘截鐵的說：『沒有一位是獨一無二的！』這位爲波士頓塞頓爾特王朝獨取十一個冠軍寶座的天王中幽默的說：『我有很多條帶子，你們看這些傢伙，像奧斯卡（羅拔生）、鳩力斯（歐文）、魏特（張伯倫）、柏德（拉瑞）、魔術江生、喬丹（邁可）等，你可以用帶子把他們緊捆在一起，但是卻不可能打敗他們！』

張大師的看法與說法又是什麼呢？這位創下一場球賽獨奪一百分光榮記錄的天霸一向自視極高，目中無唐漢，他說：『誰是大哥大大？這個問題就留給我們來解答吧，你看，這五十大名單，每一個傢都有他佔得住的價值，如果你選了一位大哥大大，那麼就把另外一個人排爲第二，而老三、老四就要出現，太多太多的傢打得一手好球，所不同的是，他們各打不同的位置，各扮演不同的角色，你老兄如何去判斷誰最偉大呢？大哥大大--這是殘湯剩菜（HOGWASH）！

張大師是一位獨來獨往的硬裡子超級巨星，雖然他的人緣並不好，但是他大名遠播，創下一百一十八次得分超過五十分以上，平均籃板球每場得廿二點九個，他所寫下的一些成績迄今連喬丹都破不了，所以張伯倫經常嘲笑喬丹投球命中率『低得可憐，如果減掉他扣籃的次數，投射慘不忍睹』，他也訕笑NBA邁入廿一世紀的超中鋒歐尼爾是『胖子一個，以大個子來恐嚇人』，當然張伯倫多少是帶一點開玩笑的語氣，他『唯我獨尊』的『大哥大大』意識則一覽無遺。

以艾野個人所評選的『大哥大大』標準，應該除了這位球員的本身球技與球藝外，還要包括他的球品與球德－－換言之，他不僅是在球場內勇冠三軍，更要在球場外以德昭世，所以在以這兩項各佔百分之五十的評選標準下，喬丹這位被艾野尊稱為『皇上皇』的球員就是NBA五十年歷史上最偉大的球員！

事實上，就張伯倫與喬丹兩人的球技和球藝來做『跨越時空』的比較是困難的，因為張伯倫出生於三六年，而喬丹則於六三年出世，兩人相隔廿七年將近半甲子，當張大師五九年叱吒NBA球壇，並於一九六二年創下一百分單場記錄時，電視還沒有轉播NBA球賽，而喬丹還不知道在那裡呢？

不過艾野認為，有一個非常重要的客觀環境必須注意的是－－在張伯倫狂飆的六十年代，NBA的水平還不是非常頂尖的，球員的平均素質根本無法與九十年代的球員相比，所以張大帥動不動就可以一場球抓廿幾個籃板球以及灌入五十分，如果跟他一起打球拼鬥的是當今的歐拉諸旺、歐尼爾或馬湯寶等硬漢子的話可能那麼輕鬆嗎？

艾野之所以尊稱喬丹為NBA的『皇上皇』，不僅因為他的球技與球藝已達登峰造極的地步，而且他的球品與球德更是完美至上，光是這一點，張伯倫就相差甚遠，無法與喬丹平起平坐，因此，艾野個人認為，如果硬要在NBA『五十大』裡再挑選『第一大』，非喬丹莫屬，也非喬丹不可，張伯倫只能算是『老二』或『老三』，喬丹是經得起時代的考驗的，喬丹不僅是半世紀以來NBA的代表人物，也是地球上最偉大的籃球員，尊奉他為『皇上皇』應該足以說明和證明了喬丹在NBA歷史上獨一無二的崇高地位了！

億萬元少年郎！

葛奈特才高中畢業，沒有唸過一天大學，但是他卻很了不得，由於籃球本領高超，他一口氣賺進美金一億兩千三百萬元，唉！與他相比較，我們芸芸衆生眞的是像滄海中的一粟，那麼渺小卑微而不足道……。

美國職業籃壇NBA日前又竄出了一位億萬大富豪——葛奈特(GARNETT)，他與明尼蘇達灰狼隊所簽下的六年合約總值高達一億兩千三百萬，這個天價也創下了人類歷史上總價最高的球員記錄！

令人不可思議的是，葛奈特，這位才華洋溢的少年郎，他連大學都沒有唸過一天，九五年的時候，當他從芝加哥黑人區的法拉蓋特高中(FARRAGUT)畢業後經過一番苦思冥想，決定放棄進入大學，直接加入NBA的選秀會(DRAFT)，結果被灰狼隊慧眼識中而網羅在陣中。

葛奈特在進入灰狼隊後，賣力出賽打球，他那股拼勁著實令人佩服不已，短短兩年內，已使明尼蘇達的聲勢由弱轉強，從虛變實，當然，也因此而使葛奈特的身價大漲，他當年與灰狼隊的原始合約是三年兩百一十萬，平均年薪「只有」七十萬，在NBA裡算是「小兒科」，如今搖身一變，年薪已高達兩千萬一年，僅僅次於「皇上皇」球員喬丹的三千五百萬年薪，不過，喬丹的薪水合約只有一年，而葛奈特的卻是六年，所以總結下來，「老喬」還是不如「小葛」。

夢幻NBA

艾野一再強調，美國職業球壇四大聯盟的薪水日日大躍進，咱們只能用「嚇嚇跳」來形容，幾乎每隔一小段時期就會爆炸出一件新高的合約新聞，猶記得當年洛杉磯湖人隊以一億兩千一百萬元的超高薪水把歐尼爾(ONEAL)從奧蘭多魔術隊挖角過去時，艾野即推斷，這個「天價」總有一天令變成「時價」，現在葛奈特的合約一旦亮出來，歐尼爾只好把「最高總薪」的頭銜拱手讓出了。

卅年前曾爲天王巨星賈霸(JABBAR)做代理人的艾莫特(ARMATO)就有感而發的說：「我當年在爲賈霸的三百萬年薪談判時，艱困有加，被視爲空前大合約，但是到了今天，這個數目早已不再被人看好和尊敬！」

艾莫特此人也就是成功的爲歐尼爾談妥簽訂年薪一千七百一十萬元的「幕後功臣」，根據市場的行情，球員經紀人的抽頭傭金是百分之四，所以艾莫特光是憑著那張光亮無比的歐尼爾的合約書即可獲得五百萬元的油水，當然，此次葛奈特的經紀人費雪爾(FLEISHER)也將得到五百萬元以上的抽頭，這些錢是他靠著頭腦和嘴巴，不斷地與明尼蘇達灰狼隊東家勾心鬥角長期談判後的結晶，也由於有費雪爾和艾莫特等等這些能言善道的「說客」，而使得NBA在這短短一兩年之內出現了無數的「超級大富豪」，以下這張清單就是身價在「年薪一千萬元」以上的NBA巨星，讀友們必須讀一讀，然後再比照一下您自己的年薪，看看自己是不是像「滄海中之一粟」那般的渺小卑微而不足道——

第一高年薪：喬丹(JORDAN)芝加哥公牛隊與他簽下三千五百萬年薪。

第二高年薪：葛奈特，如上文所述，總價達一億兩千三百萬。

第三高年薪：紐約尼克隊的岳威(EWING)的四年合約，總價達七千萬，平均年入一千七百五十萬元。

第四高年薪：羅省湖人隊的歐尼爾，總價一億兩千一百萬，平均年入帳一千七百一十萬元。

第五高年薪：邁阿密熱浪隊的阿羅梭・牟尼(MOURNING)，七年合約總價一億五百萬元，平均年薪是一千五百萬。

第六高年薪：華盛頓特區的郝華德(HOWARD)，七年總價一億五百萬，平均年薪一千五百萬元，與牟尼的身價一模一樣。

第七高年薪：波特蘭拓荒人隊的華勒斯(WALLACE)，六年總價八千萬元，平均年薪一千三百卅萬元。

第八高年薪：西雅圖超音隊的培頓(PAYTON)，七年總值八千八百平均年入一千兩百六十萬元。

第九高年薪：休士頓火箭隊的非洲後裔歐拉諸旺(OLAJUWAN)，五年合約六千萬元，平均年入一千兩百萬。

第十高年薪：亞特蘭大鷹隊的馬湯寶(MUTOMBO)，五年總值五千七百萬，平均年薪一千一百四十萬。

第十一高年薪：溫哥華的瑞文斯(REEVES)六年總值六千五百萬，平均年薪一千零八十萬。

第十二高年薪：奧蘭多魔術隊的葛蘭特(GRANT)，五年總價五千萬，平均年薪一千萬。

第十三高年薪：聖安東尼馬刺隊的羅冰生(ROBINSON)，六年總值六千萬，平均年薪一千萬元。

從以上十三位超級大富豪的千萬元年薪名單中我們可以發現，一半以上都是中鋒人才，尤其是當今NBA的六大中鋒皆有千萬以上的年薪，這六大中鋒若依當年的實力排行應該是——

第一中鋒：歐拉諸旺。

第二中鋒：歐尼爾。

第三中鋒：牟尼。

第四中鋒：岳威。

第五中鋒：馬湯寶。

第六中鋒：羅冰生。

這「六大」當中的三四五牟尼、岳威與馬湯寶又有一個共同點——都是出自華府喬治城大學湯普生教的得意門生，外加去年的「最佳新秀」艾文生，所以當年的NBA已成爲喬治城大學主導的天下，北卡大和杜克大學已漸式微，從千萬年薪榜中可見端尼，因此，如果華裔父母親如果也想讓自己的子弟將來成爲NBA的億萬富豪的話，不妨選擇喬治城大學，因爲這個學校不僅有良好的籃球環境和教頭，更有一流的學術環境與師資，許多在白宮和國會山莊的要人都在此擔任「兼任教授」，能夠拜他們爲師，應該也是「三生有幸」吧。

夢幻NBA

話說那位已擁有一億兩千三百萬元身價的葛奈特則根本不把大學放在眼裡，他是九五年全美首屆一指的高中球員，當他還在法拉蓋特高中唸書時，即已聲名大響。

他在球場上能投球、搶球、蓋球、傳球、抄球、運球……幾乎無所不能、無所不會，在他主導控制下，使他的母校不僅連戰皆捷，橫掃美中地區各州的高中，更在全美建立下無比的聲望，當然，葛奈特也因此樹立了自己的威望，在所有評鑑與排名調查中，他都是穩穩坐上第一的寶座，但是由於他在學業方面的表現卻奇差無比，SAT學業鑑定考試的成績根本無法讓他有資格上大學，除非他能效學拉瑞．江生(JOHNSON)，先往一個社區學院「靜修」一年半載，然後再申請進入一般正規大學，否則葛奈特是沒法進入大學的，當然，有許許多多的大學是歡迎他入學的，他們寧可舞弊做假冒的成績來接納他，也不願流失這麼一位十年難得一見的籃球天才，而葛奈特在思考多時後，毅然決然的放棄進大學的念頭，他認爲，與其到大學混一張文憑出來，還不如早些進入NBA以增加資歷和磨練的機會，所以他便以一名高中生的身份投入NBA的江湖中。

NBA的首席球探布來克對葛奈特並不特別看好，他說：「葛奈特經驗不足，身體不夠壯碩，他需要先在NCAA好好磨一磨才適合進入NBA！」

然而進入NBA後的葛奈特卻出人意表的毅力堅強，他以六呎十一吋高的竹杆桿身段穿梭在NBA一個個虎背熊腰身裁的黑森林中打屬於自己球路的強 悍球，他說：「我只想像幼稚生一般用笑臉去打球，拚命的打，狂野的打，那就是我的心態，我不論是爲了一塊錢而打，或是爲了億億萬元而打，我的心總是那麼的單純。」

葛奈特談到此次的天價合約時還補充說：「這完全不是金錢的問題，這只是時機問題，我想早點結束簽約的事。」

在八月份的時候，灰狼隊曾向葛奈特開出六年一億零五百萬的條件，但被他一口回拒了，當時葛奈特還說：「寧願明年成爲自由球員也不願屈就此數。」

在經過一連串的談判和爭議後，灰狼隊終於願意加價，並搶在談判大限告終之前與葛奈特簽下這紙震驚人世的合約，諷刺人的是，灰狼隊老闆泰勒先生要付給這位廿一歲毛頭青年的薪水比他在一九九五年買下灰狼隊的價錢還要多過三千兩百萬元，換言之，葛奈特的身價比灰狼隊的身價還要高，這實在太不可思議了，灰狼隊的副總裁馬凱爾(MCHALE)莫可奈何的說：「我們期待葛奈特能成爲明日的超級大巨星，所以我們應該還是物有所值的！」

葛奈特領下如此巨大的薪水，他是否能夠像喬丹一樣具有「一夫當關，萬夫莫敵」的本事呢？我們只能耐心的期待，至少目前還看不出來！

籃球夢碎

十九歲的芝加哥馬汀路德金恩高中籃球明星李昂．史密斯在跨入NBA大人的世界後由於壓力太重，無法適應環境而自暴自棄，他嚴重的失去了方向，不僅籃球夢碎，而且生命也破碎了，李昂．史密斯的遭遇給NBA領導者當頭棒喝……

正當NBA籃球季火戰場如火如荼開展之際，達拉斯小牛隊的新秀李昂．史密斯(LEON SMITH)卻鬧出了一件轟動體壇的「意外」事件——服食過多的阿斯匹靈，險些喪命。

史密斯是在他的公寓裡吞服了兩百五十顆阿斯匹靈後不省人事而被他的『保姆』包爾夫婦(BAUER)緊急送往達拉斯近郊的一所醫院急救的，據這對夫婦表示，他們是史密斯從五歲到十三歲時所居住的芝加哥市『林達公屋』(LYDIA HOME)的管理主任，從小看護著失去爹娘教養的史密斯長大，所以與史密斯有『親子之情』。

『李昂太可憐了，他需要的是關愛，但他的負擔太重了！』包爾先生說：『這是我們遠從芝加哥開著他的車，來到達拉斯看護他的原因。』

包爾先生說，那天他們夫婦到史密斯的住所後發現他的脾氣古怪，他還用一塊大石頭砸壞自己的車窗，並且用油漆塗滿了臉上，行爲很不正常。

『我們覺得不對勁，於是就離開他的屋子，但也不時回去看看他是否出了啥問題。』

等於包爾夫婦最後一次回到史密斯房子後，才發現他眞的出事了，如果不是他們夫婦把他送往醫院急救，史密斯那條小命恐怕早已保不住了。

史密斯事件震驚了美國體壇，但是達拉斯小牛隊主管階層倒也不感到意外，尤其是該隊老總兼教頭那爾生(NELSON)頻頻搖頭歎息道：『我預料會出事，但沒想到那麼快！』

那爾生今年六月曾在NBA的選秀會(DRAFT)上以兩個第二輪的選秀權與聖安東尼馬刺隊換得了史密斯的擁有權利，而馬刺隊是以第一輪第廿九名的選秀權選進了史密斯以讓小牛隊把他佔爲已有。

『我們當初對他的期待很高，也很遠，但是我現在不能不承認那是一個錯誤的選擇，我似乎已放棄了對他的希望。』那爾生說：『誰說我們不關心他，我們有兩位專職教練天天都守候在他身邊，他們花費了百分之八十以上的精力來照料他，但那還是行不通啊！』

由於史密斯從小失去親人，與自己的弟弟居住在專門收養孤兒的芝加哥貧民區『公共屋』(COMMON HOME)裡，所以生性孤辟不群，書也讀不好，只是上天賜給了他一個絕佳的身裁與體能，使他在籃球場上像一支大野熊般的兇狠，到了高中後，史密斯先後了修道山高中與馬丁路德金恩高中，高三那年，他威武不凡，平均每場比賽獨得廿五點五分與十四點五個籃板球，被所有媒體評選爲全伊利諾州最好的高中球員。

當然，許多大學都爭相邀請史密斯入學，但是他卻志不在大學，據他的高中教練歐奎恩(O-QUINN)表示：『他擔心自己通不過學術考試這一關，而且他也不願讓人知道他的功課很糟糕！』

據史密斯的友人透露，史密斯的課業很差，他們懷疑學校是如何能讓他通過考試而畢業的。由於史密斯唯一的特長就是打籃球，所以他唯一的選擇當然就是不進大學而進入NBA。

『他第一天來我們這裡報到時就暴露了他的劣根性，竟然不聽從我們的隊規。』那爾生的兒子丹尼．那爾生說：『他拒絕參加來回跑步練習，也不理會我的話語，我對他簡直是束手無策。』

丹尼．那爾生是小牛隊的助教，他將在未來接下老爸的教職，雖然小牛隊老闆卜洛尙未認可，但是小牛隊的隊員都知道，不聽丹尼．那爾生的話，根本別想在小牛隊裡混下去，所以那爾生父子很快的做成決定——把史密斯送到歐洲或在NBA的次級聯盟CBA先磨練一番，再來看看史密斯是否有可塑性。

事實上，老那爾生在做出這個痛苦的決定之際曾動過一段『親情』，他試圖去收養史密斯爲自己的「養子」以多付一些愛給他，但是被史密斯一口回拒了，因爲在史密斯十九年的歲月裡，不止十次，曾有善心人士願收養他，他都拒絕了他們，當然，如今他認爲自己已有百萬元的身價了，他當然不需要任何人來做他的『養父母』。

那爾生決心把史密斯送到海外的消息傳到史密斯耳裡後，他十分灰心氣餒，於是採用抗拒的方式，並用不理性的手段來引起他人的關心。

在返回芝加哥之後，李昂．史密斯惡習難改，他在四十八個小時之內，兩度被芝加哥警察逮捕，兩次被保釋出來，他對前任女友與其家人所造成的傷害與破壞已讓他的形象壞得不能再壞了，也由於他的劣行，造成了他的家人與高中教練之間的嚴重爭執，並且在法庭外大罵一場。

在芝加哥二十六街與加利福尼亞街交口的庫克郡犯罪法院裡，李昂·史密斯被監禁於閉室內，他的親人——包括親生母親琳達·史密斯、嬸母芭布拉·哈瑞斯旦娜·史密斯以及他的高中籃球教練藍頓·考克斯(LANDON COX)等人則在密室外怒目相視，彼此指罵對方。

李昂·史密斯的嬸母首先向考克斯開火：『你休想再控制史密斯的生命，你一再向外放話，胡說史密斯缺乏人關懷，只有你可以協助他，你以為你是誰呀？我們才是他的家人，你知道嗎？』

沒等哈瑞斯說完，旦娜·史密斯接著痛批考克斯：『你除了會胡說八道外，還會什麼？你企圖把我們排除在李昂史密斯之外，你的用心何在？你既然認為你最關心他，那為什麼你不找心理專家來輔導史密斯？』

考克斯在被兩位女人斥責不休後光火萬分，他還以顏色說道：『你們說你們是李昂·史密斯的親人，那只是你們在說，你們為什麼不去問問李昂·史密斯他承認你們是他的親人嗎？為什麼每當他有任何事情發生的時候，總是告訴我，而不通知你們呢？妳們應該覺得很羞愧才對的，不要用親人這兩個字來壓人，這個對我不適用，對李昂更不適用！』

李昂·史密斯的母親琳達·史密斯在旁聽到考克斯的反擊後並沒有回嘴，她只是低著頭在流淚，她在李昂·史密斯五歲的時候因為家境清寒，與丈夫仳離，因此忍痛放棄了李昂·史密斯，把他送交伊州州政府，從此李昂．史密斯就開始度過像孤兒一般的生活，他被安排居住過五個不同的『共同屋』，他的屋友的生命處境與他是一樣的，都是缺乏親人照料，在沒有父母親的呵愛之下，性情變得孤僻不群，所幸史密斯沒有染上毒品或混入幫派成為街頭巷尾的小流氓，反而是因爲生有一個絕佳的身裁，在考克斯教練翻悉心栽培之下，變成一位潛力無窮的籃球明星。

『沒有我，會有李昂今天的成就嗎？』考克斯說：『今天他出了一點問題，你們倒是怪起我來了，你們以爲我會控制他嗎？他十九歲了，他身價一百五十萬了，沒有人可以左右他的，你們不要血口噴人！』

李昂．史密斯是在念完芝加哥馬汀路德．金恩高中後即宣佈不再念書升大學，今年六月的NBA選秀會(DRAFT)上，聖安東尼馬刺隊以第一輪第二十九名的次序選中了他，之後立即與達拉斯小牛隊交換了該隊的兩個第二輪的選秀權，換言之，是達拉斯小牛隊老總凡丹．那爾生(NEL-SON)先看中了他，要求聖安東尼馬刺隊先選中他，再與小牛隊交換兩位球員，像這種在選前即達成交易的事是司空見慣的，但是那爾生萬萬沒想到他的如意算盤竟然打錯了，李昂．史密斯並不是他想像中的可造之材。

『我承認好幾次了，我選錯了人，本來我也是選他的潛力，但是我在還沒有看到他的潛力發揮之前，就已看到了他的暴力，我承認自己這次失去了認人之明！』

李昂在把事件鬧大之後，NBA球員工會主動關心他，安排他到加州和亞特蘭大接受特殊的心理輔導，但是他都脫逃了。

十二月二日，李昂攜帶著一把手槍到他的前任女友凱比．彭德特爾(CAPPIE PONDEXTER)就讀的馬歇爾高中(MARSHALL HIGH)要脅這位明星女球員與他重修舊好，並恐遏她不能告訴她的哥哥，否則他將對他們不利。

彭德特爾被要脅後，立即告知她母親，她母親馬上報警，並要求保護她的家人，禁止李昂靠近她的女兒。

芝加哥警方在當晚把李昂逮捕了，讓他在牢房過了一夜，第二天早上他被教練考克斯保了出來，但是沒想到，他竟駕著車到彭德特爾家憤怒地把她母親新車的窗戶全部打碎以洩憤，當他在破壞車窗時，咆哮的說道：『狗屎的NBA，混蛋的小牛隊！去死的勞工聯盟！！下賤的一百五十萬元！在這一切之前，事情都是好的！我不準備到任何地方去！』

李昂的暴行當然是又被警方逮捕了，最後再一次由考克斯教練以一千五百元把他保釋出來，在與NBA球員工會密會之後，他們把李昂送到達拉斯去心理治療，但是由於事先沒有得到法庭法官的特許，所以庫克郡法庭下令要逮捕李昂回芝加哥出庭接受審判，爲此，李昂的律師丹尼斯．貝克生表達了抗議，他說：『李昂到達拉斯的醫院接受心理治療對他和社會而言都是最佳的地方，難道你們要讓他留在芝加哥繼續做錯事？』

NBA球員工會主席亨特也表示，將全力協助李昂度過難關，但是NBA當局與小牛隊主管顯然已絕棄了李昂．史密斯，NBA表示，李昂一再違反法律與球規，迄今從未上場爲小牛隊效力，他的合約似乎無效，小牛隊總裁尤世瑞(USSERY)也語重心長的說：『李昂的事件已超乎籃球範團，他必需自求多福了！』

由於史密斯的事件使NBA方面重新考量了是否可以讓高中生直接進入NBA的問題，自一九六三年起，有愈來愈多的高中生選擇不上大學，直接跨入NBA的門檻裡，但是根據NBA的統計，似乎只有魔斯斯．馬龍(MALONE)、葛奈特(GARNETT)和布萊特(BRYANT)等等少數可以平順如意的在NBA度過，其他「菜鳥」在進入NBA'老鳥」的世界後，在在失去了方向感，史密斯的問題就是其一、而葛奈特現雖有億萬元的身價，他依然要由一位在高中時代的好朋友一起住在明尼蘇達的公寓裡共同生活，那就是一種生活的轉變過程，NBA的壓力太沈重了，史密斯才十九歲，教他如何去承擔呢？

史密斯的童年太坎坷了，他周遭的朋友皆非善類，據他的友人表示，在史密斯與小牛隊簽下百萬元高薪合約後，每天都有不同的人來向他要錢，這也是使他感到厭倦的；所以在小牛隊堅不讓他上場打球後，他的人生頓失重心，蠢事也就做出來了。

『我承認NBA的選秀制度有偏失，常常需要賭注能否選到年輕又具有潛力的球員。』那爾生說：『我選史密斯算是賭輸了，但我不願史密斯把自己的生命也賭輸了！』

那爾生的話的確值得NBA的人好好思考一番，對於那些尚在高中就讀的籃球天才們當然更是一個嚴肅的警惕。

巨星殞落

正當NBA熱烈歡迎中國移動長城姚明到來之際，天王巨星岳威宣佈退休了，在NBA征戰十七個歲月，岳威(EWING)具有數不盡的豐功偉績，他唯一的遺憾是沒拿NBA的過冠軍，如今巨星殞落，他將留給球迷無限的回憶……

曾經當選NBA一九八五年『籃球狀元』的派翠克．岳威(PATRICK EWING)日前公開宣佈退出NBA，結束了光輝燦爛的職業球季生涯，轉而出任華盛頓巫師隊的助理教練，以延續他的籃球生命。

『有很多偉大的球員從來沒有贏得過冠軍，我很遺憾自己沒有在NBA生涯之中打下一個冠軍，但是我的心境很平和』。岳威在紐約曼哈頓的大酒店退休儀式上若有所失的說：『我只希望別人永遠記得我有一雙強硬的手，一個強硬的鼻子以及我所帶來的工作熱忱。』

岳威的確很遺憾，他在NBA奔馳了十七個漫長的歲月，但是從來沒有爲他的隊伍奪得過任何一個冠軍，有兩次，NBA冠軍更是與他擦身而過，一次是在一九九四年，那年因爲芝加哥公牛隊的喬丹退休去打棒球，所以岳威所領導的紐約尼克隊乘勢從東區崛起，一舉挺入最後冠軍賽，但是在與西區首強休士頓火箭隊火戰七場之後，岳威還是敗在阿金．歐拉諸旺(OLAJUWON)領軍的火箭隊手下，因此，他首次與NBA冠軍失之交臂。

夢幻NBA

一九九九年，岳威再次把尼克隊帶入東西區冠軍賽，但是在與羅冰生領銜的聖安東尼馬刺隊對打之際，他卻因傷無法上場，眼睜睜的看著羅冰生從尼克隊身上踩將過去。

以艾野個人長期的觀察，岳威在籃球生涯之中有三大剋星，第一大剋星就是喬丹。因爲喬丹曾六度統領公牛隊打下NBA金冠，其中四次冠軍就是硬從岳威手上搶走，換言之，如果沒有喬丹的存在，岳威很有可能爲紐約打下四座NBA金冠，但是因爲有喬丹，所以岳威只有忍痛挨打的份。

岳威的另外兩大剋星就是剛才所提到的歐拉諸旺與羅冰生。

熟知NBA的讀友應該都明白，歐拉諸旺是來自非洲奈及利亞藉的七呎硬漢，早年在休士頓大學修養練功出道之後，曾率領休士頓大學轟轟烈烈的打入NCAA全美大學冠軍陣地，而當時岳威所就讀的華盛頓特區喬治城大學也是NCAA一流勁旅，所以兩人在那時就已互別苗頭，阿金後來當選一九八四年選秀會的『籃球狀元』，比喬丹還厲害，喬丹只是當年的第三名而已，阿金在NBA的歲月已也風光過好長一陣子，其中與岳威的較勁更是火辣，不在話下。

羅冰生則是出身海軍的大將，他在一九八七年以『籃球狀元』的身份被聖安東尼馬刺隊選中，在服海軍役兩年之後才正式投入NBA戰場，但是羅冰生的戰力特強，沒多久就已打出名號，所以在九O年代的NBA，在歐尼爾(ONEAL)出道之前，岳威，歐拉諸旺與羅冰生三大中鋒的排列次序年年都在變化，當時的NBA天王當時的NBA天王中鋒榜不外是：岳-歐-羅，歐-岳-羅，羅-歐-岳，羅-岳-威，岳-羅-歐，歐-羅-岳六種排列組合，而這六種組合對NBA專家而言，時有爭議，艾野也經常爲文探討到底那一種組合比較能被大家接受，根據芝加哥論壇報資深的NBA球評家山姆．史密斯(SAM SMITH)最新的評鑒報告，他的NBA十大中鋒榜排列次序是－(一)張伯倫，(二)歐尼爾，(三)賈霸，(四)羅素，(五)米更，(六)歐拉諸旺，(七)馬龍，(八)羅冰生，(九)華頓，(十)岳威。

如果照史密斯的的排列，歐拉諸旺，羅冰生與岳威三人在NBA的地位分居六，八，十名，岳威會不會服氣呢？

『我已盡力而爲，雖然那事(冠軍)沒發生過，但那是生命，我無所怨尤。』岳威似乎不應該會計較太多的，因爲他在十七個NBA生涯中的前十五年都是在紐約尼克隊，平均每場比賽有廿二點八分，十點四個籃板球，十五年總分是兩萬三千六百六十五分，一萬零七百五十九個籃球，一千零六十一次抄球，兩千七百五十八個火鍋，統統都創下尼克隊的新記錄，他還當選NBA一九八五年的最佳新秀，而且還十一次獲得明星球員的頭銜，也當選NBA五十年內的五十位巨星之一，所以要比成績，比數字，岳威都有，沒啥稀奇，但是NBA是一個非常殘酷的地方，這也可從岳威身上得到見證，岳威的得分數字似乎是從九〇年代一路下滑，尤其是從一九九八年起，他的得分數從廿點八分下降到十七點三分後，尼克隊已意識得到，岳威的NBA生涯恐怕來日不多，球迷也開始對他有所不滿，到了一九九九年球季結束後，他竟然被尼克隊外賣到西北部西雅圖超音隊，對於這樣的下場，岳威十分痛心，但是他也知道那是莫可奈何的事，所以在超音隊平淡的打了一年，平均每場球賽只有九點六分，之後他再轉隊到奧蘭多魔術隊，再次成爲冷板凳球員，每場球只上場亮相幾下子，平均一場比賽只有六分，比菜鳥還不如，當然他自己也十分明白，他留在NBA的歲月已到了盡頭，正當NBA以雙手來熱烈歡迎中國七呎五吋的籃球狀元姚明展開新的明朝紀元之際，正是岳威告別NBA的時刻了。

『我們曾一起戰鬥過，不是嗎？OAK？』岳威在記者會上瞧瞧與他一同出席的尼克隊前隊友查禮士．奧克力(OAKLEY)然後說道：『這是改變的時侯了，這是很好的轉進。』

奧克力則向記者們說：『岳威每天都在勤奮工作打球，他帶給大家影響力，他追求成就，他都做到了！』

岳威是做到了，現在他將轉進到華府，這是他的喬治城大學老家所在地，重返華府擔任巫師隊助教之後，他不再與喬丹爲敵，而是教導喬丹如何去打敗公牛隊，如何去打敗尼克隊，本來嘛！球場上沒有永久的敵人，岳威從大學到NBA一直與喬丹爲敵，如今沒想到在退休之後卻與喬丹爲友，而且還成了喬丹的老師，相信這一切並不是岳威可以意料得到的，不是嗎？

第一位NBA華人球員

中國北京廿歲青年王治郅在一九九九年NBA選秀會上被達拉斯小牛隊選中，使他成爲第一位NBA的華人球員，王治郅是中國國家隊國手，曾在亞特蘭大奧運會上展露身手，他是否可以揚名NBA？……

來自中國北京的廿歲青年王治郅在六月卅日的NBA選秀會上以第二輪第卅六名的次序被德州達拉斯的小牛籃球隊(MAVERVICKS)選中，使他成爲NBA史上第一位入選的中國球員。

王治郅到底是何方神聖？他是在什麼樣的條件之下獲得NBA球隊青睞呢？

一九九六年夏天，艾野花了半個月的時間前往亞特蘭大採訪奧林匹克運動大會，有幸觀戰了中國對抗美國的那場籃球賽，而當時十七歲的王治郅就是中國隊中的一員勇將，身高七呎一吋的他，雖然不是射手型的球員，但是防守力絕佳，是左撇子球員，封球手藝不錯，因而被NBA球探慧眼識中，當年王治郅的奧運賽成績記錄是——平均每場比賽得十一點一分、籃板球五點六個，其中在對抗擁有NBA超級巨星羅冰生和歐尼爾等的美國隊一役裡，王治郅的「傑作」是：六分、三個籃板球、一助攻、一截球和一封球，也算是「五元及弟」吧，只可惜每一元都是個位數，而非兩位數。

夢幻NBA

王治郅爲何能被NBA球隊視中呢？

當然他第一次被球探注意到就是九六年這次奧運會，通常每四年一度的奧運籃球賽都是世界各國籃球好手較競的場合，衆人皆知，在NBA高手於一九九二年巴塞隆那奧運會上代表美國出賽以後，世界各國根本沒法與老美較勁，大家只有比「老二」的機會，不過，這也不意味著各國沒有一等一的人才，所以NBA的球探與行家是不會放過這個挖掘「瑰寶」機會的，而達拉斯小牛隊的首席教頭兼總經理那爾遜(NELSON)與他的寶貝兒子小那爾遜就是典型的這種球探，那氏父子早年無論是在密爾瓦基主持球政，或是到了黃金卅操盤，都一直對外國球員有獨特的偏好，他倆堅信，不是只有美利堅合衆國可以生產好品種的籃球員，世界各地都可能會存在上等騆才，只不過沒有人願意專心去發覺罷了。

那氏父子在九六年看中王治郅後，帶回來一堆他的資料，九七年的夏天，王治郅參加了一個名爲FILA SUMMER LEAGUE的職業賽，再次獲得那氏父子的注目，老那曾對小那說道：「WANG ZHIZHI可以再磨練，他有潛力、有體力也有活力，我們要留意他的去處！」

九八年夏天，小那爾生率領了一支NBA雜牌隊伍正式出訪中國大陸，他也是NBA史上第一位以教練名稱正正規規前往中國訪問的人，在他的隊伍與王治郅球隊交手後，他決心網羅王治郅，把他從中國大陸引誘到美洲大陸來打球，但是小那爾生只把他的心願告訴老爸，他並未向外人道。

在NBA選秀會舉行之前，NBA的球探與專家們曾公布了一批有潛力與實力的外國球員名單，其中包括法國的衛斯(WEIS)、俄羅斯的凱瑞力柯(KIRILENKO)和希臘的泰沙特沙瑞斯(TSARTSARIS)等等……總共有十五位之多，但是唯獨不見王治郅的名字列入其中。

六月卅日的選秀會上，芝加哥公牛隊擁有第一名的選秀權，大家知道，公牛隊的生殺予奪大權完全掌控在老總柯勞斯(KRAUSE)手上，小柯自從痛失英才喬丹之後，鬱鬱寡歡，一直想找到一位替代喬丹角色的大將，怎奈他感覺今年的DRAFT根本沒有任何一位球員具有「喬丹的影子」，於是他曾放出風聲，準備以第一名選秀權來與他隊換球員，不過，到了最後一刻，他卻以第一名選秀權選上杜克大學的威力前鋒艾頓．布蘭德(BRAND)，柯勞斯在選中他以後，興奮的說：「他就是我想要的那種球員——那種可以讓我們展開重建計劃的球員。」

布蘭德是杜克大學大二的球員，他的隊友藍頓(LANGDON)也在第一輪第十一名被克里夫蘭騎士隊選走，第二位隊友馬吉特(MAGGETTE)則於第十三名順位被西雅圖超章隊選上，另一位隊友艾夫力(AVERY)最後亦被克里夫蘭選中，因此，杜克大學一共有四位球員同時在第一輪被選上，這也是NBA史上的頭一遭，大家如果記憶猶新的話，應該還記得一九七五年印地安娜大學共有八位球員被選入NBA，而九六年時，肯塔基大學曾經創下過一口氣有三位球員在第一輪被選走的記錄，而在九一年的UNLA內華達大學與九二年的阿肯色大學也都曾有過三位球員齊一入選NBA第一輪的光榮記錄。

話又說回頭，達拉斯小牛隊在當年的選秀會上本來是不想用第一輪去選任何球員的，那爾生父子的性習是，除了鍾愛外國球員，每年都或多或少選一兩個外籍兵來充實陣容外，他兩還特別喜愛在第一輪選秀會上去網羅新手，換言之，那氏父子不是那種輕易的以選秀權來與他隊換取老球員的主管，只是今年他倆恐怕要打破慣例了，口口聲聲揚言，不會使用第一選秀權，但是到了最後一刻，那氏父子卻依然享用了第一輪選秀權——透過聖安東尼馬刺隊之手，以第一輪第廿九名(榜底)選進了芝加哥馬汀路德金恩高中的十七歲少年郎李昂．史密斯(SMITH)，之後，那氏父子再利用第二輪第卅六名的順序，大膽的選上我們這位來自北京的七呎大個兒王治郅，說眞的，當WANG ZHIZHI的名字被叫出來的時候，艾野一時還不知道此君爲何人，於是立即從檔案庫去搜尋，找出一九九六年亞特蘭大奧運會中國體育代表團的名冊，從籃球代表隊名單中一眼即看到王治郅的玉照與大名，才回想起當年在奧地對空地上對他留下的一些印象，之後，艾野再設法追查他的背景資料，得悉他在中國大陸打CBA(中國籃球協會)，屬於陸軍球團的火箭隊(BAHI ROCKETS)，而且他還有一年的合同在身，換言之，達拉斯小牛隊雖然選中了他，他卻不可能在一年之內脫離中國大陸的母隊到美國來投效洋人隊，那氏父子難道不知道這個限制嗎？王治郅成爲第一位獲選中的亞洲球員，他是否可以眞正披上達拉斯小牛隊的戰袍呢？NBA選秀的危機何在？

王治郅是否可以披上小牛隊的戰甲？

這可以從客觀形勢與主觀因素兩方面來分析。

客觀形勢——難上加難但可克服

主觀因素——潛力無窮可以一搏

在客觀形勢上，王治郅目前正在中國陸軍（解放軍）八一火箭隊服役，尚有一年合約，除非解放軍「法外開恩」，特別放人，否則王治郅不可能擅離職守，而且中共另有一套規定——籃球國手的退役年齡是二十八歲，所以王治郅縱使可以通過火箭隊那一關，但是也難過得了國家法規這一關，在重重關卡之下，咱們只能以「難上加難」四個字來形容。不過，小牛隊已表示，將火速派人專程前往中國大陸洽商，希望中國方面以「特案」方式放王治郅出洋打NBA，以提高中國的籃球水平，至於是否能成功的說服中方有關單位呢？這就很難講了，畢竟中國的國情與其他國家不同，並不是用金錢就可以買斷一切的，而且王治郅是當今中國最有價值的球員，放他出國，是得是失，有待研商。在主觀因素上，王治郅是以第二輪第三十六名被小牛隊選中，但是能眞正入選爲十二名陣容的機率其實並不大，小牛隊成軍十九年來，鮮少有第二輪選中的球員可以入選正牌陣容的，而第一輪被選進的球員則大概有九成以上的機率可當選正牌陣容的球員，但這可不保証可以長久待在陣中。例如一九八二年的比爾，葛奈特（GRANETT），雖然以第一輪第四名被小牛隊優先選入，但他卻毫無作爲，沒多久就消失在NBA沙場。再如一九八九年以第一輪第八順位選中的瑞地，懷特（WHITE）也是一樣，只在小牛隊待了兩季就被放逐了，記得當初小牛隊在決定挑選懷特時，信誓旦旦的告訴小牛隊球迷，此懷特乃「馬隆第二」也，因爲小牛隊在一九八五年本來要以第一輪第八名挑選路易斯安那理工學院的卡爾，馬隆（MALONE）的，當時馬隆也興高采烈的準備了要從路州搬到達城，豈知小牛隊在選秀會上突然陣前易將，沒有挑馬隆，卻選了華盛頓大學的日耳曼後裔許彥夫（SCHREMPF），也正因爲這一錯誤的抉擇，使得小牛隊喪失了一位NBA的超級巨星，馬隆如今已擠身於NBA五十大球員之一，許彥夫則流落多隊，未見大紅大紫過。

小牛隊爲彌補馬隆之失，於是八九年在擁有第八順位的選秀權時，立即選中了馬隆在路易斯安那理工學院的學弟懷特，記得那年，艾野親自到達城市中心區「重逢球場」小牛隊的選秀場所採訪，全場小牛隊球迷歡聲雷動，人人爲小牛隊主管口中的這位「馬隆第二」醉心不已，然而懷特進入小牛隊陣容後，身手並不如預期的好，小牛隊的「馬隆美夢」立即破滅了。

一九九一年小牛隊也用第一輪第六名順位選了密蘇里大學的「蠻牛」道格，史密斯（DOUG SMITH），當年的選秀會上曾有兩個史密斯很叫狂，一個就是道格史密斯，另一個則是史提夫史密斯（STEVE SMITH），結果密西根大學的史提夫史密斯被邁阿密熱浪隊以第五名選走，而小牛隊則是用第六名選上道格史密斯，接下來的明尼蘇達灰狼隊則是以第七名選上來自澳洲的新墨西哥大學魯格，龍力（LONGLEY），後來道格史密斯雖進入小牛陣中，但由於勁道不夠，很快的，又在NBA消失了。

艾野舉出以上的例子，主要是說明NBA不是一個好混的地方，許許多多在NCAA叱吒風雲的好手和明星球員，不一定可以在NBA佔有一席之地，像杜克大學的費瑞（FERRY），一九八九年以第一輪第二名被選入NBA，但是他卻因爲不滿洛杉磯飛艇隊開出的薪水價碼，一氣之下跑到外國義大利打球，一年後等他回頭到NBA打江山時，「輕舟已過萬重山」，費瑞這些年來在克里夫蘭隊一直沒啥子作爲，他老爸是NBA有名的球隊主管，對於愛子也愛莫能助。

選秀會存有一些機運在內，主要的原因在於有許多球員在NCAA藉藉無名，像皮平（PIPPEN）就是，他早年在NCAA不但沒名氣，更是在第二流的學校　中央阿肯色大學打二流水平的球賽，一直到NBA選秀會前的「秀前秀賽」他才展露了過人的才華，因此在一九八七年的DRAFT上以第一輪第五名被西雅圖超音隊選中，芝加哥公牛隊再以其他球員與超音隊交換得了皮平，所以公牛隊算是得到了一塊大寶，一塊比喬丹差一點的大寶，難道不算幸運嗎？

話又說回來，小牛隊此番以第三十六名選中王治郅，那也不是說他入選十二名正牌陣容的機會不存在，小牛隊曾在一九九一年的時候也曾用第二輪第三十三名選中天普大學的明星球員丹那德，哈吉（HODGE），他也當選過正牌選手，但沒多久就不見身影了，近幾年內，小牛隊所挑選的第二輪球員中，能夠存活的幾乎就是沒有，就連整個NBA裡，能在第二輪被選中而又能頭角崢嶸的亦是少之又少，咱們津津樂道的「籃板大王」羅德曼（RODMAN）算是一個非常的異數，他在一九八六年的選秀會上是以第二輪第二十七名被底特律活塞隊選中，但是卻可以在NBA

裡以獨到的抓籃板球功夫闖出了名號來，後來更是協助活塞隊與公牛隊拿下數枚NBA的冠軍，這種本事算是很不錯的。

王治郅有可能像羅德曼一般在NBA發光發熱嗎？這也是個未定之數，畢竟他得先能入選小牛隊十二位陣容之一才可以談到這些。因此，艾野之拙見是，王治郅既沒有樂觀的條件，也沒有悲觀的必要，只要他能本著既有的實力，好好在NBA衝刺一番，該得到的，自然少不了，得不到的，大概也拿不著，如果他眞能從中國大陸順利提前出來，又能夠經過小牛隊這一關卡的考驗，相信他是可以在NBA放手一搏的。

大郅若愚？

『大郅』王治郅失蹤了好長一陣子，最後終於現身南加州球場，這位第一個被選中打NBA職業球隊的華人球員差一點就讓姚明打不了NBA，為什麼呢？

當海內外的華人正如痴如狂的為姚明成為NBA有史以來第一位華人『籃球狀元』而高興不已之際，第一位入選為NBA職業球員的王治郅卻也讓華人帶來了一股引憂。

外號叫『大郅』的王治郅是達拉斯小牛隊的球員，他是在NBA球季結束之後，突然失去了音訊，由於未依照當初與中國籃球協會CBA所簽下之合約如期前往北京向中國國家籃球代表隊報到，所以CBA當局極感不滿，不但從北京寫信打電話給王治郅，希望他如約返回國內參加中國國家代表隊的集訓以便在八月底再參加在美國印地安那州所舉行的世界杯籃球大賽，而且CBA也傳眞了一封類似「興師問罪」的信函給達拉斯小牛隊，質疑王治郅的動向，因此，當六月初，「達拉斯早報」(DALLAS MORNING NEWS)獨家披露了『王治郅失蹤了！』的頭條消息時，立即在美國體壇引起了軒然大波，當時艾野正在加利福尼亞州，當地的數家英文主流媒體連續幾天熱門炒作此一新聞事件，主要的原因并不是在於某些球評家所斷言之『王治郅可能不願再返回中國，而尋求美國之政治庇護』，而是在於NBA馬上就要舉行『選秀會』，擁有第一選秀權的休士頓火箭隊早已宣稱將挑選中國的姚明做為今年的『籃球狀元』，但是由於在合約上，必需先與中國官方做好周全的談判同意，其中最關鍵的就是合約中規定姚明『有義務』隨時接受中國籃協之徵召返國爲民服務。而兩年前王治郅在與達拉斯小牛隊正式簽約之前，中國籃協也與小牛隊白紙黑字簽下了這樣的協議，但是『大郅』如今卻不知道是故意忘了，還是有其他的看法，有心違逆中國籃協之意？因此，就在姚明的妾身未明之際，大郅可眞是把事情搞得複雜起來了。

由於媒體已把此事炒大了，大郅不得不透過他的友人出來放話澄清──『我沒有任何不利中國籃協的企圖，我只是想利用暑假在美國加強自我訓練一番！』

當然中國籃協對大郅的言行是無法接受的，無論大郅如何解釋，CBA都斥之爲無理之言。所以透過各種不同之管道，試圖規勸王治郅『迷途知返』，然而『吃了秤頭鐵了心』的大郅依然不爲所動，他一再宣稱，要停留在美國參加暑假自修練習，這是對自己好，也是對中國籃協好，所以他死也不告訴大家，到底他落腳何處？而小牛隊的老闆庫巴(CUBAN)也很誠實的向中國籃協吐苦水：『你們找他，我也在找他，你們很急，我比你們更急，我不但到處打電話找他，更多次到他的住所探門，結果都徒勞而返！』

大郅的確失蹤了一陣子，他的失蹤幾乎就要造成了NBA今年選秀會的江山改寫，因爲如果中國大陸籃協擔心姚明將來也像王治郅那麼不守規矩、不聽使喚而不願放人，不讓姚明參加DRAFT選秀會的話，休士頓火箭隊就只有空歡喜一場，只好把『籃球狀元』的帽子戴到杜克大學的傑．魏連斯(WILLIAMS)頭上了，如此一來，第二名的芝加哥公牛隊也得改變選秀計劃，其餘的第三名、第四名……，所有第一輪的選秀權都要重新更改，那豈不是天下大亂哉！

所幸，中國大陸籃協在最後一刻得到王治郅的書面回應承諾他依然將會代表中國隊參加世界杯比賽，所以大陸籃協才願意放行姚明到洋州大地參加NBA的選秀會，如果大郅依舊失蹤的話，姚明恐怕只有乖乖的待在上海打職業隊了。

大郅到底到那了？原來他是到了南加州黃金州戰士隊參加NBA一年一度的夏季職業聯盟(SUMMER PRO LEAGUE)，這個集訓賽是由NBA各隊的新秀與初入NBA兩三年的菜鳥所組成的，今年是在加州長堤州立大學舉行，王治郅是毛遂自薦獲戰士隊之邀，代表該隊出賽，當他現身球場後，當然引起了大家的高度重視，他的老東家小牛隊也參加了這項比賽，『達拉斯早報』當然不會放過追訪王治郅的機會，透過傳譯，王治郅回答早報的記者提問，他直接了當的說道：『我只是想把球打好，這件事就這麼的簡單，爲什麼你們要弄得那麼複雜？』

王治郅也坦言，他也不知道『何時』、『何地』會加入中國國家隊的陣容，而他也不知道自己的行爲是否已激怒了中國籃協的高層？他自認爲他與國家代表隊教練王飛很有私交，應該不會出什麼問題。

王治郅對英文媒體炒他的新聞很不解，他說：『很多老美並不了解老中，許多人只把我們與萬里長城和大熊貓相連在一起，他們並不知道我們的年輕人除了體育外，在各個領域都很傑出！』

王治郅的心願是先在『夏季職業聯盟』充實充電，然後等中國隊八月初來美巡迴賽時再加入，但是大陸籃協並不如此著想，該會發言人徐明方說：『籃球賽就像下圍棋，沒有王治郅，我們就像少了一顆棋子，我們要如何去下全盤的棋呢？』

據未經證實的消息透露，中國籃協由於此事件大失顏面，已向王治郅下『最後通牒』，如果他再不限期向中國國家代表隊報到的話，八月底的世界杯將會把他的名字除掉，而且還會有更嚴厲的處罰，不過NBA當局並不認爲中國籃協會用那麼不智的手段來削減自己的實力，一位不願透露名字的NBA主管說：『我們籌組美國國家代表隊時，還要低聲下氣求求歐尼爾那些大牌球員代表國家去參加世界杯，他們都不願意，中國隊卻願意放棄自己的王牌球員嗎？』

大郅下一個球季會留在達拉斯小牛隊嗎？由於他與小牛隊的兩年合同已到期，現已成爲『有限制的自由球員』，任何球隊只要與他的新約不超過NBA的平均年薪的話，小牛隊都可以優先以同價簽下大郅，而小牛隊大老闆庫巴已經表示過，任何其他球隊開給大郅的『合理價錢』他都願意以同價優先簽下大郅，至於什麼是『合理價錢』呢？精明幹練的庫巴笑而不答，而大郅本人大概也不太了解他自己現在的市場價值是多少，而他是否能與中國籃協先達成一個合解方案，恐怕是他現在最關心的事了……。

姚明邁向狀元之路

中國『移動的長城』移到了美國，小巨人姚明的NBA美夢即將成眞，這位中國漢家郎的身價值千萬元！

被絕大多數NBA職業籃球專家們公認爲二○○二年選秀會（DRAFT）上極可能以第一名被選上的中國籃壇超級巨星姚明五月一日在芝加哥首次公開亮相，爲廿五支NBA球隊的一百多位總監、球探與教練們做體能測試與球技示範，在長達七十分鐘的個人秀裡，他精湛的球藝獲得在場專家們一致的好評，爲六月廿六日舉行的選秀會『狀元之路』邁進了一大步。他將成爲繼王治郅（達拉斯小牛隊）與巴特爾（丹佛金磚隊）之後，第三位進入NBA的華人球員。

身高七呎五吋（兩公尺廿六），體重兩百卅六磅的姚明此次芝加哥之行是在兩天前專程從上海轉經北京飛來芝加哥，他於一日下午三時在NBA官方人員與上海東方大沙魚隊經理與隨侍陪同下抵達羅耀拉大學體育館，在館外獲得大批球迷的歡迎，本地與全美國各地媒體人員則擠滿了體育館，姚明抵達球場後隨即在名教練暨電視球評家卡里斯蒙（P.J. CARLESIMO）與公牛隊訓練員泰德斯契（HRED TEDE SCHI）之測試下，與一位美國本地球員（出生於荷蘭）奧瑞岡大學七呎二吋的中鋒柯里斯多福生（CHRIS CHRISTOFFERSON）展開一對一的單打過招以及與享利（CORDELL HENRY）配對雙人對決，身材高大的姚明身手十分靈活，上場投出第一球即空心入網。他在籃下移位的動作純熟敏捷，無論遠投近射或反身跳射，雙手扣籃都精確實在，運球、傳球與封球也都運用自如，不但讓測試官頻頻稱許，也讓現場的球探與媒體記者們留下深刻的印象，許多球評家都肯定他的天份與才華，並贊譽他是七呎以上最靈活的長人之一。

姚明在長達一個多小時的示範中充分展現了他細膩的球風，雖然他沒有洛杉磯湖人隊天王中鋒歐尼爾那般威武雄壯的扣籃動作，但是他托手挑籃的功夫易如反掌折枝，他的每一個動作都十分認眞嚴肅的在做，偶爾在籃下失手時，他還會搖頭沮喪，流露出一個大孩子天眞無邪的氣息，他的純眞表情也讓大家難以忘懷。

在接受完測試演出之後，姚明透過翻譯與NBA當局在現場發表了書面感言，他首先表示，自從好多年前在國內電視上第一次看NBA球賽以來，他就夢想到NBA打球，如今此夢即將成眞，那種歡欣的感覺是用言語無法形容的。

姚明也感謝每一支NBA隊伍表達了對他的高度興趣，並且花時間來觀看他的示範，姚明說：『我希望今天沒有讓你們失望。』他也幽了媒體一默，天眞的姚明說，在這場『貓追老鼠』的採訪賽中，雖然讓他壓力無窮，但是媒體的足智多謀與工作熱誠卻是球員們應該效學的。姚明說：『我十分尊敬媒體人員，請讓我有一些暖身的時間，我希望將來能請你們每一位記者去吃晚飯，但是如果你們把我報導壞了，就由你們來付帳。』

姚明最後也表達了他對未來的期許，他說：『我欠各地的籃球迷太多了，你們給了我地球上最好的工作，我保證全力以赴，以自己最好的表現來接受挑戰－－就讓美好的時光繼續下去吧！』

姚明的NBA美夢即將成眞，但是他將會爲那一個城市的隊伍效勞呢？·這就不是他個人可以決定，也不能由那一支NBA隊伍可以擅自做主的，因爲NBA當局有一套行之有年的『選秀規章』，此規章所要體現的精神就是『濟弱扶傾』。

換言之，在『選秀』（DRAFT）制度之下，愈弱的隊伍愈可能有機會優先選中姚明，根據本季NBA正規賽的記錄，所有未晉入決賽的十三支隊伍可以透過乒乓彩球的機率來決定，因此本球季芝加哥公牛隊與黃金卅戰士隊戰績最差，兩隊都可分別獲得兩百廿五個乒乓球（總數爲一千個），機率各爲二成二五左右，而正規季賽倒數第三戰績的曼菲斯則可以得到一百五十七個乒乓球（機率爲一成五七），丹佛可得一百廿球（機率爲一成二），休士頓可得八十九球（機率爲百分之八）……因此，到目前爲止，沒有一支隊伍可以認定能夠擁有選取姚明的權利，只不過芝加哥與黃州卅兩隊的機率最高而已，一切的結果要在本月十九日才能分曉。

當然這也不意味著其他隊伍沒有機會擁有姚明，因爲球隊可以透過『交易』（TRADE）的方式，以現金、球員或較低的兩個選秀權來與獲得姚明的隊伍做大買賣，這就是爲什麼許多隊伍雖然本身並不具備選中姚明的權利，但是也願派球探與老總到芝加哥探測姚明虛實的原因，當然，衆所皆知，芝加哥公牛隊顯然最中意姚明，該隊老總傑瑞·柯勞斯（JERRY KRAUSE）曾多次親自前往上海觀看姚明打CBA的球賽，對他贊賞有加，事實上，姚明在美那麼崇高的聲譽正是我們這位老柯先生不斷釋放出來的訊息，也正因此，NBA當局在各支隊伍共同要求之下，特別爲姚明舉辦了這次的個人秀，以讓大家更進一步了解與洞察他的能力，如果公牛隊不幸未能在選秀會上獲得第一選秀權而被其他隊伍選走的話，不知柯勞斯會不會氣極敗壞，當然，在失去喬丹之後，柯勞斯的『公牛隊』頓時變成了『病牛隊』，連年在NBA東區墊底，此番若再找不到像姚明一般具有『長城』氣勢的球員來重整，恐怕公牛隊百十年後都無法翻身振作！

姚明果眞具有再造公牛隊王朝的本領嗎？事實上，芝加哥本地媒體絕大多數是以肯定的宏觀眼光來看他，尤其是『芝加哥論壇報』更以『明朝』（MING DYNASTY）來尊稱姚『明』，認爲他具備了所有七呎長人所沒有的速度與反應，在姚明示範表演現場，論壇報記者曾訪問筆者對姚明的看法，筆者對該記者說，姚明應該不屬於武字輩的強力球員，而是一位文質的靈魂球員，換言之，他有些像NFL美式足球的四分衛以及MLB大聯盟的主力投手，而非跑鋒或打擊手，因此我們可以把姚明界定爲『控球中鋒』，他的傳球與運球技巧比當今NBA第一中鋒歐尼爾強太多了，不過『芝加哥太陽時報』對姚明的瘦高但卻不壯碩執質疑的眼光，該報認爲挑選姚明是一個很大的風險，尤其是公牛隊充斥了一堆弱牛與小牛，若想靠姚明的身手來重建當年喬丹時代的『公牛王朝』，那是遙不可及的惡夢，該報還調侃道：『有人稱姚明勝過歐尼爾，那大概是指罰球吧！』

姚明的身價因爲他此次來芝加哥獻技之後顯然是上漲了，根據NBA公布的姚明履歷，這位中國的『萬里長城』出生於一九八〇年的九月十二日，姚明的父母都是中國國家男女籃球隊的國手，他的父親身高六呎七吋，母親也有六呎三吋，在父母親刻意栽培之下，他從九歲開始接受正規的籃球訓練，在十四歲的時候即入選上海青年籃球代表隊，到了十八歲時即當選中國國家隊正選球員，並於十九歲加入中國大陸職業籃壇（CBA），第一個球季就拿下『三冠王』（籃板球，封球與扣籃）榮譽。

姚明曾入選二〇〇〇年中國國家代表隊，與王治郅與巴特爾組成『移動長城』前往澳洲雪梨參加奧運會，雖然中國隊戰績不佳，但是姚明個人的表現十分搶眼，已奠定他成為中國第一中鋒的地位。二〇〇一年，他在CBA球季平均每場得分高達廿七點一分，籃板球每場可得十九點四個，封球則為五點五個，成績相當不凡，在與王治郅的八一火箭隊決戰時，姚明勇猛不已，個人攻下卅二分與廿一個籃板球，造成火箭隊成軍以來第一次的敗績。

在剛結束的這個二〇〇二年球季中，姚明更顯銳不可擋，整個正規季平均每場獨得卅二點四分與十九個籃板球，也是『封球王』，每場四點八個，也當選『體育家獎』的殊榮，在決戰之役時，他攻下四十四分，廿一個籃板球與七個封球，率領上海大沙魚隊奪得CBA總冠軍，也正因此，他獲准放行到美國打球的權利。

姚明現在算是自由了，但是由於他從小就是由國家培訓、教養長大的，所以根據規定，姚明將來到NBA打球所獲得的一切收入，包括薪津與廣告收入必需向國家繳交百分之五十的稅（百分之卅屬籃管中心，百分之十屬國家體育總局，百分之十屬上海體育局），而姚明自己只有一半的收入入袋，此事在美國被披露之後，引起媒體的喧然大波，NBA球員工會更是表達了強硬反對的立場，工會主席享特認為這與NBA勞資協議不符，不過他也表示，『如果是姚明在領到薪津之後自願繳交給別人，那我們也無法過問。』

如果姚明能順利當選今年選秀會上的『籃球狀元』，根據NBA的規定，他最多可與球隊簽下三年一千兩百四十萬美元合同，如果是第二名榜眼，也有三年一千一百一十萬美元的合約，這個金額還不包括比這些數目更大更多的廣告收入，屆時姚明將成爲海外的一位中國大金主，數年之後籃球事業必將使他在洋邦揚名立萬！

籃球狀元－姚明

在NBA選秀會上只有百分之八機率選中頭籤的休士頓火箭隊幸運的以第一名選上中國第一中鋒姚明，使他成為NBA歷史上第一位華人『籃球狀元』，他的未來不再是夢……

NBA主席史登(STERN)在六月廿六日晚上於紐約麥迪遜廣場球場向全世界宣佈－－『休士頓火箭隊以第一名選上中國上海的姚明！』

此言一出，不僅現場歡聲雷動，全球電視觀眾透過TNT有線電視的現場直播畫面目睹了這令所有華人興奮與榮耀的一刻，而TNT更立即透過衛星聯接，直接訪問在北京的姚明，透過傳譯，他難掩內心的雀躍之情，他說：『這將是我新的開始，未來我要接受全新的挑戰，我要努力學習，增加自己的進步！』

選中他的休士頓火箭隊當然欣喜若狂，當地的球迷如獲至寶，發行量最大的英文報『休士頓紀事報』更把姚明視為繼阿金．歐拉諸旺(OLAJUWAN)以後的火箭王朝救世主，該報明知姚明不諳英語，但硬是要他用他所知道的任何英語來向未來的休士頓鄉親父老表達內心的話，結果沒想到，姚明竟能脫口說出了：I AM VERY HAPPY TO JOIN THE HOUSTON ROCKETS，HI，HOUSTON，I AM COMING！

嗨！姚明，這下子果真要到美國來打NBA了，目前NBA雖已有兩位中國籍球員－－達拉斯小牛隊的王治郅與丹佛金磚隊的巴特爾，但是這兩位球員皆爲後補身份，上場亮相機會不多，屬跑龍套的角色，而姚明則不同，上個月初，他曾專程從上海飛到芝加哥，爲廿五支NBA球隊的東家與球探教練們做了一場個人球技示範與體能測試，艾野親自前往採訪觀看姚明的球技，對他柔軟又剛和的身手留下深刻印象。

是的，姚明美好的時光的確可以繼續下去了，雖然他在離開芝加哥返回上海後，各種外在條件諸如合約與限制等都不利於他到美國來打球，但是當休士頓火箭隊以百分之八的機率抽中了第一選秀權之後，立即鎖定要挑選姚明，在整整一個月之內，不僅球隊老闆與教頭親自到大陸與姚明與他所屬的上海大鯊魚隊以及中國籃協等眞誠密商有關挑選姚明加盟火箭隊之事宜，而且休士頓市黑人市長布朗更因此而專程到中國大陸做親善友誼訪問，一切的一切都是爲了能讓火箭隊網羅姚明這一位曠世難求的籃球奇才。

根據新的內幕情報，此次姚明離開上海大鯊魚隊之前，必先與該隊簽下『補償性合約』，其補償金高達一千萬美元，是否屬實，有待查證，而姚明可能與火箭隊簽下的合約則是三年兩千一百萬元之巨，算來算去，不知姚明要如何去『花錢買自由』？

至於姚明有可能爲休士頓火箭隊創造繼阿金以後的『王朝』嗎？

我們是可以樂觀預期的，因爲姚明畢竟是從全中國十二億人口之中唯一突出來的天才型球員，相信以他的領悟性與勤奮學習的精神，他一定可以在NBA打出亮麗的成績，不僅爲休士頓火箭隊締造佳績，更爲華人在世界球壇樹立光榮典範！

姚明秀

姚明成爲世界杯籃球賽中最耀眼的一顆巨星，在印地安那州，他是媒體的寵兒，他是中國籃球的救星，萬千的中美球迷正爲他癡迷與痴狂……

『要命！要命！要命！』

『姚明！姚明！姚明！』

在印地安那州首府印地安那波里斯市中心區RCA球場內兩萬兩千多位觀衆熱情的嘶喊著姚明的大名，球場觀衆席上，隨處都是書寫著中英文的偌大標語，像是——

『加油，中國隊雄起！』

『姚明，我愛你！』

『中國隊加油！我以你爲榮！』

『不鳴則已，姚明驚人！』

『中國！我們向你致敬！』

『中國隊蓋帽！』

（明朝）（MING DYNASTY）

就是這樣的盛景，在世界杯籃球大賽中國對美國這一役的觀衆數目創下了今年世界杯最爆滿的新高記錄，根據FIBA國際籃協的統計數字，今年印州的世界杯賽平均每場的觀衆不過是六千七百一十八人，但是八月三十一日星期六晚上所舉行的這場中美之戰竟然擁進了兩萬兩千六百一十九人。其中華人的比率幾幾乎乎有一半以上，多少年以來艾野在美國各城市採訪過各種不同種類的球賽，從來沒有看到過如此眾多的華人觀眾，就連芝加哥的法輪功成員也結集成隊到了RCA球場，他們高舉『向中國同胞問好』的旗幟，在球場內外吸引了許多美國人的注意，他們在場邊熱烈的爲中國隊加油，爲姚明喝彩，爲一股難以抵擋的愛國情操而大聲喊著：『中國隊，加油！中國隊！加油！』

的確如此，這次前往球場觀戰的華人莫不是在愛國心的驅使之下，從美中地區各州開車來看球的，有一位遠自加州灣區搭機來看球賽的籃球迷張軍向艾野表示：『我是來看姚明打球的，姚明不但是NBA的希望，姚明更是中國籃球的救星！』

姚明！姚明！姚明！姚明！中國觀眾一波又一波的高喊他的名字，而每當姚明一舉手、一投籃、一蓋帽或一灌籃得分時，球場的播音員就會大聲的以洋腔的國語喊出姚明的名字『要命（姚明）！』，反而美國隊NBA明星球員皮爾斯（PIERCE）、芬利（FINLEY）與西安・馬力（MARION）等人在有神勇的佳作時，卻得不到播報員的垂青，唯獨姚明，這位在兩個月之前剛被休士頓火箭隊以第一名『籃球狀元』身份選上的中國『萬里長城』成爲本屆世界杯籃球賽的焦點與熱點人物，而姚明個人的表現似乎比中國隊的勝負還重要，本地英文報『印地安那波里斯星報』（INDIANAPOLIS STAR）每天都有四整版的世界杯籃球賽的報導，姚明出現在報上的比例遠遠超過任何NBA的球星，星報的記者幾乎把姚明分析透澈夠了，有一位記者大概是已經在姚明身上沒有什麼東西可以挖了，他竟然問姚明：『我看你的臉色很緊張，你參加這次世界杯一定壓力很大吧？』

結果姚明透過翻譯回答這位記者道：『我的臉天生就是長成這個樣子了，我一點也不緊張，壓力嘛，是存在一些的！』

這就是姚明的幽默，姚明這個二十一歲，卻長了七尺五吋高的大個充滿了赤子之心，在一次記者會上，他還透過他的翻譯告訴記者們，他現在除了勤加練球準備加入NBA後與歐尼爾一比高下外，他更是在苦修英語，並準備把他的翻譯員FIRE炒掉，記者們聽完之後，莫不笑翻了天。

姚明這次在印州，眞可謂紅遍半邊天，無論是在球場內外，他都具備了NBA歐尼爾的熱力旋風，他的第一戰，在對上擁有NBA巨星諾威提基斯（NOWITZKI）的德國隊時，姚明毫不畏懼，雖然因爲有些急躁，犯規過多，全場只上場打了十七分鐘，但是卻個人獨得十六分和五個籃板球，成績不算太差。

到了第二場中國對抗阿爾及利亞時，姚明就像是一匹脫脫僵的野馬，縱橫全場，才打完半場就已砍下二十一分，拿了八個籃板球，眞是讓球場邊的NBA球探與專家們擦亮了雙眼，全場下來，姚明共得了三十八分、十三個籃板球與八個火鍋蓋帽，差一點點就可以創下世界杯籃球賽歷史上第一個『大三元』的記錄，美國隊教練卡爾（CARL）在看完姚明的個人秀後說道：『他的尺寸身裁讓我想起張伯倫（NBA天王巨星），他倆有許多相似之處。』

姚明的第三場比賽就是創下觀衆人數最多的這場中美之戰，事實上，一周之前，中美兩軍已於加州灣區做過一場暖身賽，結果老美牛刀小試，把姚明領軍的中國隊痛宰了一番。

夢幻NBA

現在中美兩軍正式來到印州RCA球場對打，勝負大概早在預料之中，但是姚明可是不服輸的，在與戴維斯跳球之後一分多種即從十六呎處跳投得分，隨後不久，又放了一支三分球的冷箭，並且有兩次成功的助攻，不過由於老美的NBA球星們把防守的焦點集中在姚明身上，所以使他在籃下寸步難行，加上他在防守時過於猛烈，才打完半場就已三次犯規，因此姚明的功力在下半場就無法張揚出來，所幸中國隊的NBA級國手巴特爾以及老將胡衛東表現不錯，所以終場只以十九分小負，令人引以爲傲的是，在上半場的兩節賽況中，中國隊表現十分突出，幾乎一路領先到半場，最多的時候還領先達十二分，讓老美直冒汗不已。

姚明的第四場球是對抗阿根廷，由於阿軍火力強盛，姚明缺乏隊友支援，這場比賽失去了準頭，四次失誤，只吃下十一分，中國隊再次吃了敗仗。

第五仗是中俄之戰，姚明受限於隊友的虛弱不振，使他苦無出手機會，全場只投了六球，只拿下十三分和九個籃板球，成效不彰。在輸給了俄羅斯之後，中國隊已斷送了晉入前八名的機會。

中國隊最後一場是對抗紐西蘭隊，紐隊並不強，中國隊一度以八十一比七〇遙遙領先十一分之多，但是沒想到卻慘遭紐軍一波十七比零的大突襲行動，最後反而以六分輸掉了這場球，姚明的這場比賽算『完美比賽』，因爲他全場出手十九次（區域投射八次，罰球十一次），竟然百分之百完全命中，得了二十七分，給NBA的專家們再一次留下深刻的印象，也爲他在本次的世界杯籃球賽畫下了完美的句點！

我可以從失敗中學習，也可以從成功中學習！

——專訪NBA巨星姚明談他的籃球哲學

十一月三日，由Jeff Van Gundy領軍的休士頓火箭籃球隊從美南遠征到芝加哥『聯航球場』挑戰地主公牛隊。在開戰之前，筆者特別專訪了火箭隊第一中鋒球員姚明暢談他在NBA生涯的籃球哲學與目標，以下是專訪內容：

十八歲的時候還生澀 球技不如LeBron James

艾　野：今年NBA突然竄出了一位天才巨星球員LeBron James，你對他有什麼樣的評價？你是去年NBA選秀會的『籃球狀元』，LeBron James則是今年選秀會的『籃球狀元』，你認爲你們兩位狀元有何相似與不同之處？

姚　明：LeBron James才十八歲，他的籃球本領可高了，老實說，他的球技水平超出一般人很多，我在十八歲的時候球技還生澀，根本達不到他的那種水平，我對他在NBA的前途很看好，不過我還沒有與他在球場上正面較量過，所以我還不能對他有任何的評價。

我去年剛出來的時候，一般人只不過把我當成一個外國來的『籃球狀元』，他們對我只是有一種新奇的感覺，但是今年，我看到大家一窩蜂的把LeBron James捧得出奇的高，去年我自認為外界給我的壓力很重，我相信今年外界給LeBron James的壓力顯然比我還重。

本球季最大目標：打入季後決賽

今年最想改進的事：更融入比賽

艾　野：在打完上一個球季後，你已證實了你將是NBA的一顆超級巨星，請問你，這個球季你最大的目標是什麼？你最想改進的又是什麼？

姚　明：我今年最大的目標是讓火箭隊打入季後決賽，打球的首要目標是贏球，個人的表現還是其次，我在本球季最想要改進的就是——使自己更能融入比賽，全心全心打好每一場球！

樂於做Patrick Ewing的學生

只要贏球，感覺就會很好

艾　野：火箭隊今年換了新教練——Jeff Van Gundy，以你與他短暫的相處，你能不能比較他與去年的火箭隊教練Rudy Tomjanovich有何不同之處？

姚　明：他們倆位教練都很有耐心，指導打球都很有一套，如果真要比較有什麼不同的話，Van Gundy的性子是比較急，但他是求好心切嘛，急一點也無所謂，只要對球隊好就行了。

艾　野：Jeff Van Gundy這次到休士頓火箭隊出任首席教頭，特別找來了他以前在紐約尼克隊任教時的天王中鋒Patrick Ewing來做助教，Ewing有特別教導你一些籃球技術嗎？你對他的評價如何？你可以從他身上學到一些特別的東西嗎？

姚　明：Ewing曾經是NBA最佳中鋒之一，他這次到火箭隊是擔任球隊的教練之一，他並不是專門來教我的，他能在NBA立足那麼多年，自然是有他的道理，我要是一下子就從他身上學到他所有的功夫的話，我現在就是全聯盟的第一中鋒了，我是很敬佩Ewing的，我很高興他能做我的教練，我要好好向他學習討教。

艾　野：你上次是於一月廿六日首次來芝加哥比賽，這次再度來到這裡賽球，你的心態有何不同？感覺如何？

姚　明：我到每一個城市比賽都會有人問我對當地的觀點，我基本上到每一個地方都是去打球，只要贏球了，我的感覺就很好，這中間不存在喜不喜歡那個城市的問題。

我可以從失敗中學習

也可以從成功中學習

艾　野：沒有喬丹後的公牛隊現在戰績不佳，依你的看法，公牛隊王朝已不可能再重振了嗎？公牛隊將來還有希望嗎？

姚　明：NBA任何一支球隊都曾經有盛有衰，有起有伏，今天不好，明天不見得也不好，在我看來，公牛隊這些年來的起伏的確是相當大，但談不上沒落，在NBA比賽，你可以從失敗中學習，你也可以在成功中學習！

筆者也專訪了姚明的翻譯Colin Pine，以下為專訪內容：

艾　野：你擔任姚明一個球季的翻譯後，你覺得他在NBA以及在美國適應的情況如何？

Colin Pine：我覺得他適應的情況非常良好，無論在語言，生活，文化上都進步很多，在我看來，姚明是一個很友善，很熱情的大孩子，他不但與隊友相處得非常愉快，更會主動去關懷別人，他現在已考到駕照，可以自己開車了，語言溝通的情況也很好，與教練和隊友的溝通已不成問題，雖然在接受媒體訪問時，為了慎重起見，我還是會為他翻譯，但基本上他都能理解別人的問題

艾　野：外界都公認你擔任姚明的翻譯工作十分成功，你會一直做下去嗎？你是否有其他的人生規劃？

Colin Pine：這個球季很可能是我擔任姚明翻譯的最後一年了，我樂意為姚明工作，更以做他的朋友為榮，他已能獨立，我自己也有自己的其他計劃，很可能這個球季結束後，我就不再擔任他的翻譯了。

喬丹的霸業！

是潘克勝(PAXSON)在最後三點九秒鐘投中三分球而使芝加哥公牛隊在NBA冠軍賽中反敗爲勝；是葛蘭特(GRANT)在最後零秒道道地地的蓋了鳳城太陽隊的KJ江生一具大火鍋，才使公牛隊立於不敗之地；當然，更是喬丹(JORDAN)和皮平一整季的豐功大業才能使公牛隊締造出三連霸的歷史新頁！

「三連霸！(THREE—PEAT！)

三連霸！(THREE—PEAT！)

三連霸！(THREE—PEAT！)」

當十五萬芝加哥市民擁進市中心區密西根大道旁的「葛蘭特公園」(GRANT PARK)瘋狂的慶祝他們心目中最偉大的籃球隊——芝加哥公牛隊連續三年奪下NBA美國職業籃球「世界冠軍」時，衆目所及與衆耳所聞全都是「三連霸——三連霸——三連霸」的字眼與聲音，這個THREE—PEAT的形象頓時成爲最受歡迎的招牌與口語。

是的，的確是「三連霸」，一個眼睜睜的事實，一個自一九六六年以來，在漫長歲月之中NBA聯合體中沒有一支球隊可以達成的理想，如今竟被公牛隊衆家兄弟一氣呵成的如願以償。

當喬丹、卡特萊特(CARTWRIGHT)與皮平(PIPPEN)三個人捧著三個大金球走上萬人簇擁的公園慶祝臺上時，「三連霸！三連霸！三連霸！」的聲音此起彼落，在一片「三連霸」的旗海下，整個慶祝場地呈現出殊有的奇景。

一代英雄喬丹毫不掩飾心中的爽快，他對亦敵亦友的鳳城太陽隊主力戰將巴克力做了溫和的調侃：「確實是的，上天注定我們將會第四次奪冠。」

巴克力這個「名嘴」在這次冠軍系列賽裡曾口出狂言道：「上帝注定要讓太陽隊贏得冠軍」，他也口無遮攔的說過：「我有一個直覺，我們太陽隊一定會在力挽狂瀾後奪下冠軍！」他甚至還在鳳城的一個地方廣播電臺上告訴聽衆：「我的外祖母一向料事如神，她告訴我，她不止一次夢到我們太陽隊一定可以贏得最後總冠軍！」

巴克力的籃球本領很高強，但是他的口評卻很差。他是那種喜歡說大話的人，只可惜，以他一個人的匹夫之勇，終於還是難以撐掌大局，在七戰四勝制的冗長決戰後還是慘敗在公牛隊衆家兄弟手下。

「這是辛艱的路程，當我來到芝加哥時，我們是墊底的隊伍，但是在經過多年努力後，終見轉機，尤其是過去的三年，可以說是打得相當相當的艱困。」喬丹以激動的口吻說道：

「我們將會連續第四次奪下世界冠軍！」

「四連霸？」

在這次冠軍賽最後一役的最後一刻阻止鳳城反攻，一巴掌把太陽打落西山的最大功臣葛蘭特說：「如果你們球迷像過去三年那般支持我們，我保證我們可以『四連霸』的偉業呢！」「三連霸」是廿七年NBA史上無人可做到的，但是遠在一九五七年開始，波士頓薩艾蒂克王朝卻已有「八連霸」的記錄，此一光輝的歷史，迄今沒有任何隊伍可以打破。當然，最重要的原因是，當今的NBA江山與早年大相徑庭，尤其是在「濟弱扶傾」的「選秀政策」(DRAFT)下，當今NBA隊伍的實力遠較早年均衡多多，所以縱使是八十年代最強的兩支NBA隊伍——波士頓薩艾蒂克隊與羅省湖人隊也無法連續三年打敗天下無敵手，所以才會有湖人隊王牌教頭賴力(RI-LEY)所創新發明的名詞片語——THREE—PEAT。

由於賴力是NBA首屆一指的名教頭，所以當他在一九八八年保證湖人隊可以THREE—PEAT後，這個片語就開始響徹雲霄，但是只可惜，湖人隊將老兵弱，在一波又一波人事改變後，最後也只能停留在「二連霸」(REPEAT)的境界，尤其是在主力巨將魔術江生的退休後，湖人隊什麼霸都沒有了。而今，賴力在紐約率領尼克隊準備復出再創霸業，本來極有可能奪下今年「一霸」的江山，只可惜岳威(EWING)和史塔克(STARK)的聯手難抵公牛的鐵陣，在六場火拼之後，終敗在公牛手下焉！

公牛隊在球季之初期並沒有百分之百被球評家看好，最主要的原因即在於賴力從NBC電視臺分析講評員跳槽成為紐約隊新教練，再加上該隊網羅了史密斯和卜賴克曼等名將加盟，使東區的戰況形成紐約、芝加哥與克里夫蘭三分天下的態式。但是公牛隊最後憑藉者喬丹和皮平兩位優異的表現而穩定前進，歷經八十二場正規季賽後以東區第二種子隊晉入決賽，雖然無法掌握全部的在家主場優勢(HOME COURT ADVANTAGE)，但是卻頻頻靠喬丹在危急存亡之秋時，一球定江山。縱觀這一季戰果，喬丹應該再度贏得MVP最有價值的球員獎才是，但卻被巴克力奪走，其中最大的原因並不是喬丹不如巴克力，而是因爲巴克力把鳳城隊從「落日」變成「艷陽」，而喬丹的公牛本來就很強健，沒法凸顯出他的通天本領。

提到投出最有價值的一球的潘克勝，此君個子不高大，但是球技突出，韌力十足，本球季因爲傷勢未復元，被派爲後補球員，但是每當球隊需要他時，他的三分球就大顯威風，使公牛隊受益無窮，他這次扭轉乾坤的一投，必將留名青史，永垂不朽。在慶祝會上，潘克勝還述說了一個小故事：「幾週以前，我和我六歲的小孩在家裡的後院射球比賽，在時間終了時他投中而獲勝後問我：『嗨！爸爸，如果有一天你有機會在最後時刻投球，你是否會冷靜？』喔！孩子，是的，我做到了，謝謝你，芝加哥！」

另一位公牛隊的後衛BJ阿姆斯壯，也是公牛隊一季的功臣，他長有一張討人喜愛的娃娃臉，但是其他NBA的隊伍可不喜歡他，因爲他的三分球長射能力驚人，而且他總是偸偸的放冷箭，讓敵軍防不勝防，在與紐約尼克隊的東區霸主之爭時，BJ就施展了無數次的秘密武器，所以尼克隊教頭雷力不止一次說過：「我們輸在BJ的三分球！」

公牛隊比較虛弱的中樞，垂垂老矣的卡特萊特在正規季裡因傷錯失了十七場，所幸決賽時健在，堪稱管用，他明年年薪兩百四十萬，但如果公牛隊不想留他，可以用一百廿萬打發放他走，以目前公牛需中鋒孔急的情況下，應該會勉爲其難的留下他，否則想靠史鐵西．金恩(KING)或卜度(PERDUE)來過日子，家道必會中落。

公牛隊明年將會有一個天大的禮物——來自歐洲的籃球第一高手谷卡(KUKOC)，此君神勇非凡，如果今年參加選秀會甄試，以艾野所列出的排名來看，應該把他排在前五名之內。谷卡如果順利與公牛隊簽約入盟，必可增加公牛隊「四連霸」的機會，對公牛隊而言，谷卡的加盟，等於是增加了三分之二個喬丹的戰力，諸君若是不信，咱們等著瞧！

喬丹的魔力

是喬丹的魔力使芝加哥公牛隊在充滿了驚喜、暴力與懸疑的NBA球季中神奇的以七十二勝的歷史記錄聲中結束了正規季……

檢視一季的戰績，咱們若只從球場上球員所展現出來的球技與球藝，可得到的一些共識是：最佳球隊—毫無疑問的是芝加哥公牛隊。公牛隊在喬丹、皮平、羅德曼與古克奇等大將聯手下戰出史無前例的七十二勝十負的佳績，足以證明公牛隊不僅技高一籌，超越其他廿八支對手，而今更在NBA歷史上穩穩的站有一席之地，從戰績上來看，公牛隊的確是歷史上最強的一支隊伍，該隊已連續三年贏得NBA決賽總冠軍，這一季如果不生意外，冠軍戒子應該是十拿九穩的，不過，NBA的歷史倒是不站在公牛隊這一邊，根據慘痛的歷史—九十年代裡，五支最佳正規季戰績的球隊中只有一支隊伍奪下NBA季後總冠軍，其他四支隊伍像西區的西雅圖超音隊在第一回合版賽就被第八種子隊丹佛金塊隊三振出局了，不過，公牛隊與超音隊所不同的地方是，多了一個喬丹和一個皮平，這兩個全能無缺的健將，外加籃板大王羅德曼，所以超音隊的陰溝裡翻船事件不太會發生在公牛隊。

最佳球員—當然是喬丹。不僅NBA球迷，球評家與球探異口同聲指認喬丹是本球季最佳球員，而且球隊教練，訓練員與球員的投票選舉，也公認喬丹是今年最佳球員(次佳球員是休士頓火箭隊的阿金・歐拉諸旺，三佳球員則是公牛隊的皮平)。

喬丹自復出江湖後開始一步步展現自己多年所擁有的巨大威力，今年的喬丹，威武無邊，不僅統領公牛隊打出空前的佳績，而且也爲自己奪下第八個得分王的榮耀，喬丹在籃球方面的才華已是經得起考驗了，只要他健康，最佳球員的獎是必然跟著他的。

最佳五虎將－喬丹、皮平、安菲尼、哈德威、歐拉諸旺。在五人之中，以喬丹、皮平與哈德威三人最無爭議，所有球評家與球員、球迷都無議公認之，但是在最佳中鋒方面，有人認爲是阿金，也有人指認是歐尼爾或羅冰生，不過，指來指去，都不出兩歐與一羅之間，換言之，當今NBA的三大中鋒也像去年一樣就是這三大，至於岳威和牟尼則是第四、五大中鋒，其中岳威在退化之中，牟尼則在增進之中，明年可能有變化。

前鋒方面，除了皮平最穩健外，另一位最佳前鋒人選，大多數人認爲是底特律活塞隊的許爾，他算是全能無私型的球員，在場上注重隊合作，經常協助球隊打贏戰爭，不過，也有人認爲鳳城太陽隊的巴克力雖已年事高大，但寶刀未老，氣勢不減，是『五虎將』之一，也有人認爲猶他爵士隊的老將馬隆應該還是具有『五虎將』實力，只不過猶他隊的戰績不如牛公隊顯赫，所以馬隆的威力不太容易被人肯定，但是可以確認的是，馬隆與巴克力都是八十年代以來身經百戰的悍將，九十年代的後生猛將很少有他倆那般凶猛拼鬥的精神，最佳新秀－多倫多的史淘德邁(Sto-dudmire)雖然身材不高，只有五呎十吋，但是頭腦靈活，在球場上指揮若定，他能助攻，也可自攻，防守也不差，在所有新秀中，以他的表現最穩健、最突出，至於『籃球狀元』周史密斯的表現就比他遜色一些，史密斯其實頗具潛力，但是他所要抗衡的對手像巴克力和馬隆等都是一等一的老將，所以當然無法突顯自己的能力，如果再經過兩三年的洗禮，史密斯是可以打出頭來的。

最進步的球員-洛杉磯湖人隊的坎伯與奧蘭多魔術隊的史考特是被大家公認爲進步最多球員，而克裏夫蘭騎士隊的費瑞與達拉斯小牛隊的麥克勞也是表現出奇的好，他倆的進步不只是在得分方面，在整體戰力上都有不同凡響的表現，算是MIP之中值得肯定的人選。

最佳第六人-芝加哥公牛隊的古克奇其實在廿多支NBA球隊中都夠格出任先發球員的角色，但是在公牛隊中，好手如雲，除非皮平或羅德曼受傷，否則古克奇只有扮演『第六人』後補的角色，這位早年歐洲最佳球員在現在一年比一年成熟穩定，今年是他表現最好的一季，當選最佳『第六人』是實至名歸的。

最佳防守員-喬丹不僅是最佳球員，也被許多球評家推選爲最佳防守員，由於他身手不凡，經常有截抄阻攻的表現，所以使敵隊頭痛不已，也有人指出，羅德曼在籃下搶籃板球的武力是使對手無法二次進攻的主因，因此是最價值的防守員，此外，擅長封球的丹佛金塊隊的馬湯寶也被視爲最佳防守員，他的封球總使對手進攻的火力中斷。

最被低估的球員-根據NBA球員自己所投票的結果顯示，最被低估的球員前五名分別是：李奇蒙、史崔克蘭、馬瑞生、貝克與季力姆。這些球員具有潛力，但是未經常顯露出來，他們的實力很不錯，但是戰力未必爆發出來，李奇蒙日前獲選爲NBA『美夢隊伍』的一員，他算是揚眉吐氣了，看來沒有人會再『低估』他了。

最粗糙暴力的球員－有『壞孩子』之稱的羅德曼是公認爲最火爆的球員，他經常手腳不乾淨，給人吃拐子，但是裁判卻不易發覺，一旦被裁判盯住，他又光火不已，大發裁判的脾氣，所以羅德曼算是最粗糙火爆的球員。

最受歡迎的教練－依NBA球員票選結果，他們最願意投效的教練分別是－魏肯斯(亞特蘭大)、賈克生(芝加哥)、雷力(邁阿密)、湯姆賈諾維契(休士頓)與史羅思(猶他)等，在NBA裡，好的教練未必獲得尊重，像紐約尼克隊的那爾生就是一例，那氏教球嚴格，領軍有方，但是球員卻不願服從，教隊東家別無選擇，叭得請他走路，而像公牛隊的賈克生則是又令帶位球隊奪冠，又能得到球員擁護，喬丹竟說道，他將與賈氏同進退、共生死、齊榮辱，由此可見愛克生的確有兩套人生哲學，看來叭要喬丹打球一天，賈氏是金飯碗是一定可以保住了。

最有危機意識的教練－西雅圖超音隊的卡爾。他的球隊在過去三年的正規季裡打出一百八十五場最佳的勝績，但是由於時運不濟，每晉入決賽就倒運，去年更是以全NBA最佳戰績而敗給了丹佛，令人跌破了眼鏡，此番西雅圖又一次以西區第一種子入圍，面臨第八種子沙加緬度的挑戰，主力大將坎普恐怕將因犯規被禁賽，在此不剁主因下，卡爾心情緊張不已，萬一再不幸敗北，他叭被炒魷魚一途了。

最大的『敗注』－休士頓火箭隊。諸位如果不健忘的話，應該清楚記得去年的火箭隊是在什麼樣的劣勢之下，路上從敗軍的陣營裡殺出一片生機，去年此時，火箭隊是以西區第六種子，一連把區裡排名在前的隊伍三振出局，最後更是阿金的率領下把九十年代的新銳隊伍奧蘭多魔術

夢幻NBA

隊打敗而兩連霸稱雄NBA，今年的火箭隊會不會『重演歷史』卻似乎很難，尤其是在火箭的主力戰，主將紛紛受傷之時，又沒有主場優勢的情況，想靠阿金打出新的天地?讀友們就『豪賭』一下吧，依艾野之見，火箭隊運道不論怎麼好，也難過西雅圖那一關，更何況喬丹與皮平領守住東區最後的陣地，火箭隊今年想『三連霸』比登天還難千百倍，您若不信，等著瞧吧！

喬丹的身價

一代籃球巨星喬丹的身價成謎，芝加哥兩大報爲了他的身價問題展開「大戰」，喬丹的身價到底是「天價」還是「無價」？這眞是一個謎！！

喬丹的身價到底值多少錢？

這大概是全美國的人都十分關注的焦點話題，由於太吸引人了，還引發了芝加哥地區兩大英文報之間的一場「大戰」！

首先是「芝加哥論壇報」(CHICAGO TRIBUNE)披露了由該報資深體育專欄作家文迪所截獲的「獨家內容」，首次透露了喬丹在公牛隊最後兩年所提出的兩年三千六百萬元的要求，文迪先生還引述了喬丹的親口談話道：「就是這樣，那是絕對的底價！」(THAT'S IT，AND THAT'S THE ABSOLUTE BOTTOM FIGURE！)

文迪還說，喬丹很堅定他自己的價碼，喬丹說：「我想要留在這裡(芝加哥)，我感覺到是七O對卅的機率，或許是八十對廿的機率吧，但是如果不是那個價的話，我準備離開這裡，我的家人也將一起離開！」

喬丹也說，他本來想要求每年的年薪兩千三百萬元，前兩位數字就像他的球衣號碼一樣，但是他願意屈就爲一千八百萬元，如果公牛隊不願意付他，他只好到別的地方去打球——或許年薪會少一千萬他也不在乎。

喬丹的想法是，這是一個原則問題——芝加哥公牛隊因爲有他，所以不知多賺了多少錢，如今該是他們回饋一些給他的時候了！

「芝加哥論壇報」的獨家內幕刊出後，全美媒體大轟動，包括ESPN、CNN、USA TODAY等權威體育媒體無不引述「論壇報」的「獨家」內幕，只有「論壇報」的死對頭「芝加哥太陽時報」(CHICAGO SUN—TIMES)大唱反論，在次日以頭條特大新聞來反駁「芝加哥論壇報」的虛假「獨家新聞」，該報以特大標題標出——「喬丹是無價的！不要相信這位MVP最有價值球員獎得主會願意接受一千八百萬元的年薪！」

「芝加哥太陽時報」明顯的是衝著「芝加哥論壇報」來的，這兩家本地英文大報平時就水火不容，平心而論，「太陽時報」的體育版比「論壇報」強很多，但是在其他新聞和言論版方面，「太陽時報」則比「論壇報」遜色多了，如今「論壇報」竟然能夠截獲「獨家內幕」，「太陽時報」豈願甘拜下風呢！於是該報最權威、也最自命不凡的體育專欄作家馬瑞奧特立即在這篇反駁式的新聞裡斬釘截鐵的寫道：「一千八百萬元年薪一事絕不是喬丹說的，是有人(指論壇報)在走廊上斷章取義，假借喬丹之口的不實說法！」

馬瑞奧特並寫道：「以我所認知的喬丹和他的經紀人方克，在等待了八個球季之後，他們絕對不可能會願意以一千八百萬元的年薪妥協的！」

馬先生也不甘示弱的引用喬丹自己的話來支持他的論點，喬丹說：「一千八百萬元？那純粹只是一個猜測！」

到底喬丹的想法與眞正的說法是什麼呢？「論壇報」與「太陽時報」的說法何者正確呢？

芝加哥公牛隊的首席教頭賈克生說道：「(電影明星)席維斯特．史塔龍拍一部片子的片酬是兩千萬元，我不能想像到喬丹一季的年薪不值兩千萬元，喬丹對公牛隊與芝加哥的貢獻是無法估計出來的！」

賈克生說的一點也沒錯，喬丹的價值的確無法估算出來，然而目前公牛隊所付給他的薪水卻「低得可憐」，當年他的年薪才四百萬左右，放眼當前NBA各路人馬的年薪，您不得不爲喬丹抱屈喊冤，當年NBA年薪最高的前三名分別是這樣的——

第一高薪——紐約尼克隊的岳威(EWING)，年薪一千八百七十萬元，外加紅利。

第二高薪——休士頓火箭隊的崔可捨(DREXLER)，年薪九百八十萬元。

第三高薪——奧蘭多魔術隊的歐尼爾(ONEAL)，年薪五百七十萬元。

喬丹的球藝難道不如以上三位球員嗎？爲何他的薪水遠不如他們呢？其實這也不能全怪公牛隊的大老板瑞斯多福，因爲喬丹的薪水就像皮平的薪水一樣，是早在八百年前就已簽訂好的，在那個時代，喬丹與皮平的薪水高得無人可比，不僅年薪高，而且年限又長，羨煞人了，怎奈這短短幾年之內，NBA的薪水就像雨後的春筍一般的長出來，從拉瑞．江生到柯爾曼，再從羅兵生到哈德威，一個比一個的胃口還大，像羅兵生，在以「籃球狀元」被密爾瓦基選上後，連一分球都還沒有投進，就獅子大開口，索價一億元，這些後生小子眞是不知天高地厚，根本不把喬丹這些功高望衆的老將放在眼裡，而NBA球隊的東家們也一個個奸詐狡滑，非要到了火燒到褲頭上時才會心不甘、情不願的找即將變成「自由球員」的老將談判，當然，談判的結果總是千篇一律的鐵則——「適者生存、不適者淘汰」。

以喬丹來說，那年當他從棒球場上歸返公牛隊時，公牛隊雖對他禮遇有加，但在評估他的復出後的實力與貢獻後，球隊並不願馬上與他談新合約的事，由於喬丹已卅老幾，再怎麼厲害，也算一頭「老牛」了，公牛隊正準備干「重建」的計劃，那年多次想把另一匹「老牛」皮平出賣掉，只因不划算，找不到眞正合適的買主，所以無法實施「重建」的長遠計劃，喬丹的新合約於是便放在一邊，暫且不提，而喬丹豈是一盞省油的燈呢?!在歷經痛苦的復出掙扎後，他卧薪嚐膽，夜以繼日的苦練，終於恢復了退休以前的籃球水平，一季下來，不僅個人第八度奪下「得分大王」的寶座，更是率領公牛隊打出七十二勝十負，NBA歷史上最最好的戰績，喬丹的功力又展現無遺，舉天之下，有誰不服他的呢!?

公牛隊大老板當時的心情當然是「既喜又憂」了，「喜」的是——喬丹再一次使公牛隊回復多年前一流的勁旅，自從喬丹復出後，芝加哥「聯航球場」的座位從沒有空過，不知爲公牛隊多賺了多少的錢!「憂」的是，「要如何向喬丹提薪水合約的事啊?」

喬丹已不單純的是一個球員，他這些年來已磨練成一位商場上精幹的生易人了，他知道自己的身價有多高，但是從不輕易喊出價碼，他很聰明的說過一句富有玄機和哲理的話，喬丹說：「過去十多年來，我付出了青春歲月，公牛隊與芝加哥應該知道我有多少貢獻，我相信世間上有一定的公道，他們知道該怎麼辦？」如果解讀喬丹的話，我們至少可以確知兩件事。

其一是——喬丹肯定認爲公牛隊過去十多年來所付給他的薪水「不合理」。

其二是——喬丹肯定要公牛隊還給他「公道」，把過去十多年以來所「少付」的連本帶利，一起加還給他！

由此可知，喬丹的薪水不再單純的只是「未來的身價」問題，這得牽連他「以前的價值」在內。換句話說，喬丹的薪水，必須「追溯既往」，把他自從一九八四年穿上公牛隊廿三號球衣以來，不到半季就使公牛隊的球賽入場門票張張賣光，再到連續三年率領公牛隊奪下NBA總冠軍以及即將爲公牛隊再奪下另一個總冠軍爲止……

喬丹的價值的確是太難估計了，恐怕連他自己也無法正確的核算出來，因爲這十多年來，他使公牛隊的股值淨漲了千百倍，而且其價值還在不斷地上揚之中，漲額之巨，勝過任何一個球員可以達到的極限，也因此才會造成「論壇報」與「太陽時報」之間的爭辯，而在這場論戰之後最大的受害者當然是公牛隊的大老板瑞斯多福，他難道敢拒絕與喬丹簽巨約，而讓這位千百年難得一見的巨星流失嗎？正如「太陽時報」的馬瑞奧特說的：「如果瑞斯多福激怒了喬丹，使喬丹以低價與其他球隊簽約而離開芝加哥，瑞斯多福最好要求國民捍衛兵來保護他的安全！」

喬丹的微笑

當廿五萬名的公牛隊球迷擁擠在芝加哥市中心區的葛蘭特公園(GRANT PARK)狂歡慶祝公牛隊勇奪NBA籃球賽世界總冠軍時，本地的電視臺與廣播電臺都在做現場立即實況轉播，在電視畫面與廣播頻道中傳來熱烈非凡的盛況……

喬丹、皮平、羅德曼、哈培、藍力……一位又一位芝加哥公牛隊的英雄在市長戴利和公牛隊老闆倫斯多夫(REINSDORF)的祝福下一一登上慶賀臺上接受大衆的鼓掌歡呼！喬丹笑了，喬丹的微笑眞的好可愛！

勞苦功高的老教頭賈克生(JACKSON)第一個上臺致詞，長久以來，因爲合約未定，鬱鬱寡歡的賈克生只短短的說了廿二秒，他感謝球迷與球員能有這樣一個『偉大的一年』。

奪下冠軍系列賽MVP最有價值球員獎的喬丹在致詞時把一切的功勞歸於每晚到球場上支援公牛隊的「勞動人民」(WORKING PEOPLE)，情緒激動的喬丹說：「我希望明年你們能夠再來這裡慶祝我們得勝，而且到每一個城市去告訴別人：我們贏得了第六個冠軍，同時，我希望那也是第七個、第八個、第九個、第十個冠軍！」

在近一個小時的狂歡慶祝會上，到處都可以看到各種牌子的標語——「我們是世界冠軍！」、「喬丹是世界最偉大的球員！」、「羅德曼沒有錯：他爲公牛隊抓下冠軍」、「廿三等於六(個冠軍)！」、「喬丹、賈克生和皮平等於冠軍！」、「迎接明年的冠軍」、「我們需要喬丹！」……。

公牛隊現在眞的已成爲世界第一流的隊伍，在對抗猶他爵士隊的最後一役，只剩下五秒的時候，神射手柯爾(KERR)在獲得喬丹的一個妙傳後，鎭靜的投射，一具驚天地而泣鬼神的空心球把猶他爵士隊的心臟都射破了，公牛隊就是靠著這一球而奠定了勝基。

當然，猶他隊還有起死回生的希望，在NBA，最後零點零一秒都不算太遲，君不見休士頓火箭隊的江生(JOHNSON)、猶他爵士隊的史他克頓(STOCKTON)和喬丹都在最近幾場決賽中的最後時刻改寫戰果，一球射下勝績，所以猶他爵士顯然將利用尙有五秒之「多」的時刻反撲，史他克頓與「郵差」馬隆(MALONE)似乎已箭在弦上，不時即刻會射出，在全場喧囂聲中，爵士隊的羅素(RUSSELL)長傳球到前線，但是機警如蛟龍的公牛隊「第六人」古克奇(KUKOC)瞬間即伸手把球彈開，虎視在身旁的皮平(PIPPEN)，勇不可當的衝上前去，奮不顧身的把球拍給古克奇，此刻古克奇快馬加鞭，一人運球上籃得分，而使爵士隊反撲的希望破滅，也由於古克奇與皮平兩人的合作而使公牛隊確保了由柯爾所締造的神奇之作，當然，喬丹必然是整場的最後大功臣，他縱橫球場四十四分鐘，獨取卅九分，尤其是在前三節，當公牛隊頻頻落後，不堪一擊時，喬丹總能反險爲夷，在敵軍戰線裡或放冷箭，或打熱槍，讓公牛隊能夠歷久不衰，保存了生機，所以喬丹被無異議的投票當選爲MVP最有價值球員，這也是他五度獲此殊榮，在一九九一年、一九九二、一九九三與一九九六年，喬丹也因爲統領公牛隊分別擊敗羅省湖人隊、波特蘭拓人隊、鳳城太陽隊和西雅圖超音隊等使公牛封王稱霸而贏得MVP的至高榮銜。

喬丹顯然對自己與公牛隊的信心十足，所以他才會講出希望贏得第六、七、八、九、十個NBA冠軍，但是喬丹心裡也十分的清楚，如果只有他一個人留在公牛隊裡而缺乏了賈克生教練與皮平的話，他奪冠的希望是不可達成的，所以他不止一次、二次、三次、四次的表達了要與賈克生同進退的心志，當公牛隊打敗猶他隊奪下冠軍那天晚上，在面對千百位採訪者專訪時，喬丹再一度強烈的表達他的願望，喬丹肯定的說：「我願再清楚的說一次——我不願為其他教練打球，除了賈克生，我別無所選！」

喬丹也再一次為皮平抱屈，他說：「皮平是我的小兄弟，他每晚拼了命去為公牛隊打球，我的MVP應該分他一半，他應該獲得我一樣三千多萬元的年薪，沒有了皮平，公牛隊打不起來的！」

這也是喬丹第一次把他自己和賈克生、皮平三個人緊密的連成一個「生命體」，在他的觀念裡，只要這個「生命體」不完整，公牛隊就不可能再造「王朝」！

但是公牛隊老闆瑞斯多夫的想法可不是這樣，倫斯多夫本人是一個善變的商人，他從球季之始就不曾光明正大的談公牛隊未來的前途，他甚至避而不見賈克生教頭，兩個人至今從未面對面溝通過未來的前途，在公牛隊奪得第五個冠軍的夜裡，瑞斯多夫在接受體育電視頻道ESPN的專訪時說：「喬丹如果想現在就簽約、或明天、或後天、大後天簽約，我都竭誠歡迎。」

倫斯多夫接著說道：「非常可能的是，喬丹、賈克生、皮平，甚至羅德曼都全部會回到公牛隊陣中，但是，如果總經理柯勞斯告訴我，別的隊伍所出的價錢合宜的話，我將絕對會同意換走皮平以使公牛隊的前程美好！」

在訪談之中，倫斯多夫自稱自己是一位兼具有「短見」與「遠見」的人，他說：「一般大衆與球員大都只具有『短見』(SHORT VIEW)，只有我兼具有『遠見』(LONG VIEW)，我記得當年公牛隊的球迷只有六千人，在喬丹離去之夜，如果我們沒有好的成績，誰敢說我們不會再回到六千位觀衆呢？」

倫斯多夫相當明白公牛隊一旦失去了喬丹之後的「悲慘情況」，當年在喬丹短暫「退休」後，公牛隊就沒法奪下NBA冠軍，平白把金杯奉送給休士頓火箭隊，但是在喬丹復出之後，公牛隊又把冠軍撈進口袋，所以公牛隊的成敗肯定是操縱在喬丹手裡，瑞斯多夫當然不願見到喬丹退休後公牛隊不堪一擊的慘狀，「波士頓王朝」和底特律活塞隊的慘痛經驗讓瑞斯多夫提高了警覺，所以他寧願在喬丹全盛時期就預先進行「重建計劃」，以免產生「青黃不接」的現象，而既要「重建」，必須靠少壯的新秀球員來進行，所以皮平就成爲公牛隊對外交換的一張特大王牌，所以倫斯多夫所自稱之「遠見」其實就是把老大的皮平去換來年齡小的球員以延續公牛隊的前途，更何況皮平的年薪很難擺平，一旦沒搞定，等他是自由球員後，公牛隊將不能再約束他，到時候一個年輕球員都撈不著，所以具有「遠見」的倫斯多夫強調，公牛隊未來的前途是必須先解決掉皮平的前途，然後再坐下來與賈克生談未來，最後再與喬丹談簽約，艾野認爲，倫斯多夫之所以談到訪這個倒方向的解決方式最主要的因素就是在喬丹一再強調與宣稱，他將與賈克生和皮平同進同退，如果他倆都退掉了，喬丹不可能獨自前進，所以瑞斯多夫不得不先解決好皮平，如果皮平的年薪談不攏，瑞斯多夫百分之百會把他乘早賣掉以便馬上展開「重建」的遠程計劃，在這個情況之下，賈克生做不做教練都不再緊要與必要，而喬丹嘛，當然也不會再留下來，以後公牛隊也萬萬不會再奪冠軍杯，除非喬丹不講「誠信」，不顧皮平與賈克生而爲了三千六百萬像樂透獎一般巨大的年薪獨自留下來協助公牛隊進行「重建」，公牛隊才會有一絲奪冠的希望。

公牛隊的情況眞是太模糊不清了，造成空虛情況的主因就是喬丹太講義氣，由於他把賈克生和皮平的前途是與自己的前途緊密結合，所以造成公牛隊進退維谷的窘境，也讓公牛隊大老闆瑞斯多夫「敢怒又不敢言」，要是換了別的球員說出那些不懂NBA「行規」的話，早就被放逐出家去了。

以艾野之推測，公牛隊老闆倫斯多夫雖然還沒有放出與皮平談合約的風聲，但是最後的結果應該會與他簽下至少三到五年的合約，而賈克生與喬丹的合約大概是兩年到三年，這比較符合瑞斯多夫所謂的兼具「短見」與「遠見」，換言之，公牛隊可以利用這個「鐵三角」尙鋒利時同時進行「奪冠」與「重建」的雙重計劃，當然，公牛隊最大的代價就是倫斯多夫要付出大筆超出他口袋預算的美鈔，喬丹曾開玩笑的說：「倫斯多夫大概要賣掉房子用貸款來付薪水才可以保住公牛隊的江山！」喬丹的話恐怕不是一句戲言，公牛隊如果不以金錢來保住這三位「超級公牛」，明年的冠軍將不再屬於他們！

喬丹的企業

除了籃球職業外，他也投身入球鞋業，他的籃球年薪加企業收入一年總利潤達一億美元，這不僅是「天文數字」，這也是「歷史數字」，古今中外的英雄豪傑能以立德、立言、立功三不朽流芳百世，但喬丹卻以一個連一張大學文憑都沒有的球員身份創造出如此不平凡的成就……

NBA巨星喬丹的一舉手、一投足都引起各界的注目，那一年，在成功的為芝加哥公牛隊二度衛冕NBA寶座之後，喬丹曾經突然失蹤了一陣子，於是他未來的走向又再一次成為衆人猜測和議論的焦點，而喬丹又是怎麼說的呢？

「我只是把焦點集中在未來的一季以再奪一個冠軍！」

這是NBA「皇上皇」球員喬丹在接受「芝加哥太陽時報」獨家專訪時所透露出來的訊息，在不久前，當喬丹與公牛隊簽下僅有的一年合約時，一般咸信，這將是喬丹在NBA最後的一個歲月，因爲他已卅四高齡了，歲月是不饒人的。

喬丹也在暑假裡和他忠實的球迷柯林頓總統打過一場高爾夫球，之後他帶著自己的一家大小四口到夏威夷茂伊島度了三週的假期，在結束與海水沙灘相伴相依的廿天歡樂時光後，他又飛到賭城拉斯維加去親自主持了一個「高級籃球訓練營」，那是一個專爲年滿卅五歲以上的成年人所舉辦的四天籃球課程，由喬丹親授籃球絕技，備受歡迎，喬丹說：「我不想只給小孩子有機會學到我的東西，我想給那些只有在電視看到我打球的成年人也有機會親身從我這裡學些經驗，同時、也讓他們有機會認識我，剛開始的頭一天，他們都好緊張，但是第二、第三天以後，每個人都放鬆了心情，我很高興，那種感覺眞好！我希望以後每年都舉辦一次。」

就在暑期結束之際，喬丹開始了他的年度新計劃，他飛到紐約曼哈頓發佈了一個驚人的消息：「將出任耐吉球鞋喬丹部門領導人以親自設計督導新一代的『喬丹鞋』。」

喬丹此舉，震撼了商界，幾年前，他曾跨入影壇，拍了一部熱賣的卡通電影——SPACE JAM，如今在籃球生涯巔峰之際再次步入商界，並將自設品牌與廣告行銷，似乎他已籃壇人士轉變成商場中人。

「我知道我一切的成就都是來自籃球，除此之外我必須另創事業。」顯然的，喬丹是在爲自己開創新的事業而鋪路！

喬丹之所以要涉足鞋業，就他自己的說法是：「不是從金錢的角度來看。」，喬丹說：「這是我職業生涯和人生規劃中的一個舞臺，我不想讓別人來做這件事，而是自己親手來掌控！」

喬丹從一九八四年加入NBA後即與耐吉球鞋公司簽有合同，不過據耐吉公司總裁耐特幽默地說，當初他的想法是：「喬丹如果沒有耐吉球鞋，他什麼都沒有。」

如今的情況卻是：耐吉球鞋如果沒有喬丹，什麼都是空的！

在美國球鞋市場上，一直存在著激烈的競爭，但是自從喬丹在NBA打出了名號之後，由他所代表宣傳的「空中飛人」耐吉球鞋即一沖飛天，拋開掉其他品牌的球像「銳跑」(REEBOK)、艾迪達(ADIDAS)和「飛辣」(FILA)等球鞋都不再是「耐吉」(NIKE)的對手，不過，就在喬丹宣佈退出NBA的那一年半載之時，美國的球鞋業江山竟然丕變，「耐吉」的業績一落千丈，使其他品牌的球鞋伺機而起，耐吉公司當然承受不了這突如其來的打擊，於是強力遊說喬丹復出，雖然其中內情未爲外人所知，不過，熟知NBA的籃壇人士都相信，喬丹復出NBA的一個重要原因是耐吉公司對他做了不願向外人道的優厚承諾。

喬丹對耐吉公司既然有如此的重要性與必要性，所以耐吉公司在經過一番思量後，決定把喬丹規劃成自己公司的一位主管人士，雖然耐吉公司與喬丹都沒有透露到底他們是如何的合作關係，不過咱們合理的推斷，耐吉必然有分股份給喬丹，至於是大股或小股，那恐怕並不重要，重要的是，喬丹本人很樂意這一份屬於自己事業的工作，誠如他說的：「我一旦從NBA退休之後，我不想當教練，我也不想做電視評論員，我只想經營自己的公司，自己做出決定。」

對球鞋業一往情深的喬丹似乎已對自己品牌的球鞋頗有心得，目前已正式推出上市的「麥可喬丹鞋」的款式和色澤完全由喬丹自己設計，他得意的表示：「雖然我的工作時間不是朝九晚五(早上九時至下午五時)，但是我可以用很多時間去貢獻和付出。」

喬丹鞋的設計以孩童和青少年爲主，色澤明亮，鞋子重量比一般球鞋輕巧，售價從每雙一百元起，最貴的標價爲一百五十元，由於比一般球鞋貴出甚多，所以曾引起許多家長的批評反對，一位讀者曾向「體育週刊」投書表達了心中的不滿：「喬丹應該想想自己是從什麼家庭長大的，他小的時候，家裡能夠爲他買一雙一百元的球鞋嗎？我們誠心建議他，把球鞋的價錢減半，從五十元一雙起價！」

這位讀者的投書顯然是起不了什麼作用的，因爲喬丹已是世界公認的名牌，只要有他的大名做商標，什麼產品都有超出一般市價的行情，尤其是現在又是由喬丹自己來親手設計、監督和行銷，怎麼可能「壞掉行情」呢！

具有生易頭腦的喬丹不僅在球場上成功的爲商家做各種產品的宣傳，而且現在更在球場外親自執掌自己的球鞋事業，他是否可以成功呢？而在籃球與球鞋的「魚與熊掌」之間是否可以兼得呢？

喬丹的老闆——芝加哥公牛籃球隊的隊東主瑞斯多夫(REINSDORF)開玩笑的說：「我已經教過喬丹如何吸雪茄煙，那已是他正確導向的第一步。」

瑞斯多夫當然相當了解喬丹的才能與重要性，在公牛隊還沒有喬丹加盟之前，公牛隊的戰績曾起起落落，而球迷支持的程度始終沒有起色，但是自從公牛隊「三生有幸」，八四年選秀會時以第三名簽下喬丹後，立刻使公牛隊從陰霾裡走出來見到了亮麗的陽光，而瑞斯多夫也靠著喬丹的威力之助，從窮困的球隊老闆搖身一變，而成爲NBA富有的球隊大亨之一，所以後來他眼都不眨一下就以三千六百萬元的年薪奉送給喬丹，當然瑞斯多夫心知肚明，喬丹必然可以至少爲他帶進比這個數更多的財富，否則公牛隊要如何維生呢？

據「富比世雜誌」(FORBES)的估算，喬丹今年一年的稅前總收入將達一億元美金，這個數目不但是「天文數字」，更是「歷史數字」，古今中外的英雄豪傑能以立德、立言、立功三不朽流芳百世，但喬丹卻以一個連一張大學文憑都沒有的球員身份創造出如此不平凡的成就，這又怎能不令人尊敬和景仰呢！

喬丹這一生算是轟轟烈烈、彪炳寰宇了，他的籃球事業以及其他的企業如今都正値巔峰之際，相信以他過人的才能與智慧，他必然可以知所進退，尤其是在NBA激烈競爭的球場上，喬丹一定會選擇適當的時機以光榮成功的結束自己的籃球生涯以使自己的盛名長留世人心田之中，而喬丹自己的企業也必然會在他恭親投入之下創造出令人眩目的成就！

喬丹的歸隱

籃壇一世英雄喬丹終於揮別NBA江山遠去，從此一切名利江山對他而言都已成空，不過他在NBA所建立下的偉業則萬古流芳……

世界上最偉大的籃球巨星喬丹一月十三日正式宣佈退出NBA江山，一世英雄從此遠去，世人莫不感到哀戚與懷念！

喬丹的離去，不僅是芝加哥公牛隊無法彌補的損失，也是NBA籃壇創巨痛生的挫折，在過去這段日子以來，由於NBA勞資雙方因爲金錢利益的糾葛而陷入有史以來最嚴重的災難，NBA資方一氣之下，休工了半年之久，正當準備要取消球季全部賽程之際，NBA勞方突然軟化立場，雙方經過徹夜「懇談」，終於各讓一步，達成了妥協的決定，NBA於是宣佈將於二月五日正式開工，繼續進行五十場比賽，這應該算是萬萬不幸之中的大幸，也可以說是大喜事一樁，然而正當大家沈迷在歡欣的氣氛中時，卻突然傳出了喬丹退休的噩訊，使NBA開季以來的喜事化爲悲事，這也是萬萬千千籃球迷無法承受的打擊，不過，喬丹退休倒也不是「晴天霹靂」，因爲早在一九九五年秋天，喬丹就已經退休過一次，那一次是因爲他的父親在北卡羅來那州家鄉被惡少殺害身亡，使喬丹突生「人生乏味」，在宣告對籃球已失去興趣之後，他突然做出了退休的決定。

那一次的退休，給NBA千萬了巨大傷害，球迷流失慘重，而喬丹爲了肯定自己，不惜以月薪八百元的身價投入職棒芝加哥白襪隊的二軍陣營，由於他無法在棒球上發強揮勁的打擊功夫，於是他放了棒球，再一次重返NBA公牛隊。

喬丹當初是在爲芝加哥公牛隊的霸王冠之後退隱的，他離開NBA兩年，公牛隊的業也立即中斷兩年，等他宣佈復出NBA後，一般球評家對他的評價是毀譽參半，他能夠再爲公牛隊奪回已失去了兩年的江山嗎？NBA球評家們大多數半信半疑的態度，然而喬丹在短短幾星期的暖身活動勤練之下，出乎預料的恢復了往日神勇之風，他也很快的把公牛隊從衰頹的劣勢昭再度與盛茁壯起來，接下來，又是一個三連霸的盛舉。這個時候，大家才眞正肯定了公牛隊的確是靠喬丹一個人打出來的天下，只有他才可以創造出奇跡，沒有了喬丹，公牛隊將一無所有，這也就是爲什?公牛隊願意以三千三百萬年薪與他簽約的唯一原因。

不過，由於公牛隊主管階層似乎並不在乎喬丹以外的人，尤其是喬丹一直很尊敬心儀的教頭賈克生(JACKSON)，這些年來，從未被兩位公牛隊主管器重，在他們心裡，任何人都可以代取賈克生，只有喬丹是唯一無法取代的，在這樣的邏輯之下，公牛隊因不滿意賈克生加薪的要求，於是放出風聲，將以一位NCAA大學的教練來換掉賈克生，這件事深深困擾賈克生，也使喬丹極爲不滿，於是他爲了「護主」，不惜說出「只爲賈克生一人打球」的重話，然而公牛隊顯然沒有把喬丹警告放在心裡，兩位傑瑞盤算喬丹只是說說而已，他們錯估了喬丹的意志，他們不認爲喬丹爲了保住賈克生的教職而放棄三千多萬的年薪。

但是，當喬丹爲公牛隊奪下第六座冠軍杯後，賈克生在「知難而退」，騎著摩托車揮別公牛隊後，喬丹也再一次斬釘截鐵的向公牛隊宣告：「沒有賈克生，就沒有喬丹，喬丹不會爲賈克生以外的任何教練打球！」

公牛隊這才眞正的感受到喬丹極可能退休或轉隊的壓力，於是想辦法與賈克生「重修舊好」，試圖打動賈克生重返公牛隊陣營，怎奈，賈克生受到公牛隊的傷害已太深，這已不是任何方法或時間可以「療傷止痛」的，在他以堅定的口氣拒絕公牛隊的請求後，公牛隊大老闆也只能徒呼奈何了。

賈克生既已不肯回頭，公牛隊教頭的位子也不能空著，於是公牛隊便把他們心目中的乖乖牌教頭，愛俄華州大的弗洛依德(FLOYD)引進到公牛隊，爲了表示對喬丹的最大敬意，公牛隊主管發明了一個頗富創意的「政治名詞」「待命教練」(COACH IN WAITING)，這一名詞與前臺灣省長宋楚瑜的「請辭待命」有異曲同工之妙，公牛隊兩位傑瑞的如意算盤是，尊重喬丹，把教練的寶座留給他所重視的賈克生，但是如果賈克生依然不願回來的話，只好由弗洛依德坐上教練的寶座，這樣的情況之下，兩位傑瑞可謂「情盡義至」、「心安理得」了，當然，公牛隊此舉也的確是表現了萬分之萬的誠意了，相信喬丹是可以理解得出來的。

只是，破鏡永遠沒法重圓，公牛隊儘管以再多的金銀財寶擺在賈克生的眼前，他都不要了，顯然的，老賈的心已死，一個死了心的男人，就像一個變了心的女人一樣，怎麼樣都不可能再改變現況，於是老賈硬是不回頭，他連兩位傑瑞的電話都不願回，至此，公牛隊已知他們是下了一個死棋，唯一的寄望也只有改變喬丹的心意，而喬丹的心到底有沒有改變？會不會改變？這個答案，唯有喬丹一人個知道，他從未向外界表白過心意，偏偏又碰上NBA這場有史以來最悲慘的災難，根據NBA的規定，在休工期間，NBA球隊是禁止與球員接觸溝通的，所以公牛隊大老闆依NBA規定是沒法與喬丹說一句話的，事實上，公牛隊老闆倫斯多福日前表示，他自主管公牛隊奪標夜之後一直到現在都沒有與喬丹說過任何話，更何況還會勸他不要退休了。

當然，在NBA休工期間，喬丹的言行，動見觀瞻，尤其是勞資雙方激烈的攤牌談判之際，喬丹的動向更是引人注目，每次在答覆媒體有關是否會退休的問題時，他永遠的答案都是「我會在NBA休工結速後給大家一個答覆」。

期間，喬丹的一些好友其實已從他口中得悉他將退休的決定，像巴克力在兩週以前就公開說道：「我確知喬丹會退休，否則我會對自己說過的話負責！」

有記者追問喬丹，喬丹有些不快，他說「巴克力說的話，代表了他自己，只有我說的話才算代表喬丹！」。

喬丹此言一出，讓人誤解了他是否定巴克力的說法，所以讓大家對他重燃信心，一般人的想法是，喬丹雖已三十五歲，但是他依然在籃球的頂尖狀況，他沒有走下坡的徵象，尤其是在六月最後一場對猶他爵士隊的冠軍爭霸賽中，距終場前四十一秒，公牛隊還以三分落後爵士隊，眼看大勢已去，喬丹竟然能夠從中場突破如林敵軍，切入上籃攻進兩分，之後，在猶他反攻入公牛禁區後，喬丹又神出鬼沒，從爵士隊馬隆手中劫走了關鍵的一球，就在此千鈞一髮之際，喬丹毫無懼色，他運球至爵士隊禁區，一個假動作把羅素騙倒，最後五點六秒投出石破天驚的一球，這一球使公牛隊奪下第六個NBA總冠軍，也為喬丹在NBA史上最後一刻劃下句點，而這一刻竟是那麼的美好，這一刻竟是那麼的永恒，喬丹這麼神奇的演出，將來到底又有誰能取代他呢？

喬丹的一生眞是充滿了神奇，他從一個進不了高中籃球校隊的破球員，到進入北卡大名校在名師汀．史密斯指導下，點石成金，一年級的時候，在NCAA籃球冠軍賽最後一刻投出致勝的一球，使北卡大擊敗喬治城大學而勇奪金冠。一九八四年，喬丹以第三名的被芝加哥公牛隊網羅，使他正式投身入NBA生涯中，這過往的十三季中，除了六度為公牛隊贏取了NBA王冠之外，他個人的成就更是非凡，他是NBA五十二年歷史上公認最偉大的球員，他所獲得的殊榮包括：

(一)兩次『三連霸』NBA總冠軍。

(二)六次冠軍賽MVP最有價値球員將：一九九一、九二、九三、九六、九七、九八。

(三)十次得分王：一九八六至一九九三年連續獲得，一九九五至九六又連續贏得。

(四)兩度贏得奧運籃球金牌：一九八四與一九九二年。

(五)十一次獲選為NBA明星球員隊伍。

喬丹的籃球成就一枝獨秀，無人可比，他在最後巔峰時期選擇退休，這的確令人忱惜，不過，能夠在最美好的時刻選擇收山，必也將讓他永遠名留青史，讓世人對他永難忘懷！

喬丹的復出

一代球王喬丹終於復出大展身手，復出後的那一季，喬丹的精采演出與退出前如出一轍，他時時刻刻以高超的球技來改寫NBA的歷史……

NBA九五年正規季與九六年正規季最明顯的不同之處就是多了一位閃亮明耀的巨星—喬丹。喬丹是NBA史上百年難求的一位偉大球員，他早已在NBA與世界籃壇奠定了良好至尊的聲譽，不過，由於在為公牛隊奪下第一個三連霸之後，他老父被謀殺，心灰意冷之下，對籃球缺乏了興趣，突然脫下球衫退出NBA，他曾企圖在棒球界走出一條康莊大道。

事實證明，喬丹做了一個錯誤的抉擇，他選擇已十多年未曾觸摸過的棒球是完全不理智的，在芝加哥白襪子棒球隊的二軍與三軍苦撐了幾個月後，他終於認清了自我，勇敢的從棒球世界中消退下來。

九五年三月，正當NBA正規季賽接近尾聲之際，喬丹做了一個驚天動地的宣佈：『我復出了！』。

這個東山復出的決定不僅給芝加哥公牛隊帶來了一線生機，更給NBA與籃球世界帶來了新希望，畢竟自從柏德與魔術江生退出籃壇後，NBA失去了耀眼的光澤，而喬丹的消聲匿跡更是讓NBA少掉萬丈的光芒，也造成NBA史上第一次由三大中鋒獨領風騷，在得分專案上強佔前三名的奇特現象。

喬丹既然宣佈復出，自然他又將成爲大家矚目的焦點，於是乎媒體的鏡頭與版面均集中在這位『空中飛人』的身上，喬丹瞬間成爲新聞人物，怎奈當時的公牛隊已不再是當年勇冠三軍的公牛隊，而在遠離籃球多時以後的喬丹也不再是當年威風八面的喬丹，所以他的復出，並未能給芝加哥公牛隊帶來預期的效應，當中也發生喬丹爲了改變命運，執意把新的球衣號碼放棄，重新穿回他的老號碼的風波，由於公牛隊誓死支援喬丹，而且球迷更是全心擁護喬丹，NBA當局在權衡輕重緩急之後，終於明白了『法理之外，尚有人情』的道理，於是喬丹的球衣風波終於無疾而終。

復出後的喬丹，總共出賽了十七場正規季賽，雖然使公牛隊的戰績創下十三勝四負的優勢，但是他的身手卻不再如往昔般的靈活，好幾場球的關鍵時分，他都失誤連連，到了決賽時，他的每場失誤平均達四點一次，至少有兩場比賽是敗在他的手下，換句話說，公牛隊去年的輸球與喬丹的失常有相當大的關系，當然，喬丹心知肚明，於是他力圖振作以恢復往日的聲威。

就在NBA休兵期間，喬丹開始沈重而繁忙的苦練，他知道自己的年歲已不小了，在邁入三十三歲之際，體力是最大的挑戰，他把以前的體能訓練師葛歐佛請回來每天陪訓他的體能，縱使是吃重的體訓，喬丹也不忘其他的工作，他拍了一部電影，也爲多家廣告商攝製了多檔商業廣告，他的訓練師對他敬佩萬分。

『我從未見過任何一個人像喬丹那麼精力充沛又振奮不懈的，喬丹的成功，我的確可以體會得出來。』葛歐佛說：『天下事似乎沒有一件可以難得倒喬丹的，他付出的努力比別人多，所以他能夠獨稱第一！』

喬丹自己也說：『我是一個不畏怯的挑戰者，我以別人稱我為最好的球員為榮。』喬丹解釋道：『當我離開NBA，我感到別人對我的評價下跌，當我發覺別人喜好歐尼爾、歐拉諸旺、皮平和羅冰生等人後，我力誓重返NBA，因為我要再變成第一！』

變成第一，對億萬凡人而言只能算是一個美夢，但是對喬丹而言，卻非難事，所以他認眞的體訓、認眞的參加季前練球、認眞的參加每一場季前賽、認眞的研究每一卷電視球賽、認眞的與教練探討對手防守他的方法……幾個月的辛苦操練下來後，喬丹深具信心，他有自知之明，他有異於常人的資賦，尤其是在籃球方面的才華，更是無人可以與之相比，自從正規季開賽以來，喬丹果然大展身手，不僅恢復了以前的實力與戰力，而且更在不斷提升之中，我們可以從以下的統計資料看出喬丹驚人的成就(全季共出賽十七場)

- 平均每場得分：廿九點四(名列全NBA得分榜首)
- 平均每場籃板球：五點三個(名列後衛第三名)
- 平均每場助攻次數：四點九次。
- 平均命中率：四成九三。
- 平均三分球命中率：三成二九。
- 得分在三十分以上場數場。
- 十七場得分佔公牛隊總分：百分之二十六點八。
- 公牛隊贏球場數：十五勝二負(居全NBA之冠)。

公牛隊在喬丹復出後的戰績也創下了該隊歷史上從未有過的佳作，如果依照目前的戰力為預測，該隊今年必然可以打出至少六十五勝以上的成績，甚至更將創下七十勝的空前傑作，NBA冠軍戒子似乎已將到手了，而這一切的功勞當然首歸喬丹了。

公牛隊自從有了喬丹的復出實力大增，更是外加『籃板大王』羅德曼的神助，使全公牛隊如虎添翼般的神勇，而皮平的穩健強力以及古克契的後補加料也是一大資產，在這些種種有力的條件之下，使公牛隊輕易的登上東區寶座，現在更是全NBA最熱門的冠軍隊伍，就連衛冕的休士頓火箭隊也比不過。不久前，公牛隊巡迴外地出賽，連續打了七場路賽，結果竟然打出了六勝一負的空前佳績，從南到西到北，公牛橫掃無敵，使人回想到上一季末決賽的休士頓火箭隊，公牛隊的神風眞有過之而無不及焉！

『人們說，公牛隊是我喬丹一人的隊伍，好像沒有我，就沒有驚人的戰績，其實這是似是而非的看法。』喬丹說：

『喬丹只有一雙手，而且最多只可能拿下三十幾分，如果用這些分數可以贏球嗎？我的意思是說，公牛隊的贏球是靠五個人在場上的同心協力，只不過我的角色比較吃重些，我也願承擔此種重責大任……』

從喬丹的言談之中可以瞭解到他並非那種『獨善其身』的球員，他強調團隊合作的精神，而不是只有自己一個人在場上大作『喬丹秀』，不過，事實上，公牛隊每當在危急存亡之秋，喬丹總是成為主角的一員，愈是危急，『喬丹秀』愈是精彩可期，也只有在那種危難的局面下才可以眞正的展現出喬丹的魅力所在，所以我們可以從媒體上不斷的看到讚美喬丹的詞句：

夢幻NBA

—他的神，不是人！

—偉大的球員，無人可及！

—廿三號是贏球的保證！

—麥可又一個神奇的夜晚！

—喬丹領導公牛打勝仗！

—喬丹完成贏球任務！

—空中飛人把對手拋在後！

—喬丹如入無人之境，獨取四十五分！

—如何神奇的麥可！如何神妙的一投！公牛贏球！

—喬丹一人打敗對手，對手大軍不抵喬丹！

喬丹成爲新聞的焦點，喬丹成爲NBA的代表，他的球技一流，他的籃球技藝似乎沒有上限，唯一可以阻止他前進的恐怕只有兩種東西—其一是年齡，其二是受傷。

關於年齡，喬丹的說法是：『如果光從年齡來說，我的確有夠老，但是若從心理年齡來說，我倒是覺得相當年輕，我比心靈年齡年輕至少十歲！』

如果依照NBA現實的情況來看，喬丹幾算是非常的老了，NBA的平均年齡大約是廿六歲左右，那些明星球員都是不滿廿七八歲，一但超過了這個年紀，也就是開始走下坡的『更年期』，在整個NBA歷史上，能像賈霸一樣打到四十歲的長青樹的並不多，喬丹是否可以打到四十歲?那是很值得存疑的，喬丹自己則說：『只要我對籃球還有一些興趣，再跑個三五年，絕對辦得到！

關於受傷，喬丹似乎並不擔心，他曾遭受傷害，他除了在一九八五年受過一次大傷外，其他每一球季都是全勤打完，很少有球員像喬丹那樣安全無慮的，究其原因不外喬丹具有自保的功夫，像他沖天灌籃落地絕對安全無誤，而且以他的威嚴，在球場上似乎除了印地安那溜馬隊的米勒外，沒有人敢對他毛手毛腳，使喬丹避免了許多的『無妄之災』，所以傷害的可能性減低到最少。

喬丹復出後也面臨了合約到期的問題，擁有第一優先權的芝加哥公牛隊是否可以順利的與他加簽新合約?這是一個十分耐人尋味的事，站在公牛隊主管的立場，如果不與喬丹簽新約，就如同達拉斯牛仔隊不與艾密特．密斯加簽新約一般的不可能，如果他們不願簽，全天下的球隊都願搶著去簽，但是公牛隊將會開出什麼樣的價碼來與喬丹簽約呢?知丹目前從未對自己的要求放出任何風聲，他只說過一句玄之又玄的話：『他們應該知道我的身價價值多少。』

眞是老天爺，公牛隊怎麼知道要花多少的價錢才能簽下喬丹呢?對熟知NBA的人來說，誰不知道喬丹的身價是一個『天價』呢！既然他是一個『天價』，芝加哥公牛隊眞是要花不少價錢才能與他簽下合約了。

喬丹的屈辱

在小熊棒球隊狂熱大勝的年代裡，大家都在談山米．蘇沙，就連「喬丹餐廳」也要被改名為「山米．蘇沙餐廳」，這些日子以來，喬丹的照片從高速公路旁的大看板招牌上被拆除下來，他所受到的屈辱很多很大……

喬丹眞的沒落了嗎？難道他的盛名眞的衰退到要被人揚棄的地步？最近有兩個特別的徵象十足證明了「喬丹魔力」已消失大半，這的確是令人難以置信的。

其一是，芝加哥著名的甘乃迪高速公路上鄰近市中心區的那一棟路邊的大招牌廣告看板已把喬丹的畫像改成山米．蘇沙(SAMMY SOSA)揮棒的英姿。

其二是位於市中心區北拉塞爾街(N LA SALLE)五十號的「喬丹餐廳」將於明年春天改名為「山米．蘇沙餐廳」，「喬丹餐廳」將遷移到另一個較小的地方繼續經營。

以上主導這兩件事的當事人並不是喬丹自己，而是希文柏格兄弟(SILVERBERGS)因爲他倆是唯一有決定權的負責人，喬丹幾乎沒有說話抗爭的餘地。

現在咱們先來看看甘乃迪高速公路邊的那塊廣告看板的事件。

住在芝加哥地區的市井小民無人不知這塊諾大的廣告招牌一直是在反應出一些芝加哥現實的況狀，在此長期承做形象廣告的就是BIGSBY OR KRUTHERS CLOTHIERS，這家服飾公司的東主就是GENE SILVERBERG與JDE SILVERBERG兩兄弟，自從喬丹為公牛隊拿下第一座NBA王冠後，他就開始成為廣告招牌看板上的人物，後來芝加哥白襪棒球隊造就出一位名號叫「大傷害」(BIG HURT)的打擊王佛郎克．湯瑪斯(FRANK THOMAS)，因為他專門以全壘打「傷害」敵軍而使白襪隊贏球，使他成為風城的英雄，因此，他也曾在這個最醒目的看板上成為「廣告人物」，當然，後來因為「大傷害」自己受了傷，戰力稍弱，他的形象廣告也早就從看板上消失無影了。

那年，公牛隊的「藍板王」羅德曼(RODMAN)氣勢最盛時，他的肖像也曾在這個黃金看板上風光好長一段時間，直到他有了負面行為時，大畫像也就隨之消退了。

之後，山米．蘇沙因為全壘打的威力而名震美國職棒界，尤其是他與馬國懷(MCGWIRE)的全壘打大對決，使他紅遍半天山，所以他的畫像也首度出現在這個大招牌板上，但是，那個時候，蘇沙的畫像是與喬丹並列的，而不是獨自一個，好長一段時間一般人都把喬丹和蘇沙並稱之為「風城雙雄」，雖然喬丹在NBA世界裡是獨一無二的，不過，畢竟他選擇了在最顛峰時刻退下陣來，所以再怎麼說，他是應該把一些尊榮讓給全壘打大王蘇沙的。

後來，山米．蘇沙因為創下職棒史上第一位連續兩季都揮出六十支以上全壘打的光榮記錄，因而使他名震全美，而喬丹則因為已失去了NBA的舞臺，使他的魔力銳減，不再具有強大的號召力，所以希文柏格兄弟便狠下心來，把喬丹的大畫像全部拆除，取而代之的是山米．蘇沙一個人擺出三個不同姿態的大畫像，眞是令人感慨不已。

至於「喬丹餐廳」被取代之事，喬丹也是莫可奈何的，因爲這個餐廳雖然是以他的名字來命名，而他本人並沒有任何股份，這與一般人想像的情況大不相同，若不是這次眞正的大老板想要換名字，恐怕很多人都不知道「喬丹餐廳」的老板並不是喬丹本人，他不過只是收取百萬元的「權利金」罷了。

爲何希文柏格兄弟要更換「喬丹餐廳」的名字呢？這有近因，也有遠因，眞可是複雜得很，由於喬丹一直保持沉默，連他的律師也拒絕做任何表示，咱們只能從希文柏格兄弟那邊得到「片面」的理由。

據希文柏格兄弟的說詞是，喬丹本人並不極力維護「喬丹餐廳」的令名美譽，這些年來，除了幾次慈善活動時，喬丹有到「喬丹餐廳」外，其餘時間，喬丹都拒絕前往「喬丹餐廳」用餐，讓球迷們十分失望。

「很多人到喬丹餐廳的原因是要看看喬丹，但是喬丹卻一直沒有讓他們如願，這就是這個餐廳生易走下坡的主因。」吉尼・希文柏格說：「這個傢伙(喬丹)現在已不打NBA了，他不需要一個兩萬呎的大餐廳，那對他而言，太大了。」

其實，希文柏格兄弟對喬丹最不滿的就是，喬丹在兩年前，選在「喬丹餐廳」附近私開了一間屬於自己的ONE SIXTY BLUE餐廳，由於喬丹沒有在事前知會希氏兄弟，所以希氏兄弟便一狀告進法庭，他們的理由是，他們擁有在芝加哥地區以喬丹爲名的餐廳經營權，由於理由很牽強，法官判喬丹無罪，更何況喬丹自己的餐廳是高檔次的經營，又沒有用「喬丹餐廳」爲名，所以不會因此而使「喬丹餐廳」的生易受損，不過令人不解的是，喬丹卻經常利用在ONE SIXTY BLUB餐廳亮相的機會，乘機爲自己的餐廳造勢搞些宣傳，這一點，很多人都心知肚明，難怪希氏兄弟一肚子怒氣，他倆心想，既然喬丹先小人，我們也以小人對付他。

「我們要把喬丹餐廳換爲山米．蘇沙餐廳並沒有喬丹的同意，而且也不需要喬丹的同意！」吉尼希文柏格說：「我們有責任爲喬丹餐廳的股東們謀求最大的利益，而把喬丹餐廳變換成山米．蘇沙餐廳，這對喬丹而言也是最大的利益。」

希氏兄弟的構想是，先把喬丹餐廳移到附近較小較方便游客進入的地段，然後動工把山米．蘇沙的大像(銅像的制作人就是在聯航球場爲喬丹雕像的同一個)搬進來。

由於有了喬丹不願到喬丹餐廳做宣傳的痛苦經驗，希氏兄弟在與山米．蘇沙簽約時，特別加上的一個條款——蘇沙有義務定期到山米．蘇沙餐廳現身做文宣。

「蘇沙想要這個地點，他希望追隨喬丹的腳步。」吉尼．希文柏格說：「現在不再是公牛隊喬丹的時代，現在已是小熊隊和山米．蘇沙的時代，無人可以否認。」

希氏兄弟顯然太低估了喬丹的威望，他們的眼光似乎不夠遠大，以喬丹在NBA所建立下的豐功偉業，怎可能會那麼容易就被人淡忘的呢，兩年前還有人建議把芝加哥最亮麗的「湖濱公路」(LAKESHORE DRIVE)改名爲「麥可．喬丹公路」以示永久的紀念，而喬丹家鄉北卡羅萊納州威明頓（WILMINGTON）北部40號高速公路也已命名爲『麥可喬丹快速大道』，沒想到希氏兄弟竟把「喬丹餐廳」這麼值錢的名字更改，他們終將會遭到社會輿論的批評的。

「做生易是做生易，我們不做不賺錢的生易。」吉尼・希文柏格說：「喬丹會故意做不賺錢的生易嗎？」

希文根柏格兄弟以生易經來解釋道理是無可厚非的，但是天底下有太多東西並不是能以金錢來衡量的，就如同喬丹本人，他如果像希氏兄弟一樣只有銅臭的觀念的話，他根本不會退出NBA，他只要輕輕鬆鬆的上場跑跑，每年年薪高達三千六百萬元，難道比不過「喬丹餐廳」的收入嗎？據希氏兄弟表示，自從「喬丹餐廳」開業以來，喬丹不費吹灰之力，已從他們口袋裡拿走了四百萬「權利金」，但是希氏兄弟則忘了告訴大家，喬丹雖然領了四百萬酬勞，可是他爲「喬丹餐廳」賺進了多少的生易額呢？

一位籃球偉人碰上兩個唯利是圖的生易人，喬丹最明智的做法大慨就是繼續保持沉默不理，畢竟區區幾百萬元對喬丹而言，那算什麼東西呢，名垂千古、流芳百世才是喬丹期待的理想吧！

喬丹的再生

歷史上最偉大的籃球員喬丹第二次復出江湖，成爲NBA華府奇士隊的新東主與籃球總監，後來爲了提振奇士隊戰力，喬丹辭去職務，重新做爲球員，再生的喬丹用他的籃球才華，率領奇士隊成爲一支神勇的隊伍！

在華府第7街與H街交口中國城南側的MCI體育活動中心一月十九日一夕之間成爲舉世垂目的新聞焦點，原因是——NBA歷史上最偉大的球員喬丹在此宣佈復出了！

當然，這是喬丹第二次宣佈復出，而且不是以球員的身份復出，卻是以華府奇士隊籃球總監以及球隊東主的身份復出。第一次喬丹復出宣佈時，他只短短的說了一句話:「我復出了！」，但這一次他的復出，卻說得長了一些，因爲他心裡有太多的感觸，他的身份從一個勞方變成資方，他的故鄉在北卡州，他的老家在芝加哥，但他卻是首府奇士隊的新東家……

「對我而言，這是全新的感受，來到一個城市，支撐一個新的球隊……然而這是一個簡易的轉變，畢竟籃球是我的生命，現在這些事務依然是籃球！」

喬丹在記者會上暢所欲言，華府市長安東尼・魏連斯、奇士隊大東主柏林(POLLIN)、小東家李昂那斯(LEDNSIS)在他左右，喬丹談自己的理想，談自己的抱負，他的每一句話都振奮了華府地區的子民，就連柯林頓總統也在白宮觀看電視的實況轉播，並且柯老總當晚親自到MCI球場與喬丹一起觀看奇士隊與達拉斯小牛隊的比賽。

喬丹再次成爲鋒頭人物，就在此之前，他在芝加哥市中心區的「喬丹餐廳」才被幕後的東主關閉掉，他頗不開心的正找律師爲他的權益進行抗爭，不過，不久之前，他也被權威的ESPN有線電視體育臺評選爲二十世紀最偉大的運動員，當然，在所有體育媒體的評選中，他與拳王阿里，棒球巨星貝比魯斯都名列前五甲之內，籃球世界的人都公認他是有史以來最好的球員。

喬丹之神奇，可從以下兩件事充分得到明證——

他在北卡大一年級的時候在NCAA最後一場冠軍賽裡於最後幾秒內投中一球而使江山底定，那是一九八二年。

他在一九九八年六月芝加哥公牛隊與猶他爵士隊做NBA最後冠軍賽時，亦是最後最關鍵時刻投中反敗爲勝的一球而使公牛隊第六度奪下NBA總冠軍，那也是喬丹告別NBA的最具代表性的經典之戰！

喬丹在球場上似乎已沒有什麼可以再證明的了，他在一九九九年一月十三日決定急流勇退乃是明智之舉，雖然他不再打球，但是他顯然不能忘情籃球，我們也不必再對芝加哥公牛隊兩位JERRY的主管多加責難，如果當初JERRY倫斯多福與JERRY柯勞斯一心想留住喬丹的話，他們應該會死命保住教頭賈克生，甚至留下明星球員皮平等等，又如果這兩位JERRY眞想讓喬丹根植於風城的話，他倆應會主動釋放部份股權給喬丹才對的，尤其是喬丹在向故鄉北卡州夏洛特黃蜂隊求股不成之後，人家華府奇士隊的東家李昂那斯就會向喬丹伸出友誼和救援之手，只有兩個肥腸豬腦的JERRY竟然袖手旁觀，不爲所動，等到華府得到喬丹之後，他倆也只能苦笑的說道：「祝福喬丹。」

喬丹在記者會上表示，他的投靠華府，應該不算是「報復」(RETALIATION)芝加哥公牛隊老東家，而且他不打算搬離風城，三個學齡孩童也將跟他的太太留在芝城北郊高地公園市的家，而他則將往返芝城與華府之間，直到贏得NBA冠軍任務達成之後。

但是頭痛的問題是——喬丹是否可以引領華府奇士隊拿下NBA冠軍？

艾野認爲，答案是肯定的，但是這個解答必須至少五年以上才能得到，原因是——奇士隊現有的陣容太爛了，盡管也有一位叫JORDAN的後衛，但是此喬丹非彼喬丹，平均每場球只得一分左右，其他球員也乏善可陳，所以奇士隊戰績奇差無比，隸屬東部大西洋區的奇士隊的戰績一直墊底，沒有一場球爆滿，觀衆冷清不已。

雖然NBA規章有約——凡是球員不得佔有球隊股份。換言之，球隊東主不可身兼球員打球，但是喬丹爲了提振華府的戰力，辭退了股份，親自披甲上陣，打了兩年的球，由於喬丹太具號召力和魅力了，他不但上陣，而且吸收到天下英豪加盟奇士隊，尤其是那些自由球員，沒有人不願意在喬丹的光環之下增添光彩，況且喬丹具有卓越的籃球眼光，短短兩年之內已使奇士隊成爲一支既有挑戰性，又有戰鬥力的球隊！

喬丹的義氣

芝加哥公牛隊主管一再宣稱不再與教練賈克生續約，尊師重道的喬丹也再三表達「沒有賈克生，就沒有喬丹」的論調，喬丹是一個仗義行俠的人，由於他的義氣而保住了賈克生的教練職位！他到底心裡如何想法呢？

世界籃球史上最偉大的球員喬丹是否會在結束球季之後爲教練而收山呢？這是NBA球迷一致關注的焦點話題，艾野願在此與大家探究一番。

大家知道，芝加哥公牛隊一再勇奪NBA冠軍的最大功臣非喬丹莫屬，換言之，公牛隊在九十年代的半壁江山都是靠喬丹打下來的，套一句最白話的說法就是：沒有喬丹，就沒有公牛隊的江山！

也正因爲這個簡易的道理，公牛隊大老板倫斯多福(REINSDORF)曾說過：「公牛隊其實並不是我的隊伍，而是喬丹的隊伍！」

倫斯多福爲了保住喬丹，千方百計，不惜以三千六百萬元的年薪與他簽約，以試圖喬丹再爲公牛隊贏下另一座王冠，然而美中不足的是，公牛隊老總柯勞斯(KRAUSE)總是對教練賈克生(JACKSON)不滿意，他經常對賈克生出言不遜，這一點當然讓喬丹極端不滿，所以自從柯勞斯圖謀不軌，準備不再與賈克生續約而找他的好友來芝加哥出任教頭的意向透明化後，喬丹立即向外做了一個「沒有賈克生，就沒有喬丹」的嚴正宣告。

公牛隊是在很無奈的心情之下與賈克生續約一年的，因爲很簡單的原因擺在那裡——「沒有賈克生，就沒有喬丹」，當然，如果沒有了喬丹，也就不再會有江山，沒有了江山，當然也不會再有球迷，一旦沒有了球迷，也就不會有球票，不會有金錢，最後公牛隊就會像達拉斯小牛隊一樣慘，不得不展開一個沒有喬丹的公牛歲月。

公牛隊這些年在頻頻奪下NBA金冠之後，叢生了許許多多的問題，當中包括皮平(PIPPEN)的加薪續約問題，羅德曼(RODMAN)品德操守問題，……。一切又一切的問題都離不開一個中心問題——是該「重建」呢？還是只要「衛冕王冠」？

這的確也是相當矛盾不解的問題，畢竟「重建」與「衛冕」是魚與熊掌兩者不可得兼的，也因此而不得不在賈克生和皮平的問題上一再衍生出矛盾的情結，偏偏一向尊師重道又講情義的喬丹又站了出來延賈，使公牛隊主管眞是進退維谷，不知如何是好！

賈克生到底適不適合擔任公牛隊的首席教頭？這個問題，顯然使公牛隊主管和喬丹這兩方面產生了認知上的差距。

公牛隊主管認爲，五個金冠全是靠喬丹一人奪下來的，沒有喬丹，十個賈克生也不行，像喬丹退休那一年半載時，公牛隊連東區決賽都打不進，還談什麼冠軍呢！但是等到喬丹不再打棒球，回到公牛隊後，公牛隊又再奪回了失去兩年(由休士頓火箭隊贏得)的金冠，這不是明明白白、淸淸楚楚的道理嗎！

然而喬丹的看法倒不儘然，他認爲，他能在球場上順暢如意，完全是因爲賈克生的調教有方，讓他順利如意的打球，並使他有一種舒暢的「球感」而不會有『雜慮』……。總而言之，言而總之，喬丹說：「除了老賈，我不會再爲任何其他的教練再打球！」

雖然喬丹在他的大學教練汀．史密斯(SMITH)從北卡退休時也曾說過，「如果史密斯願意到芝加哥公牛隊任教，我也願爲他打球」，但是，那是不可能的事，所以後來就有人建議喬丹，爲何不自己兼教練以「自教自打」呢？

喬丹與公牛隊之間其實並不存在任何的問題，只是喬丹懷有一顆仗義行俠的心，他不滿公牛隊對待賈克生的方式，尤其是柯勞斯三不五時，總會對老賈冷嘲熱諷說錯話，說些不該說也不重聽的話，讓人聽了極不以爲然。

艾野認爲柯勞斯其實很懂得經營之道，他滿腦子都是生易經，只是他的嘴巴有些閑不住，喜歡開些黃腔，他的直言快語，像極了台聯黨的幕後老板李登輝，李先生曾說「國民黨是外來政黨，只有兩歲黨齡……」，柯先生則說：「公牛隊需要脫胎換骨，賈克生今年絕對是最後一年做公牛隊的教練……。」

當有媒體一再以喬丹的理論「沒有賈克生，就沒有喬丹」來質問柯勞斯時，這位柯先生會很直率的說出心裡的眞話──「我們很想與喬丹再簽約，但是賈克生的簽期只到今年，而喬丹既然硬是要與賈克生同進退，那我也沒辦法啦，你們知道的，這可不是我逼喬丹走的，而是喬丹在逼我呀！」

賈克生本人倒是並沒有像喬丹那樣執著，他顯然把名位利益看得很淡，在記者追問他去留的問題時，他說：「喬丹因素當然會改變我的決定」，換言之，賈克生一直，還沒有把話說的很明，他只委惋的表示：「我們先贏得今年的冠軍後再說吧，等球季結束後再來決定也不遲。」

賈克生的言行的確令人可敬，被尊稱為『禪師』的他每次在球場邊冷靜不動粗的樣子，比起那位火爆教頭鮑布・奈特（KNIGHT）好上千萬倍，他是那種溫文儒雅絕少對球員當場斥責的教頭(只有對古克奇例外，據說是因為古克奇為柯勞斯的愛將，英語不甚靈光)，而喬丹則唯賈克生馬首是瞻。

賈克生既然已以積極進取的贏球態度來面對未來去留的問題，而柯勞斯依然還是口不留情，隨時有輕視賈克生的言論出來，所以喬丹在最近的東西區明星賽時，再一次重申他的立場：「如果柯先生的決定(不與賈克生續約)不變，我的決定(不再與公牛隊續約)也不變！」

曾有紐約地區的媒體鼓吹喬丹揮別風城到這個有「大蘋果」美譽的都市打球，但是被喬丹一口回絕，喬丹說：「除非賈克生在公牛隊，我才會繼續打球，否則我就退出球場！」

從喬丹和賈克生的種種言行得知，那似乎已可以百分之百確定——喬賈兩人已成為「生命共同體」，公牛隊不要妄想把他倆一刀揍開為二，選走喬丹，丟掉賈克生。

然而公牛隊到底想不想留下他們這個「生命共同體」呢？公牛隊老闆倫斯多福日前在他亞歷桑那州的「寒假公館」發出一份書面聲明似乎透露出一絲光明的訊息，他在這份罕見的聲明書上說道：「所有有關的退休、替代或陣容的更改現在都言之過早，公牛隊管理階層今年帶進教練、球員的目的在於奪得第六個冠軍，在球季進行一半，決賽還在前頭，我們現階段所有的焦點都是這些問題。」

倫斯多福的聲明沒有明確說出是否要與賈克生續約，但是我們可以清楚理解，只要賈克生與喬丹能夠再爲公牛隊奪下今年的王冠，一切都有可能再談，而羅德曼也說過：「我可以告訴你們記者，如果我們今年能得到冠軍的話，我們原班人馬很有可能再留到公牛隊陣容裡，但是如果我們今年衛冕失敗的話，我們只有解散一途！」

曼德曼的見解可謂十分正確，艾野也早有此一觀點，因爲NBA球場一向以失敗論英雄，尤其是唯利是圖的公牛隊主管，今天要不是喬丹依然是NBA第一把交椅，他們怎麼可能還會容忍他一再輕辱球隊領導層的言論呢？

我們有堅定的理由相信，公牛隊的前途現在絕非操縱在公牛隊主管的手上，而是由喬丹一個人來決定，如果他能帶領公牛隊再奪下一座NBA的王冠，公牛隊必然會重新評估情勢，不得不再與賈克生簽下一年新約，他們心知肚明——不與賈克生先簽約，也就沒法與喬丹簽下合約，這兩個合約必然是要同時簽定的，否則公牛隊也只好眼睜睜的看著賈克生遠走他鄉，而讓喬丹退休，留下一段「怎堪回首」的往事了！

喬丹的恩師

喬丹說，他一生有兩位恩師，一位是NCAA北卡大的汀・史密斯，另一位則是NBA芝加哥公牛隊的賈克生，有一陣子芝加哥公牛隊遲遲不與賈克生教練簽約，使尊師重道的喬丹光火萬分，喬丹說：「如果賈克生走人，我也走，我絕不唬人！」

世界上的人，當他們聽到「芝加哥」這個名字時，他們第一個想到的大概就是「喬丹」，然後就是「公牛隊」。

十多年來，「芝加哥」、「公牛隊」與「喬丹」幾乎就是畫上等號的名詞，而這三個名詞似乎也是永遠的連在一起。

在NBA的世界裡，「賈克生」（JACKSON）本來並不廣爲人知，七十年代，他曾經身爲NBA冠軍隊紐約尼克隊的一員，但是只是一名充當後補的配角，後來被尼克隊從紐約送到紐澤西籃網隊，兩度被籃網隊開革後又簽約，最後他是以助教的名義結束他早期的NBA生涯。

NBA既待不下去，賈克生於是「退而求其次」，委屈求全，前往CBA次級職業籃球聯盟的艾巴尼隊(ALBANY)任教頭，經過五年的寒窗苦修之後，賈克生又因戰績不佳，再次被辭退而失業了，後來他在家裡枯坐了一陣子，決心「棄球從商」，但自忖沒有做生意頭腦，而且也沒有充足的資金去投資，所以打消了從商的念頭。在經過深思熟慮後，他準備重返校園回去唸法律，希望將來能做一位NBA球員的經紀人，但是正當他塡好入學的報名表後，芝加哥公牛隊老總保瑞・柯勞斯(KRAUSE)找到他家的門口，問他想不想、要不要到公牛隊來做柯林斯(COLLINS)教頭的助手，賈克生在做了一番生涯規劃後，便一口答應了柯勞斯，所以自一九八七年的十月份開始，賈克生的名字再度出現在NBA，而且開始和芝加哥公牛隊以及喬丹的名字連在一起，這也是賈喬兩人師生緣之始。

賈克生剛入公牛隊，正是喬丹初入NBA的頭幾年，賈克生雖身爲喬丹的長官，但善待喬丹如自己的親弟弟，更把自己早年在NBA打球所面臨到的切身經驗和慘痛教訓全都告訴喬丹，使喬丹深爲感動。

由於喬丹對公牛隊教頭柯林斯極不滿意，公牛隊於是在喬丹無形的壓力之下，把柯林斯給炒了魷魚，新上任的教頭當然也就是喬丹力薦的賈克生了。

賈克生自一九八九年球季開始在喬丹大力相助之下正式以芝加哥公牛隊首席教頭的身份揚名NBA！

賈克生的治軍哲學是——軍紀第一、贏球至上，由於他的修養很好，被人尊稱爲『禪師』。

自從賈克生來到公牛隊後，他要求公牛隊球員一律以「軍紀」和「贏球」做爲自己的座右銘，由於喬丹是一位曠世難求的將才，賈克生十分敬重他，總是以喬丹的意見馬首是瞻，因此，不僅在球場上，喬丹領導著全隊隊友作戰，在球場外，喬丹更是公牛隊的精神中樞，當年公牛隊想要買進羅德曼(RODMAN)，還得先經過喬丹的點頭允許才成交，喬丹看不順眼那一位隊友，那人只有走路一途，從山姆．史密斯（SAM SMITH）的大作『喬丹規範』（THE JORDAN RULES）這本書中，我們可以知道，喬丹在公牛隊裡眞正是具有絕對的權力，而這些權力呢，完全是得自賈克生的百分之百授權給予，所以喬丹在享有如此至尊至上的天權之餘，當然感激不盡，而願意「以千金報一飯」，這也就是爲什麼喬丹講了一回、二回、三回、四回……：「我只願爲賈克生教練打球，他一旦離開芝加哥，那也是我退出籃壇的時候！」

在NBA籃壇，個性與作風完全和賈克生相反的就是曾在NBA沙場縱橫卅多年的「鐵血教頭」那爾生(NELSON)，他從來不給予任何大牌球員權力，並且認爲教練應該擁有絕對的大權，爲此，他得罪了許多大牌球員，在這些人的抵制下，最後使他連連失去了黃金卅戰士隊和紐約尼克隊的教頭職位，尼克隊的天王中鋒岳威(WEING)與他更有「不共戴天」之仇恨，在牛年之始，當那爾生被達拉斯小牛隊聘請爲總經理後，岳威公然對媒體放話道：「我即將成爲自由球員，我除了百分之百不會選擇到達拉斯外，任何城市我都可能會去！」

由此可見，NBA的球員眞的很具有個性，一般教頭都不太願意去觸犯和遭惹他們，像那爾生那麼絕情的實在很少見。而像賈克生那麼惜情的教頭實在也不太多見。

賈克生既然已獲得喬丹的強力肯定支援，爲什麼公牛隊卻視若無睹，聽若無聞呢？這似乎可以從兩點來得到其中的答案。

其一是－－公牛隊並不認爲賈克生是靠自己的領軍才能使該隊在八年之內奪得四座NBA王冠，而那一切的功勞應該是喬丹，沒有喬丹，一切都免談，這從喬丹退出NBA近兩年，而公牛隊就讓休士頓火箭隊奪走了兩季的NBA王冠即可見一斑，上一季，喬丹再一次爲公牛隊贏得金冠，而今年又將會搶下另外一座，無論橫的看或豎的瞧，唯一的功勞就是喬丹，賈克生並非最大的致勝因素。

夢幻NBA

其二是——公牛隊並不滿意賈克生索價過高的意圖。由於NBA近年以來獲利甚豐，不僅球員的薪水暴漲，就連教練年薪也高得令人嚇嚇跳，賈克生盱衡時局，曾公開主張，教練的薪水應該像先發主將球員一樣高，他並暗示公牛隊，他的教練領軍才能是NBA頂尖級的，可是他領的薪水卻只有CBA的水平，他希望公牛隊對待他公道一些，並適時補償這些年來他所受到的「差別待遇」。

賈克生的意圖早就被公牛隊大老板猜中，所以故意冷淡處理之，當賈克生在喬丹相助之下多次為公牛隊奪得NBA王冠後，終於抑奈不住，開口要求公牛隊表態，可是不得要領，於是在「恩徒」喬丹的仗義持言下，賈克生終獲公牛隊善意的回應，當時喬丹之所以能立竿見影的讓公牛隊回應的方法其實非常簡單，也非常具有殺傷力，那就是他說的短短的一句話：「我只願意為賈克生教練打球，如果他離開公牛隊，那也是我離開公牛隊的時候！」

諸位球迷們想想看，公牛隊可以放棄賈克生教練，但是他們願意失去喬丹嗎？一旦失掉喬丹，鐵定會成為芝加哥全體市民所指責的對象，不僅不可能再奪冠軍，而且球迷必將流失大半，所以公牛隊大老板瑞斯多福迫於無奈，只好硬著頭皮，心不甘、情不願的與賈克生簽下短短一年的合約——年薪兩百七十五萬。

記得那時喬丹在賈克生簽約之前曾對他說道：「費力，我為你感到驕傲與高興，我倆將一起開創未來的一年！」

光陰似箭、日月如梭，一年過去了，公牛隊又再度碰上相同的問題——到底要如何打發賈克生呢？喬丹會不會又再從中作梗，讓公牛隊主管進退維谷呢？

天底下的難事，要來的，終會來到，就在公牛隊邁向NBA總冠軍的康莊大道之際，賈克生先下手爲強，他首先放出風聲，說已有不止四支隊伍找他去出任教職，其中奧蘭多魔術隊更以五年三千萬的特高價等著他去簽約，公牛隊老總在得知後，故做冷默，柯勞斯說：「公牛隊現在全心全力要做的事是——贏得未來的幾場球賽以爲市民再拿一座NBA王冠，其他的事，等球季結束過後再談吧！」

賈克生看到公牛隊又一次對他冷淡後，心裡涼了半截，於是他找喬丹秘密會議，內容不得而知，不過從喬丹對外的談話可知，如果公牛隊不與賈克生簽約的話，喬丹必然離去！

喬丹日前已再一次警告公牛隊，他對老闆倫斯多福說：「別以爲我唬人，你要相信我的話——如果賈克生走人，我也走人！」

賈克生對外界解釋，他之所以約喬丹談話，最主要的原因不是爲了自己的「錢」途，而是想到如果離去而造成喬丹也離去，內心有深重的愧疚感，所以他自己也不知如何是好。

喬丹顯然對自己的恩師十分善解人意，他對賈克生說：「公牛隊欠你太多了，同樣的，他們欠皮平也太多，欠我也太多，如今你有了好的機會，就去把握它，不要因爲我而留下來，我留在公牛隊是因爲你，因爲皮平，我並不爲自我留下來，我之所以願意留下來是因爲我還喜歡賽球，金錢不是關鍵所在！」

賈克生心有戚戚的說：「是我迫使喬丹退休嗎？還是瑞斯多福迫使喬丹退休？或是喬丹自己想退休的呢？」

這的確是很奈人尋味的問題，公牛隊在綜觀一切外在環境的因素後所做的決定以什麼呢？

倫斯多福淡淡的放了一句話：「我們必須去決定全隊最好的方向，但是我們還沒有去做決定，如果賈克生願意留在公牛隊，而且公牛也隊願意他留下來，我們再去談錢的事吧。」

數月之後，在喬丹的護佑下，芝加哥公牛隊心不甘、情不願的與首席教頭賈克生簽下一年價值兩百五十萬元的合約。

公牛隊是在奪下NBA金冠之後，本想「混水摸魚」，漠視喬丹之言，但是賈克生在高人指點之下，公然向公牛隊挑戰，他乘著喬丹在七月一日就要變成「自由代理球員」之前，主動的給公牛隊開出一個「死期線」(DEADLINE)，揚言如果公牛隊不在六月廿日的期限以前與他簽約，他將遠走他鄉！

對於賈克生的「警告」，公牛隊本不想理會，但是一想到喬丹的「警告」，公牛隊大老板倫斯多福不得不提心吊膽，而喬丹又是那種「君子無戲言」的人，既然是他已放話多次，如果沒有「誠信」，何以立足世界球壇？所以瑞斯多福與他的狗頭軍師爺克勞斯總經理在左思右想、前瞻後顧之後，只花了四十五分鐘就與賈克生簽下一年的巨約，使老賈成為NBA第三高薪的教頭，在電視記者招待會上，只見老賈笑顏大展，淡淡的說了一句頗感自豪的話：「麥可(喬丹)問我，是否現在(簽完約)高興了？我告訴他：「呀！」，他回答我說：「我為你感到快樂！」」

賈克生順利簽完合約後，公牛隊眞正感到頭大的問題是——在解決了老賈之後，我們下一步如何去與喬丹簽約？

喬丹的媽媽

喬丹的媽媽很偉大，由於她教養出一位世界級拔尖的兒子，因此使她能從鄉間的一位平凡桑婦成爲舉世矚目的女性，當然囉，有爭氣的媽媽，才會有爭氣的兒子，而兒子的偉大，尤其能夠顯示出媽媽的更偉大！

喬丹的媽媽狄蘿瑞絲女士很偉大，她不僅養育與培植了一位世界上最有成就的籃球巨星，而且也爲社會造就了各方面優秀的人才。

喬丹的媽媽日前出版了一本書，書名叫「家庭第一——贏得親子之賽」，這本書才剛上市，即洛陽紙貴，造成各地搶購的熱潮，也掀起了美國社會有關於親子問題的熱烈討論。

狄蘿瑞絲女士在她的新書發表會上講述自己籌思了五年才動筆寫完這本親子指南書籍的心路歷程，她開宗明義的說道：「如果我的兒子邁可喬丹不是一個傑出的籃球員，沒有任何人想要聽我講些什麼，也由於邁可喬丹在球場上不凡的表現，才給了我出版這本書的機會！」

出身於北卡羅那州鄉村小城市的狄蘿瑞絲自從下嫁入喬丹家後，即在家裡擔任了「教練」的職務，她與丈夫詹姆士．喬丹相依爲命，終日爲五個子女勞心勞力，以造就他們在社會上生存發展的才能，狄蘿瑞絲在這本厚達一百六十八頁的「贏得親子之賽」的嘔心瀝血之作中揭櫫了七個原則，十分值得天下父母所參考、借鑒，這七個原則是——

第一原則──優先花時間與孩子相處。

第二原則──接受角色的改變，父親對子女可以從保護者的角色轉變成朋友關係。

第三原則──擅於溝通，讓子女知道父母無條件的愛與支持。

第四原則──展示愛意，告知子女，並以親吻擁抱來流露眞愛，並置子女之所需於自己之上。

第五原則──使自己的家庭成爲一個安樂園，不僅安全、舒適而且溫馨可愛。

第六原則──建立一支親子隊伍，縱使是單親，也可以籌集老師、教練、醫生、宗教者去幫助子女的發展，讓他們知道你在關心他們。

第七原則──給子女延續特質，培養他們自我判斷、獨立思考、責任心、道德觀、忠誠與堅毅的特性。

由於狄蘿瑞絲本著這七條原則來教育與培育自己的子女，所以她的五位男女公子皆能在體壇、軍界、商場與社會服務方面有卓越不凡的成就與貢獻，尤其是因爲邁可・喬丹在球場內與球場外出類拔萃的表現，早已成爲世界各地青少年們的偶像崇拜，當然，「狄七條」必然將成爲天下父母親親子教育所奉行的原則與指引。

狄蘿瑞絲還說道：「常常有人問我，我是如何培養出這麼一位世界著名的兒子？我是如何去對待邁可的？我告訴他們，一點也不神奇，我總是對自己的子女說──你是最特別的，上帝賜給你資質，你就必須去創造它、發揚它！」

這就是喬丹的媽媽狄蘿瑞絲女士的哲學，事實上，這也並不算什麼高深的哲理，不過由於她身體力行，不斷地從言教與身教中去改造教育子女，才能使她的子女立足於社會，榮耀於世人！

也將是一位推己及人、博愛社會的慈善人士，當然，將來會有更多的機構請她擔任發言人以及出任諮詢顧問，而且會有更多的人願意聽她發表演講並把她的言論當成「金科玉律」來奉行和遵循！

狄蘿瑞絲女士，由於她教養出一位世界拔尖的兒子，因此使她能從鄉間的一位平凡桑婦成爲世人矚目的女性，當然囉，有爭氣的媽媽，才會有爭氣的兒子，而兒子的偉大，尤其能夠顯示出媽媽的更偉大！

喬丹的婚變

傳言一位華裔少女用亮麗與溫柔打動了NBA天王巨星喬丹的心，迫使喬丹的妻子裘妮塔聘請私家偵探來探測喬丹的私生活，在喬丹二度復出NBA後，他長時間留在華府打球，夫妻倆聚少離多，裘妮塔曾經三次警告喬丹立即收山而未果，最後兩人終於離婚了，喬丹的婚變使他在錢財上損失慘重……

在NBA內外形象一向良好的喬丹，在維持多年的婚姻之後終於正式離婚了，他的妻子裘妮塔（JUANITA）正式向伊州湖郡（LAKE COUNTY）瓦基更（WAUKEGAN）法庭訴請離婚，理由是--兩人存在『無法協調的差異』（IRRECONCILABLE DIFFERENCES），她並要求獨自擁有喬丹那座位於芝加哥高地公園市兩萬五千呎的豪宅，以及要求喬丹把他的一半財產補償給她，裘妮塔則同意喬丹擁有三個孩子的探視權。

喬丹的婚姻出現如此重大的破滅，對喬丹這位歷史上最偉大的籃球員造成了負面而直接的衝擊。

喬丹的婚姻危機究竟如何引發的呢？爲何他會放棄美麗賢淑的愛妻裘妮塔以及三個寶貝的孩子--傑夫瑞（JEFFREY）、馬可斯（MARCUS）與傑絲米（JASMINE）而甘願成爲自由自在的單身漢呢？

喬丹廿多年來給外界的形象一直十分美好，他除了籃球才華洋溢、球品與球德都是一流，而在球場外，更是一位愛家顧家的好父親與好丈夫，尤其是自從他的父親被謀殺喪命之後，他更是把自己塑造得十分完美，完全展現了『新好男人』的形象，所以由他所代言的各項商業產品極爲暢銷，而冠上他名字的『喬丹餐廳』在芝加哥市中心區拉塞爾路上生意鼎盛，一年四季都有來自世界各國的遊客和食客上門，使喬丹的財富有如滾雪球般愈滾愈大，世界上絕少有像他這般名利兼收的運動員！

也正因爲喬丹成爲舉世無雙的超級巨星，所以萬千少女視之爲夢中的超級情人，不過，身邊永遠有六位保鏢護駕的喬丹卻是少女們難以接近和親近的，所以喬丹一直沒有鬧過什麼花邊新聞。

不幸的是，有一年夏天，喬丹到加州洽談商品廣告代言之事，有人親眼目睹他到洛杉磯的一個豪華夜總會--世紀俱樂部（CENTURY CLUB），在他的身邊出現了一位亮麗動人的華裔少女，這位漂亮的華裔美女狀甚親蜜的牽著喬丹的手一起進入夜總會，並愛撫喬丹的手臂與腿足，還不時依靠坐在他膝蓋上。

『他們眞的好像一對情侶，似乎喬丹有了一個非常美好的時光。』一位接近喬丹的友人追憶道：『雖然喬丹不願訴說那位女孩是誰，不過我們都知道她是一位華裔女子。』

此事傳到喬丹妻子裘妮塔耳裡，她很不開心，不過由於喬丹的極力否認，裘妮塔也就相信那只是別人捕風捉影製造緋聞而已。

然而不幸的事是，不久之後，又有傳言道，這位華裔少女曾在『喬丹餐廳』與友人一起用餐，雖然當時喬丹沒有在現場出現，但是很難不讓人懷疑喬丹還與這位少女有聯繫，而喬丹之妻也因爲這個原因，還特別聘請了私家偵探四處密查喬丹的私人蹤影，爲此，喬丹十分不滿，他認爲自己的妻子對他不信任，於是有傳聞道，喬丹願意與妻子談分手的價碼，準備一次『買斷』雙方維繫了九年的婚姻契約，而唯一的條件是：在NBA季賽結束之前，不要向外公開宣佈。

對於這樣的『傳言』，喬丹則一口『否認』了，他鄭重的表達自己一貫的立場：『我要中止類似我要離婚的傳言，有關我與我的妻子的婚變事件完全不實，我們依然享受著快樂的家庭生活！』

喬丹的否認雖然使婚變傳言遏止了，但是他的妻子倒是對喬丹所說的話半信半疑，她一直沒有中止密查喬丹在外之行蹤，尤其是喬丹到外地打客場球賽時，她『盯』得很緊，讓喬丹有些不快。

喬丹與公牛隊隊友在外出賽之餘，常喜歡到一些夜總會消磨緊張的時光，像紐約的SCORES和明尼亞柏力斯市的RENDEZVOUS和達拉斯市的MEN男人俱樂部等都是他們一夥球員集體去的地方，由於隨身隨時都有保鏢的保護，喬丹的安全無慮，只是在這些地方工作的女子皆非良家婦女，NBA、MLB和NFL職業球員往往貪圖一時之樂而釀成『一失足成金錢恨』，被這些神女敲竹槓、惡告污告者比比皆是，還有一些女子更以懷孕生子來向球星們強索『贍養費』，不過聰明如喬丹者，也還不至於被女人設陷阱，倒是他與那位華裔女子的羅曼蒂克愛情故事一旦成眞或被揭露，不僅將斷送了他自己美好圓滿的婚姻生活，而且他擁有四億元的財產將平白損失一半，當然，法律是保障弱者的，如果喬丹眞的因爲一位華裔女子而沉迷在愛情的虛幻中的話，金錢的損失當然是他應該付出的慘痛代價，而喬丹原本擁有一個美好的家庭，他死忠的球迷當然不樂見他離婚棄子，尤其是他是衆多美國人的偶像和英雄，豈可有錯誤的『示範』呢？！

『我曾經接獲一位私家偵探的電話查證是否有看到傳言中的那位少女與麥可在一起。』一位與喬丹很要好的友人說：『我也搞不清楚到底這位私家偵探是代表喬丹的妻子還是代表喬丹自己，我想，他們恐怕將會面臨嚴重的法庭偵訊，這不是我們樂見的結果。』

喬丹的妻子裘妮塔當時依然保持沉默不語，有時她還會與喬丹一起公開露臉，但是明眼的人很容易看出她的眼光中所流露出的那一道憂愁，本來嘛，裘妮塔身爲超級巨星之妻，身邊不知有多少的『情敵』在虎視著自己身邊的『愛人』，雖然已爲他生了三個孩子，依然缺少幾分的安全感，尤其是現在已風聞自己的丈夫被女人勾引誘惑，裘妮塔怎麼也是快樂不起來的。不過，喬丹的媽媽卻處之泰然，她說：『我是相信我兒子的，他的家庭生活一直正常，我從未感覺到麥可會有什麼婚外情，要有的話，老早就會有的了，我不會不知道的。』喬丹的媽媽狄蘿瑞絲女士肯定的說：『讓我告訴你們，喬丹不會有婚變，他的家庭美滿幸福。』

喬丹的媽媽兩年前曾出版過一本書，書名叫『家庭第一--贏得親子之賽』，這位生養了舉世無匹兒子的偉大女性在這本大作裡揭示了種種『贏得親子之賽』的原則。

狄蘿瑞絲還說道：『常常有人問我，我是如果培養出這麼一位世界著名的兒子？我是如何去對待麥可的？我告訴他們，一點也不神奇，我總是對自己的子女說——你是最特別的，上帝賜給你資質，你就必須去創造它、發揚它！』

現在的問題是——喬丹已在這場『親子之賽』中輸掉了，他在球場上的神勇投射似乎已被防守他的妻子蓋了一具大火鍋，這個大火鍋，喬丹承擔得起呢？

『我覺得喬丹會用他一慣的打球方式去處理他的婚姻危機，事實上喬丹在球賽最危急的時刻，往往都是在吐吐舌頭之後即可以鎮定冷靜的化險爲夷。』

喬丹的友人說：『喬丹無論在球場內或球場外都永不會失敗，這一點，我看得很清楚。』

然而喬丹妻子的阿姨艾莉絲娃諾伊（ALLICE VANOY）的談話卻值得留意玩味，她說：『我一點也不驚奇喬丹夫婦的婚姻出現危機，他們的事，我是比較清楚一些的，但是我現在不方便多說一句。』

喬丹是在一九八八年經友人介紹在芝加哥市中心區密西根大道上的Bennigan餐廳結識了裘妮塔，曾擔任過模特兒和銀行職員的裘妮塔當時在『芝加哥太陽時報』（CHICAGO SUN-TIMES）任職，兩人交往期間，喬丹曾多次前往太陽時報二樓的新聞會客室等待裘妮塔工作做完後兩人一起離開，在拍拖期間，兩人曾經分手過，但是在復合後，裘妮塔懷了喬丹的孩子，之後並向法庭控訴喬丹『認子官司（PATERNITY SUIT）』，喬丹最後勇於負責，決定於一九八九年九月與大他四歲的裘妮塔結婚。關於此事，喬丹曾在他出版的自傳『熱愛比賽』

（FOR THE LOVE OF THE GAME）中坦言：『我之所以決定結婚與生子的理由是要讓我在打球之外，做一個稱職的丈夫與父親來平穩自己。』

喬丹曾表示過，他在退出NBA後的一大宏願是--前往加州好萊塢發展電影事業以證實他在任何方面都是超級巨星，但是他的妻子則堅決反對，她只想喬丹在退出NBA後能多待在家裡陪她與三位孩子，裘妮塔曾向友人表示，喬丹現在什麼都有了，他還奢求什麼呢？他應該多享受些家庭生活的溫暖，人生畢竟是有限的。

喬丹胸懷大志，他不是那種可以清閒下來的人，他所擁有的江山大業除了NBA外，還有耐吉球鞋、餐飲業、廣告代理以及他所心儀的電影業，這樣龐大的副業當然不能讓他清靜的待在家裡，他的妻子豈會不知道這個簡單的道理呢！

但是自從喬丹宣佈二次復出NBA之後，他爲了使華府巫師隊突破劣勢而把整個心力和時間投注其中，在球季期間甚少返回芝加哥，裘妮塔曾三次警告喬丹，爲了維繫婚姻，他就必需要立即改變自己的生活方式，但是裘妮塔再三的警告卻沒法改變喬丹的心意，最後裘妮塔終於在萬念俱灰之下做出了離婚的殘忍決定，在伊州法庭判決之下，一代巨星喬丹的婚姻終於劃下了句點。

喬丹的傳人

誰將是喬丹的傳人呢？是布萊恩特嗎？還是歐尼爾？或是詹姆斯？他的愛子傑夫．喬丹與馬可斯．喬丹可以傳承他在NBA所創下的千秋不朽基業並延續他的香火，而成爲眞正的喬丹的傳人嗎？

一月十三日是歷史上非常重要的一個日子，這一天，可以說是劃時代的分水嶺。

一九八八年的一月十三日，政治強人蔣經國逝世，使台灣的民主政治工程頓失領導人，史家稱一月十三日以後的台灣政治爲「後蔣經國時代」。

一九九九年的一月十三日，籃球超人喬丹第一次歸隱，使美國NBA籃壇遽失巨人，艾野稱一月十三日以後的NBA爲「後喬丹時代」。

八八年〇一一三「後蔣經國時代」開啓後由於威權體制瓦解而使台灣邁向一個「有過之而無不及」的「超民主時代」。

九九年〇一一三「後喬丹時代」將由誰來接班以創造出另一個光輝燦爛的NBA江山呢？

艾野的觀點是，已經沒有任何人可穿上喬丹所遺留下的耐吉球鞋，像飛人般的凌空扣籃而入，輕松摘籃得分……喬丹的接班人，目前已找不到了，或許這個人現在還沒有出生吧。

以前，當喬丹飛黃騰達的時代，大家都在評比議論，到底誰會是喬丹的接班人呢？究竟誰又會是「喬丹第二」？誰有「喬丹的影子」？誰得到了「喬丹的眞傳」？

我們經常提到的「喬丹傳人」有洛杉磯湖人隊不滿廿歲的柯比，布萊恩特(KOBE BRYANT)、底特律活塞隊的模範生葛蘭特，希爾（GRANT HILL）以及湖人隊的七呎一吋巨無霸希奎爾，歐尼爾（SHAQUILLE ONEAL）等，也有人曾把費城七十六人隊的超級新秀艾文生（IVERSON）列入「喬丹正傳」的傳人之一，而去年被選中的「籃球狀元」詹姆斯（JAMES）也被一些球評家預測是NBA的第二個麥可，喬丹……

在以上這麼多被提及的人選之中，其實都不能稱得上是喬丹的眞正傳人，因爲喬丹的籃球功夫已達到爐火純青的地步，他在球場上與其他球員最大的不同之處就是具有獨到的眼光，他只要站在球場上就有「無死角」的視野。因此，他不僅在進攻時，無論遠投近射，灌籃反勾都精確無，而且在防守時更是能夠掌握住對手的球路，因此經常截抄偸球和封球的佳作出現，他眞的不像其他球星，只有在進攻上大放異彩，在防守時一無是處，喬丹則是進退有方，他在NBA十三季，除了第一次退休的十八個月外，他年年都是NBA防守明星第一隊的球員，這一點是以証明了他在防守上的超人氣工夫，一般人心目中的喬丹是，平均每場球攻入三十多分，而且經常閃人衝入禁區來一個凌空大灌籃，反而忽略了喬丹在回防 時阻止敵軍反攻時的神勇表現。

因爲進攻得分其實並不是NBA的全部，如果球迷不健忘的話，應該記得NBA史上曾出現過一位「投籃機器」，那就是亞歷山大，殷格里希（ALEX ENGLISH），此君早年投效於丹佛金磚隊，只要球到手上都可以化爲分數，但是他在其它籃球才藝方面卻是平平，防守更差，因此晚年一度被丹佛冷凍，他轉而投靠達拉斯小牛隊，最後在年老體衰投不動籃球後被小牛隊放逐了，他隨後又飄洋過海到了歐洲討生活，沒多久也就消聲匿跡了。迄今，我們在翻閱NBA史冊是，只可以看到亞歷山大·殷格里希列入NBA總得分榜的第十名，雖然他的總得遠比柏德和魔術江生等人還高，但是又有幾個人認識他呢？「投籃機器」是無法在好手如雲的NBA揚名立萬的，而喬丹呢，他不僅是一台「投籃機器」，他更是「製籃機器」，曾有一位球評家論到喬丹的精義是他不是「擁有」（HAS）比賽，他本身「就是」（IS）比賽。

如果大家再把喬丹第一次退休前的最後一場告別NBA的冠軍大賽最後一分鐘不到的賽程仔仔細細研析一下即可得証喬丹眞正是操控球賽勝負的元帥，他在打球的時候，永遠是用腦在打、用手在打、用眼在打…那就是爲什麼他能在最關鍵的一刻時，能夠從猶他爵士隊天王巨星馬隆手裡巧妙的奪走那反敗爲勝的一球，而這一球不也說明了喬丹籃球手藝之精湛一流嗎？

放眼以上所提及之喬丹「接班人」，似乎沒有一位眞正具有如喬丹一般智勇雙全的好漢，如果眞要推舉一位的話，艾野認爲歐尼爾最像喬丹，因爲他具有像喬丹一般的「爆發力」，在籃下的威力十足，得分能力也強，在喬丹第一次退休那年，歐尼爾還一度繼承了他的「得分王」寶座，而歐尼爾的領導力也夠強，他也是那種可以讓隊友安心，把球一起打好的領導型球員。當然，歐尼爾比喬丹更佔優勢的是他壯碩的身材，只要他雄據籃下，不必出手，已有「力拔山河氣蓋世」的架勢，但是歐尼爾的缺點是定力不足，尤其是每當在危急存亡之際，往往心手皆不安，罰球十之八九落空，他不是那種可以在最關鍵時刻把關鎮守的大將，這一點與喬丹有很大的不同，也正因爲這一點的差異而讓歐尼爾比不上喬丹了，不過，除去喬丹外，歐尼爾堪稱NBA當今數一數二的超級大將了。

至於喬丹眞正的傳人--長子傑夫・喬丹（Jeff Jordan）與次子馬可斯・喬丹（Marcus Jordan）是否可以傳承老爸在NBA創下的千秋不朽基業呢？答案顯然是令人置疑的，今年十五歲的傑夫・喬丹目前是芝加哥北郊韋梅特（Wilmett）鎮羅耀拉高中（LOYOLA）的校隊，雖然他也穿23號球衣，並且在第一場對抗De La Salle高中的比賽中，就在終場之際投中致勝的一球，但是身高185的傑夫・喬丹在全伊州高中生籃球排名未入前五十名之內，不過他在這個球季結束時被選爲芝加哥天主教聯盟（Chicago Catholic League）最佳球員，傑夫・喬丹說：『我的籃球排名雖然在全州不是第一，不是第二，不是第三，不是第四，但是我會證明我屬於那個名次，而不是一個喬丹的虛名而已！』

麥克・喬丹顯然對愛子寄望頗深，每當傑夫比賽時，他都親自到場加油，從未錯失過任何一場比賽，傑夫・喬丹說：『我爸給我很多指導，讓我受益很多。』身爲名人之後，傑夫當然格外受到媒體的注目，不過他說：『記者爭先訪問我，但是他們百分之九十都是問我爸的事，只有百分之十是眞正訪問我。』傑夫・喬丹心目中的理想大學是他父親的母校北卡大，但是北卡大尙無邀請他入學的計劃，倒是伊利諾大學與聖母大學等很多學校已經準備好獎學金恭候他入學了。

喬丹的次子馬可斯・喬丹雖然今年才十三歲，但是已長到一百九十公分，身手不錯，有籃球探把他視爲喬丹眞正的傳人，並預估他的排名將是二〇〇九年高中生畢業班前三名以內，是耶？非耶？也只有時間能證明啦！

籃球的故鄉

美國印地安那州盛產籃球，NBA傳奇人物拉瑞・柏德(LARRY BIRD)的故鄉法蘭西斯・林克鎮(FRENCH LICK)是值得一遊的地方……

「你若不喜愛籃球，就別到印地安那州來！」這句話是美國中部印州鄉巴佬的口頭語，因爲我喜愛籃球，所以就專程到了印地安那州做了一個難忘的籃球假期。

趁著三月的最後一個週末，三月三十一日午後，我駕駛著旅行車攜家帶眷從伊利諾州芝加哥西南郊區瑞柏城(NAPERVILLE)啓程，延著南邊的六號公路向東行，行經洛克波特、奧蘭公園、提力公園、橡樹森林與哈維等諸大小鄉村市鎭後，即轉道接上州際公路八十號大道向東疾駛，在穿過藍辛市(LANSING)後不久即已跨入印州的領土，一路上，我向妻子與愛子李霸、愛女李霜以及外侄女婷婷解說印地安那州的淳樸，美麗與可愛，我也爲他們介紹了印州盛產的籃球以及正在印州首府印地安那波里斯市舉行的NCAA「最後四強」籃球總決賽，霸兒問我，爲什麼叫「三月瘋」(MARCH MADNESS)，爲何要在MARCH前面放一個MADNESS?我告訴他，就是因爲想解答這個疑問，所以才帶他們到印州去尋找答案。

說眞的，縱使像在每年一月所舉行的「超級杯」(SUPER BOWL)足球大賽幾乎有一半美國人觀看，也沒有人稱之爲「一月瘋」或「一月狂」之類的話，唯獨三月的NCAA籃球賽被封上

「瘋」字，籃球賽之魔力與魅力由此可見一斑。

我們的車程在駛經罕門德市(HAMMOND)後不久即到達「蓋瑞城」(GARY)，這個城市最著名的兩樣東西就是紊亂與棒球。蓋瑞城的治安極糟，犯罪率之高，名列全美前三名，至於棒球嘛，每年在此舉行的「世界青少年棒球賽」是舉世揚名的，與賓州威廉波特城的世界少棒賽以及佛羅里達州羅德岱堡的世界青棒賽合稱「三冠賽」，來自臺灣的華人應該都知道，相較於印州籃球的盛行，蓋瑞城算是印州的一個「異數」。

可笑的還不止是蓋瑞城，當我們駛達「南冰德市」(SOUTH BEND)後，我告訴家人，這是一個「足球重鎮」，霸兒笑著說：「印地安那的BASKETBALL是MADNESS，但是BASEBALL和FOOTBALL是HYSTERIA！」(歇斯底里)，由於抵達南冰德市時已入夜，我們投宿在市中心區的「羅瑪達旅店」，這旅店距離聖母大學(NOTRE DAME)只有一哩之遠，可以想見，每當聖母大學有主場足球賽時，這個旅店必然是「高朋滿座」的，的確如此，櫃臺服務生告訴我，我們很幸運，不是在比賽日(GAME DAY)來到這裡，否則不但他們這個旅店沒有空位，其他旅店也全都爆滿，許多人都必需開到數哩之外的郊區去住汽車旅館呢。

四月一日上午，我們全家到聖母大學參觀，這是一所天主教會的大學，建校已超過一個半世紀，不僅學術成就非凡，而且更以「戰鬥的愛爾蘭人」(FIGHTING IRISH)足球隊名聞天下，如果您是美式足球迷的話，應該知道，前三藩市四十九人隊的天王四分衛馬添男(JOE MONTANA)就是聖母大學畢業的傑出校友，還有當今NFL足球場上數一數二的「飛毛腿」提姆．布朗(TIM

BROWN)也在聖母大學求學期間贏得NCAA最高榮譽「海斯曼獎」(HEISMAN TROPHY)，其他尚有六人亦曾奪得過此殊榮，此外，聖母大學共贏得NCAA十一次全國足球冠軍，有五十八位球員在NFL選秀會上以第一輪被選中，像「火箭」尹士曼(ROCKET ISMAIL)就曾是選秀會上的狀元郎，只可惜聖母大學在王牌教頭何特慈(LOU HOLTZ)離去之後日薄西山，一蹶不振，今年沒有任何一位球員在選秀會的前兩輪上榜，當我佇立在「聖母體育館」前面瞻仰這個可以容納八萬人的球場時，眞是百感交集，我問霸兒，是否將來長大後想來念聖母大學打足球隊？他笑著說不，原因是這裡離家太遠了。

在參觀完聖母大學一棟又一棟古老又具歷史的建築物與體育館後，我們駕車沿著印州一號公路向南直切而下，我們的下一個目的地是印地安那波里斯市(INDIANAPOLIS)。

雖然從南冰德市到印地安那波里斯市只不過短短的一百三十哩左右，但是由於三十一號公路不是高速公路，必需穿越大街與小巷，鄉村的景緻盡收眼底，美不勝收。

行車經過KOKOMO時，霸兒問我這個小城市是不是住有很多日本人，否則爲什麼這個城市的發音那麼像日本音。

我們花了三個多小時的車程才開到印地安那波里斯市，由於NCAA籃球決賽正在這裡如火如茶地進行，戰火激烈可從「印地安那波里斯明星報」(STAR)沉重的一疊「最後四強特刊」(FINAL FOUR EXTRA)清楚看到，球賽的瘋狂氣氛瀰漫了整個印州城，擁有八十萬人口的這個印州首府大概都沉醉在籃球賽的美夢之中矣。

印州的籃球傳奇頗值得一書，土產拉瑞．柏德被評鑒爲美國籃球史上最好的五名籃球巨星之一(其他四人是喬丹、張伯倫、比爾．羅素與賈霸)，此外，印州的特產還有NBA的奧斯卡．羅拔生(OSCAR ROBERTSON)，湯姆與迪克．文．艾斯岱爾(TOM、DICK VAN ARSDALE)雙胞胎兄弟，還有大名鼎鼎UCLA大學籃壇江山的首席教頭約翰．伍登(JOHN WOODEN)也是來自印地安那州的鄉巴佬，所以印州眞的可以籃球爲傲，位於印地安波里斯市中心區以一億八千多萬美元新建的「康水可運動場」(CONSECO FIELDHOUSE)可容納一萬八千多個籃球觀衆，這個籃球場不用「球場」(ARENA)或「體育館」(STADIUM)爲名，卻以「運動場」(FIELDHOUSE)定名，由此可見印州鄉巴佬對籃球所懷有的雄心壯志，而在這個籃球運動場外那幅若大的壁畫更是意義深遠壁畫上幾個小鄉巴佬在農田邊的籃球場上打球比賽，油畫下邊寫著斗大的三個英文字：WHERE DREAMS BEGIN！

印州少年郎的籃球美夢果眞是如此開始編織的呢。

在開車遊覽巡禮了印地安那波里斯市區半小時光景後，我們再沿著三十七號公路南下，目的地正是我長久以來夢寐以求的柏德的故鄉——法蘭西斯．林克鎭(FRANCH LICK)。

法蘭西斯．林克鎭位於印地安那波里斯市正南方一百一十三公哩處，顯然只有一條老舊不堪的三十七號公路可以直達，這段路可謂崎嶇多忤，既偏斜歪轉，又多鄉間小路，妻子擔心我心有旁騖，所以提議由她來擔任駕駛，所以我得以小憩片刻，並極目享受車外的鄉村美景，舉目所見皆爲一片片原野大地，在路經一個個窮鄉僻壤時，我眞的有些懷疑這裡竟會是美國的一州，這又使我回想起多年前，我應中國國務院邀請到中國大陸訪問時，僑辦的北京領導人驅車帶我去參觀「北京人」的遺址時，一路上我所觀察到的鄉土市景，眞的與印州相似極了。我向家人說：「柏德就是在這麼艱困的地方長大的，眞了不起呀！」

通往法蘭西斯．林克鎭的小路讓我有一種「走不到盡頭」的感覺，霸兒、霜女與婷婷都在車上睡著了，只有我與妻子邊開車、邊鑑賞著印州鄉村的淳樸、簡單、落後與原始，我問妻子，將來年老退休後願不願意來印州這種人湮稀疏的地方安享晚年？她的答案竟然是「欣然同意」，我自己的答案則是疑問的，因爲我過慣了群居的日子，每天都活在一雙雙眼睛的日子裡，我不認爲自己可以置身在一個沒有華人朋友的世界裡，我常在想，來到洋邦大地，盡管可以賺錢到萬貫家產，如果居住在阿拉巴馬州的一個小鄉村裡，週遭沒有一個中國人，那人生的價値又値多少呢？我寧可放棄那裡的一切，回歸到華人的世界裡來，因爲，我眞的是不甘寂莫，也不願孤獨的！

我們的車即將開到法蘭西斯．林克鎭，在穿過一個名叫奧良斯(ORLEANS)的小鎭後，路旁已看到標出通往法蘭西斯．林克鎭的路標，當看到這個路標時，我的內心爲之一振，哦，多少年來所夢想和期待的地方，即將來到，一時竟興起了一種莫名的「近鄉情怯」的心裡，這裡並不是我的故鄉啊，爲什麼我卻膽怯起來呢……

法蘭西．林克鎭(FRENCE LICK)是一個非常具有鄉村氣息的印地安那州小城鎭，據載，這個小鎭早年是法蘭西商人的商品交易地以及打取飲用泉水的一個礦泉地(MINERAL SPRINGS)全鎭只像是一個小集貨市場，乏善可陳，如果沒有籃球巨星拉瑞・柏德(LARRY BIRD)揚名於世的話，這個只有兩千多居民的小鎮當然也就像萬萬千千個美國各州的小鄉鎮一般平凡無奇了。

柏德自從一九七九年三月代表印地安那州立大學楓樹隊(SYCAMORES)在「最後四強」(FINAL FOUR)與密西根州立大學斯巴達人隊的魔術・江生(JOHNSON)演出一場百年難見的龍虎大決鬥後聲名遠播，之後，每當大家提到這位籃壇的傳奇人物時，總是少不了那一句話：「從法蘭西斯・林克鎮來的鄉巴佬」(THE HICK FROM FRENCH LICK)。法蘭西斯・林克鎮也正是因爲生產造就了這一位偉大的籃球巨星而成爲印州的一個不朽的小鄉鎮，當然這個小鎮也成爲籃球迷所崇拜和景仰的「朝聖地」。

四月一日下午當我們的旅行車沿著三十七號公路南下抵達帕里鎮(PAOLI)後，即改向西轉道，接上印州一五O號公路婉轉前進。

帕里鎮與法蘭西斯・林克鎮一樣都屬於印州西南部的「橘郡」(ORANGE COUNTY)，柏德曾在他的自傳裡特別提到帕里鎮是他的爸爸喬・柏德(JOE BIRD)與媽媽喬吉雅・柯恩絲(GEORGIA KERNS)相遇相戀的地方，當時他倆都在帕里鎮的一家鞋廠做工，工資相當微薄不足，帕里鎮看上去就很窮苦貧困，我從車裡向外巡禮，極目四顧，看不到什麼商業樓宇，開在帕里鎮通往法蘭西斯・林克鎮鄉間的道路上，讓我想到「天蒼蒼，野茫茫，風吹草低見牛羊」的古詩詞，那種意境，眞可以用「悽美」兩字來形容。

一五〇公路曲折多彎，路上別說沒有一個加油站，就連一輛路車都遇不到，也看不著，直到「艾彼岱鎮」(ABYDEL)後，才發現了人煙和一個加油站，眞是讓我有一種莫名的驚喜，約莫十多分鐘的車程後，我們已駛達「前景鎭」(PROSPECT)，這個小鎭，平淡無奇，一路上則有稀疏的人家分布在田野邊。

開過「前景鎭」後即換到五十六號公路再向南行，不久，「西貝登泉鎭」(WEST BADEN SPRINGS)的諾大鎭標已呈現我們的眼前，我於是興奮的向家人說道：「你們看呀，這裡就是柏德的家鄉，我們終於來到了柏德的家鄉啦！」

家人們顯然也很高興這一刻的到來，因爲他們期待已久，一路上，霸兒一再反復問我的一句話就是：「DADDY，到底我們什麼時候才會到FRENCE LICK?‧FRENCE LICK還有多遠呀？」

當聽到我說我們已到達目的時，霸兒又問我：「DADDY，我怎麼沒有看到FRENCE LICK的名字呢？」

原來法蘭西斯‧林克鎭與西貝登泉鎭是緊密相連一起的姊妹鎭，兩鎭難分難捨，就連柏德自己都說：「其實我是在這兩個小鎭長大的，但是我也不知道爲什麼大家只知道FRENCE LICK而不知道WEST BADEN SPRINGS！」

到了法蘭西斯‧林克鎭後，我先沿著這個小鎭的唯一大道——州路(STATE ROAD)繞巡一遭，事實上，州路也就是五十六號公路，在法蘭西斯‧林克鎭只有短短的一公哩，所謂的「市中心區」(DOWNTOWN)可以說相當的簡陋，我首先找到的就是那條遠近馳名的「拉瑞・柏德大道」(LARRY BIRD BLVD)，那是一個綠色籃球形狀的路標，意義非比尋常，就樹立在柏德的母校泉谷高中(SPRINGS VALLEY)前面，這個路標似乎在訴說著一個偉大的故事——一個由法蘭西・林克鎭鄉巴佬傳奇般統率泉谷高中黑鷹籃球隊(BLACKHAWKS)橫掃全州無敵手的英雄故事，柏德在三年的時間裡幾乎打破了泉谷高中的一切籃球記錄，其中包括由他的哥哥馬克・柏德所創下的記錄在內，柏德在泉谷高中最後一年的成績是——平均每場球得三十分與二十個籃板球，比當今NBA第一把交椅羅省湖人隊天霸中鋒歐尼爾(ONEAL)十多年前在聖安東尼念高中時的成績還亮麗多了！

當然，這個綠色籃球形的路標也象徵了柏德爲波士頓薩爾蒂克隊(CELTICS)所建立下的豐功傳業。

柏德是於一九七九年離開這個小鎭向往紐英侖地區投入波士頓陣營的。

柏德第一年就奪下NBA最佳新秀，並且開始連年當選NBA明星球員第一隊，一直到他於八九年開始負傷爲止，他也三度入選NBA的MVP最有價值球員獎，這些成就，雖非空前絕後，但是柏德與人不同的地方是，他在場內場外的謙和有禮與溫文儒雅的風度，這不是大多數横行球場的NBA老粗型球員可以做得到的！

柏德到底對波士頓有多大的貢獻呢？

自從他加盟薩爾蒂克隊後，在十三年裡，使薩隊奪下十年大西洋區的王冠，並且五次打入NBA東西區冠軍賽，三次取得世界總冠軍戒子，而波士頓花園球場更創下連續五百四十一場爆滿的空前記錄，花園球場球迷的惡名即因爲對柏德球技的過度瘋狂迷戀所造成。

「沒有柏德，就沒有波士頓薩爾蒂克王朝」。

這是絕大多數NBA專家一致認同的觀念。

在柏德的年代裡，波士頓從沒有失敗的月份，有柏德出賽時，波士頓隊的戰績是六百六十勝、兩百三十七負，贏球率是七成三六，但是在沒有柏德出賽時，波士頓隊的戰績卻只有九十一勝七十八負，贏球率僅達五成三八。

檢視以上的統計數字可知道柏德的確爲波士頓薩爾蒂克隊樹立下汗馬功勞，稱他爲傳奇人物，一點也不爲過。

柏德與江生兩位NBA百年難得一見的超級大將雖並存於一時，但兩卻沒有瑜亮情結，柏德曾說過：「江生是我唯一願意花錢買票去看他打球的人。」

而江生也尊稱柏德道：「柏德是我在球場上最害怕的人，沒有人比柏德更會用頭腦在球場上打球！」

柏德在十三年裡，平均每場球打下二十四點三分，單場攻入最多分是八五年與亞特蘭大對抗時創下的六十分，他曾與達拉斯小牛隊決時投入五十分，成績非常了不起，那場球賽，我正是場邊的見證人之一呢！

在球場外，柏德一向重視形象，除了在一九八七年夏天夥同他的哥哥馬克與姊妹琳達向他的姊夫班傑明進行電話恐嚇被提起公訴(後來被他姊夫撤訴)外，他沒有任何不良記錄，而且在八九年九月與交往了十多年的女友馬汀麗小姐完婚，現在擁有一個幸福的家，但是他卻不能與自己的女兒多見面，到底是什麼原因呢？柏德不願多所說明。

柏德對美國有相當大的貢獻，一九九二年，他在入選爲美國參加奧林匹克運動賽的「美夢隊伍」後，一度因傷考慮退出，但是爲了美國的榮譽，他硬是撐著受了傷的身軀戰鬥了八場，他的精神的確可貴，終於在最後協助美國奪回了久別的奧運金牌。

「我如願的爲國家達成了使命，現在退出球場，我眞的心滿意足了！」柏德！你眞是太傳神，太了不起了！

小鎭風光，令人難忘

在巡禮完著名的「拉瑞．柏德大道」(LARRY BIRD BLVD)之後，我們一家人驅車前往近在咫尺的「法蘭西斯．林克泉休閑地」(FRENCH SPRINGS RESORT)。

這是一個具有九十八年歷史的旅遊旅館，占地達兩千六百畝，聳立在這個小鎭的市中心區的山丘之上，放眼看去，富麗堂皇的外貌與純樸無華的鄉村小鎭十分的不搭調，當我與家人來到這座皇宮式的休閑大旅館時，內心眞是驚奇萬分，我眞的難以想像這個休閑地竟是那麼的光鮮奪目。

在踏步上數十層石階進入由巨大白柱棟樑搭起的旅館大廳後，豪華的絲絨地毯與水晶掛燈立即吸引了我的視線，在衆多旅客遊人糟雜聲中，我走向櫃臺去訂房間，但是服務生還沒等我說完，就已對我說：「很抱歉，先生，我們這裡已經全滿了，你必須事先預約！」

聽到服務生的話後，我有一種悵然若失的感覺，顯然我的預估是錯誤的，因爲當初決定到法蘭西斯・林克鎭旅遊時，我就已經查知這個旅店是這個小鎭非常獨特的觀光聖地之一，可是由於我與家人是從芝加哥西南郊區一路上開車旅遊過來，所以無法預知何時會抵達法蘭西斯・林克鎭，所以沒法在事前先預約訂房，心想到了那裡再訂應該不成問題的，沒想到竟「心想事不成」呢！

記得柏德曾說過，他在法蘭西斯・林克鎭從小長大的過程之中最不可思議的一件事就是——從來沒有進去過「法蘭西・林克爾休閑地」，不過柏德說，包括他的媽媽在內，全鎭的大人幾乎都以這個旅館爲榮。雖然訂不到房間，我與家人卻花了很多時間觀光巡禮了這個令法蘭西斯・林克鎭榮耀的聖地。

這個旅遊聖地除了外貌如皇宮般壯嚴華麗外，還有兩個室內游泳池、溜冰場、健身房和網球場，室外則有射箭場、騎馬場的偌大的礦泉浴場，此外，更有一個十八洞的高爾夫球場，依山旁水，綠草如茵，景色宜人，置身其中，身心不覺爲之舒暢，不過有些讓我納悶不解的是——這裡擁有各種運動場所和設施，但是獨缺籃球場。

爲了解答心中的疑惑，於是我特別到這個旅館的高爾夫球中心服務臺去詢問個究竟，有一位名叫NORMAS HEPARD的小姐很親切的與我交談閑聊，她告訴我，這個旅館的確沒有籃球場，她的解釋頗有道理，她說：「因爲我們這個小鎮到處都有籃球場，所以這裡也就免了嘛，對不對？」

NORMAS HEPARD小姐非常和靄可親，當我詢問她，柏德家要如何去時，她馬上畫了一張地圖給我，之後她還很得意自豪的告訴我，她是柏德弟弟麥克的同學，而且她的一個妹妹嫁給了柏德的堂弟。

「我們這個小鎮的居民不多，所以大家幾乎都彼此認識，柏德的媽媽在幾個月前剛去世，我們都很難過。」HEPARD小姐很健談，她很興奮的對我說：「我跟柏德的家人很熟，至少去過他家一百次有了吧……」當我告訴HEPARD，我是帶著家人專程來她們小鎮觀光旅遊，並且也準備寫一篇柏德家鄉的報導時，她驚喜不置，馬上把這件事告訴她的同事，並笑著對我說：「你一定要在文章裡寫到我的名字哦，文章登出來以後寄一份報紙給我好嗎？」隨即給了我一張名片。

在與HEPARD小姐揮手道別，離開這個旅館休閑中心之後，我們開車沿著市中心區的三十號公路(STATE)尋找旅館，結果整條街道上只有一家陳舊不堪的汽車旅館(LANE MOTEL)，旅館東主DAMON WININGER先生自兼經理，他告訴我，他們的旅館只剩一個房間，並提著鑰匙帶我去看，由於設備不佳，妻子說，我們不妨再找找看其他地方，但是這位汽車旅館東主卻告訴我們，全鎮已沒有第二家了，如果非要找豪華一些的旅館，必需開車到二十哩西南的賈斯皮鎮

(JASPER)才有，他還畫了一個路線圖給我們，並囑告我：「這條公路很崎嶇，大約得開四十分鐘，車子的油最好加滿，因爲路上沒有加油站，沒有修車廠，也沒有人能幫你忙！」

由於小鎮的天色已灰黃，於是我們便啓程離開法蘭西．林克鎮，先到賈斯皮鎮落腳一夜，準備次日再回到法蘭西斯．林克鎮巡禮旅遊。

果然正如旅館經理DAMON WININGER先生所說的，這條通往賈斯鎮的鄉間小路婉延曲折，樹叢林立，一路上，經過名叫希爾罕姆(HILLHAM)，水晶(CRYSTAL)，凱萊維爾(KELLERVILLE)和海斯維爾(HAYSVILLE)等小村莊，入夜之後，道路上漆黑一片，星月無光，偶爾遠遠的看到一道微弱的燈光，內心孤寂不已，我向妻子說，眞是渴望早些找到旅館，再如此開車下去，萬一車子故障了，到時候眞是叫天天不應，呼地地不靈了，霸兒天眞的問我：「爲什麼印地安那人會住在這種沒有燈的地方？」

開在這條病瘦漆黑的鄉村道路上，我的思緒起伏不定，開著開著，讓我回憶起一九八〇年的夏天，當我在臺灣念完大學後投身軍旅，從基隆港搭乘軍艋離臺前往馬祖北竿最前線的亮島報到時，站在軍艋甲板上望著那一片深黑無涯的大海所興起的「英雄去兮不復返」的悽壯，當妻子知道我又陷入回憶的深淵之中時，跟我開玩笑說道：「你是不是又爲作新詩強說愁，想藉題發揮文章啦？」

我們的旅行車開進賈斯皮鎮沒多久，霸兒就已先看到「假日旅館」(HOLIDAY INN)指示牌，大約五分鐘之後，我們順利的訂房住進這家距五十六號公路和二三一公路都不算遠的旅店，這個旅店相當具有規模，旅館中央，那個室內游泳池很大，旁邊還有三溫暖、健身房和娛樂間，孩子們非常興奮，我與妻子帶他們一起去游泳、洗三溫暖和打電動玩具，好不愜意。

賈斯皮鎮的人口有一萬人，比法蘭西斯．林克鎮繁華多了，加油站也比較多一些，當家人入睡後，我獨自開車在小鎮週邊四處流覽，竟然在一個名叫「南門購物中心」(SOUTHGATE SHOPPING CENTER)商場發現了一家「香港餐廳」「(HONG KONG RESTAURANT)由於早已打烊，否則我一定會上門與這個餐館的老闆談談，問他爲什麼不到紐約或芝加哥等大城市開店，卻跑到印州這麼一個人煙稀少的地方謀生活！

四月二日上午，我們在「假日旅館」用過早餐，游完泳之後，即駕車離開賈斯皮鎮，折返法蘭西斯．林克鎮。由於天空飄著繽紛的雨絲，整個小鎮像是正在接受著大自然的洗禮，在開往法蘭西斯．林克鎮的路上，我們的這部旅行車竟然是整條鄉間公路上唯一的一輛路車，小女還問我爲何這裡看不到車，也看不到人，而且連房子都看不到呢？

我們開到法蘭西．林克鎮後，先到鎮中心區找了一家加油站，加足了油，我詢問加油店的工人如何開到拉瑞．柏德的老家，他不假思索很和氣的告訴我指引，就在我們沿著鎮中心的緬因街(MAIN)啓動後不到一分鐘，霸兒就高聲告訴我，他看到一家CHINESE RESTAURANT，我於是把車開到這家叫「茂泰園」(CHINA GARDEN)的中餐館，我與妻子都下車與這家店的東主閑聊，東主是一位來自中國上海，大約五十多歲左右的JACK鄔，他的女兒IVY在店裡任經理，JACK很訝異我們會專程從芝加哥開車來到這個小鎮，也許他誤以為我們想到這裡來開店搶他的生意吧，他拉大嗓門對我們說道：「這小鎮呀，才兩千人，中餐館很難做的，連麥當勞都沒有哪！」

鄔老闆表示，他們是這個鎮上唯一的老中，而他家就住在柏德家附近，不過他從來沒見過柏德，而柏德也從未到過他的店裡吃過飯。「小鎮的人都知道，柏德現在只是偶爾回來看看，他家經常是空著的。」JACK的女兒IVY搖搖頭說道：「小地方的人很樸實，也很節省，所以生意旺不起來！」

柏德故居，返樸歸眞

柏德的家園很大，四週用白色籬笆圍繞著，寬廣的庭園，一片綠油油的草皮，由於剛下過雨，凝眸而視，顯得溫潤油滑，而那個露天球場在綠草之中格外顯得壯嚴神潔。

法蘭西斯・林克鎮眞的是一個返樸歸眞的鄉村小城市，就連鎮中心旺區的道路都很簡單，除了「拉瑞・柏德大道」的路標光風霽月，格外搶眼外，其他路標都不顯著，或許小鎮的居民已太熟悉這裡的地形地物了，所以他們用不著斗大的路標路牌來做指引。

當我依照著加油站工人給我的指引，沿著州路(STATE)去找拉瑞・柏德的家園時，路邊有一個古銅色的建築物著實吸引了我，於是我把車開了過去，仔細一瞧，原來那裡就是「印地安那鐵路博物館」(INDIANA RAILWAY MUSEUM)，於是我們就下車走到那裡去觀賞。

這個博物館也眞是夠簡陋和陳舊的了，除了館外停著一節十八世紀的老火車頭外，別無長物，走進博物館內，極目張望，四處陳列著老舊的火車設備和零件，最讓我感到好奇的是幾件安放在推車上的發黃變黑的皮箱行李，想必這些是幾十年以前，大意的旅客遺失在火車上的行李吧？上面掛著的名字牌一點都認不出來了。

博物館出奇的冷清，整個館內只有我們一家人在觀賞，我們博覽了半天，竟然連服務人員都沒有，於是我大聲高喊：「有沒有人在這裡啊？我需要人幫助！」

喊了半響之後，不及旋踵，一位中年男子從辦公室向我走來，他笑嘻嘻的對我說抱歉，並解釋是在吃午餐，我十分訝異地詢問他爲何沒有人上門來光顧這個博物館，他告訴我，這個鐵路博物館的輝煌年代已過去了，由於多年以來乏人問津，門可羅雀，所以清淡蕭條，現在是由一個非牟利的組織來管理經營。

「我們是義務在工作，是不拿工錢的！」他笑著說道：「所以服務不週到的地方，我只能向你們說抱歉啦！」

這位笑容可掬的博物館義工還向我們強力推介去搭乘他們「蒙諾火車站」(MONON STATION)唯一的一列一九二〇年代的老字號火車去參觀森林區，他說：「一張成人票才八元，可以坐兩小時，絕對值得。」

這個名叫「法蘭西斯．林克、西貝登與南方鐵路」(FRENCH LICK，WEST BADEN & SOUTHERN RAILWAY)是由「春谷電車公司」(SPRINGS VALLEY ELECTRIC TROLLEY)來經

營，貫穿法蘭西斯・林克鎮與西貝登鎮之間，全長有二十公哩，穿越著名的「鄉巴老國家公園」(HOOSER NATIONAL FOREST)，其中還包括一道長達兩千兩百呎的「巴頓遂道」(BURTON TUNNEL)，據稱，這個火車遂道是印州最長的人工遂道頗值得一遊，不過由於班次少，我們不願等太久，所以並沒有去搭乘火車，而整個火車站也看不到任何一個旅客在等候火車，這與芝加哥「聯合車站」(UNION STATON)熙熙攘攘的景象大異其趣，小鄉鎮眞是無法與大城市相比啊！

離別淒迷冷清的「蒙諾火車站」後，我沿著州路向東行，不過三分鐘的車程，即已看艾畢岱爾路(ABYDLE ROAD)路，向右轉，經過一段坡度很大的柏油道後，我們已開到了柏德的家。

由於柏德家空無一人，我們在他的家園外四處流覽觀賞，並攝影留念，霸兒、霜女與婷婷都很高興的擺出各種姿勢以留下「到此一遊」的身影，霸兒向我們興奮的說：「FINALLY，我們總算是到了，我要告訴我的朋友，我到過LARRY BIRD的家！」

我問婷婷，知不知道柏德現在是在做什麼?去年八月才從臺灣景美高中轉學到芝加哥西郊瑞柏城的婷婷笑著回答道：「我知道他是打籃球的，但是以前在臺灣從來沒有看過他的球賽。」

小女李霜則不知道柏德是誰，她只曉得公牛隊有喬丹和皮平，而且也知道喬丹不打球了。

在我們四處拍照之際，妻子笑著向我提議，我們何不就在法蘭西斯・林克鎮買個房子來做柏德的鄰居呢?我回答她道：「再等二十年吧，等退休以後再到這個小鎮隱居也不錯呢！」

柏德的家園很大，四週用白色木籬笆圍繞著，寬廣的庭園，一片綠油油的草皮，由於剛下過雨，凝年而視，顯得溫潤油滑，而那個露天籃球場在綠草之中格外顯得壯嚴神潔，籃球架全是用綠色裝飾，綠色代表了NBA波士頓薩爾蒂克隊「綠衫軍」的顏色，柏德是一位感恩的人，他一直感念波士頓讓他能夠揚名立萬，所以不忘在故鄉家園的球架上流露出感恩波士頓的心思。

柏德的家園是他在功成名就之後才興建的，據他的親戚NORMAS HEPARD告訴我，柏德是把原來的老家拆除，並向鄰居買下旁邊的空地後重新改建而成。

柏德曾在他的自傳裡回憶自己貧困的少年時期，由於他的父母都是靠打苦工賺錢，所以家境一貧如洗，他還得與四個兄弟麥克(MIKE)、馬克(MARK)、艾迪(EDDIE)、傑夫(JEFF)與姊姊琳達(LINDA)五個人擠在一個房間裡睡覺，後來長大後，由於他的家境依然沒有改好，所以柏德與弟弟輪流到外婆家住，或許就是「貧賤夫妻百世哀」吧，後來柏德的爸媽在小鎮離婚了，可悲的是，柏德的爸爸喬·柏德(JOE BIRD)卻因爲付不出贍養費，在柏德的媽媽喬吉雅·柯恩絲(GEDRGIA KERNS)夥同警察一起去向他摧討後，他竟然舉槍呑彈而亡，因此，柏德從小立志要建造一個大的家園來告慰父親，並全力來侍奉母親和家人。

柏德的家園不像喬丹在芝加哥「高地公園市」(HIGHLAND PARK)的豪華別墅那麼門禁森嚴，白木籬笆可以輕鬆一躍而跨越，談不上什麼警戒，由此亦可見柏德的平易近人，HEPARD向我說，柏德只要從外地回到家來，一定會抽空找鄰居友人一起來家裡打籃球同歡。

「拉瑞並沒有因爲成名了而不理人，除了他的家人親戚外，他也很照顧鄰人。」HEPARD說：「整個小鎮的人都非常尊敬他，我們都以他爲榮耀。」

柏德的家除了有一個籃球場和寬廣的草皮大院外，房子其實不算大，只有兩層樓，一樓是用紅戊砌成的牆，二樓則是用白磚蓋設，除了正中央的層子外，亦有可停放三部車的車庫，當然，車庫外亦有一片在的約可停放二十多部汽車的水泥地停車場，顯然是柏德提供給小鎮上友人和鄰做爲造訪泊車之用。

我們在柏德家園外足足待了半小時才離去，當我們徐徐駕車離開時，一位柏德的鄰居老太太還在路邊向我們招手致意，我也向她招手回謝，這小鎮的人都那麼的親切自然，雖然我們素昧生平，但是小鎮的人卻以溫馨的言行來待客，那種態度絕非大城市的谷人們所可做得到的。小鎮上雖有圖書館和書局，但是因爲適逢週日，全都關上，我們於是到「拉瑞・柏德大道」前的「貝殼加油站」購買一些書報雜誌，這個小鎮唯一的週報「春谷先鋒報」(SPRINGS VALLEY HERALD)只有單薄的十八頁，不難看出法蘭西斯・林克鎮的商業並不茂盛，人群之間的互動似乎只建立在鄰舍基礎之上，整個小鎮看來是很難興旺起來的。

『在其他四十九州裡，籃球只是籃球，但這是在印地安那州，籃球是一切！』

「泉谷先鋒報」(SPRINGS VALLEY HERALD)是法蘭西斯・林克鎮上唯一的報紙，屬於週報，每週三出版，柏德說過，當年他年輕的時候曾經在這個小鎮當過送報生，他所派送的報紙應該就是這一份吧！

我花了四毛錢買了一份，利用餐飲的時間，一口氣研讀完這份鄉土味十足的報紙，這份小鎮的報紙是大版面型式的BROADSHEET FORMAT只有十八版，計分頭版與體育版兩大部份，頭版所呈現的編輯風貌極爲樸素隨和，頭條新聞是法蘭西斯・林克鎮一百四十三位編號第七十六號的美國軍團人士爲慶祝入團超過五十年以上的成員的紀念餐會，而頭版第一個搶眼的專欄「本週的微笑」(THIS WEEK'S SMILE)則是刊出了一位剛出生的嬰兒大頭照片，另一個專欄專名叫「星期中特寫照片」(MIDWEEK FEATURE PHOTO)則刊出一位年輕媽媽抱著幼小的女兒出度一個慈善餐會，兩人相親而笑的畫面，相當有趣而且平易近人。

在頭版中醒目的位置亦闢了一個名爲「歲月新聞」(NEWS OF YESTERYEAR)的專欄，頗類似如一般大報所闢的「歷史上的今天」，唯一不同的是，這個「歲月新聞」所追憶的新聞歲月都是屬於法蘭西斯・林克鎮上幾十年以前發生過的鎖碎小新聞，如一九五O年三月底，爲了遏止狂犬病曼延，小鎮衛生單位強制命令全鎮鎮民把所有的狗和貓都隔離開來，此外，尚有「親師會」(PARENT——TEACHER ASSOCIATION)舉辦「父親之夜」(FATHERS NIGHT)活動，以「小孩子仍將是小孩子」(KIDS WILL BE KIDS)爲題綱的研習會。

另外的幾條「歲月新聞」分別是：美軍團爲了替泉谷初中籃球隊籌款而舉行樂捐會以及「明星雜貨店」(STAR STORE)爲慶祝喬遷之喜，舉行拍賣，男仕襯衫每件四十九仙，女仕鞋每雙一元九十仙……，諸如此類的生活小新聞都能夠登上「泉谷先鋒報」的頭版新聞，由此可見法蘭西・林克鎮的民風太淳樸了，這裡沒有紐約和洛杉磯大都市嘈雜的市聲，百老匯街的聲色犬馬和

夢幻NBA

好來塢的閃爍星光顯然與這個小鎮是炯然殊異的兩個世界！

「泉谷先鋒報」的內版依先後次序，計分爲：法庭新聞、社區新聞、社會新聞、城鄉新聞、訃聞、喜訊新聞、教育新聞、分類廣告版等，竟然沒有任何一條國際新聞或美國新聞，報導的新聞觸角最遠的不過是橘郡的貝佛市(BEDFORD)、柏里鎮(PAOLI)和米契爾鎮(MITCHELL)等，眞是太不可思議了，我向妻子說，如果這份報紙是法蘭西斯·林克鎮鎮民唯一的新聞來源的話，他們眞的是像井底蛙，太閉塞了，外面五光十色的世界對小鎮鎮民而言豈非奢想不成？我現在才理解到，柏德說他家早年沒有車，沒有電視，所以他每天所能做的事就是在家裡的後院練習籃球，每天早上六點起床就是投球，不投進五百球不罷手……除了籃球，難道小鎮的人沒有夢想？沒有慾望？他們顯然只是認眞的生活著、認眞的體驗著「日出而作、日入而息」的人生哲學，我不得不敬佩起小鎮的人了，這讓我想到臺灣歌手羅大佑在「鹿港小鎮」這首歌裡所塡的詞：「臺北不是我的家，我的家鄉沒有霓虹燈……」

記得多年前，好來塢的電影製片人心血來潮，拍了一部名爲「鄉巴佬」(HOOSIERS)的電影，這部影片即是以印地安那州的籃球天地爲背景，影片淋灕盡致的闡述了印州一批又一批以傳揚籃球精神爲使命的刻苦籃球員的理念，著實令人感動不已，在籃球的世界裡，印地安那州顯然是獨尊獨大的，最令鄉巴佬感到自傲的一句話就是：「在其他四十九州裡，籃球只是籃球，但這是在印地安那州，籃球是一切！」(In 49 states it's just baske ball but this is Indiana!)這也難怪最近「印地安那波里斯明星報」(INDIANAPOLIS STAR)會在頭版頭條以特寫的方式做民調——到底印地安那大學應否留任嚴苛的籃球教練巴比・奈特(BOB KNIGHT)?」一位籃球教練的去留可以成爲地方大報的頭版頭條新聞，由此可見，籃球在印州鄉巴佬心目中的地位是何其壯嚴與神聖了！

籃球的確是鄉巴佬的一切，這兩天我在法蘭西・林克鎮上的所見所聞，幾乎也都是環繞著籃球的事情，小鎮地廣人稀，曠野地很多，露天籃球架隨處可見，難怪柏德常說，法蘭西・林克鎮的孩童與生俱來的就是籃球的感覺，籃球就是我們的生活重心和生命泉源，柏德說的話很眞誠，如果這次我沒有帶領家人來到這個「籃球的故鄉」旅遊的話，我是無法體會出柏德的心聲的！

在開車揮手道別法蘭西斯・林克鎭而踏上歸程時，心裡突然有一種依依不捨的情懷，當車子開在小鎭的鄉村道路上時，我對霸兒說：「DADDY眞的好希望你將來能像LARRY BIRD一樣成爲NBA的SUPERSTAR，好嗎?」霸兒回答得很自然：「OK!」

我家李霸出生於華盛頓首府郊區馬里蘭州的洛克維爾市，這些年來，隨著我與妻子東遷西移，我一直夢想把他培訓成一個優秀的籃球員，在他六歲的時候，就已把他送到YMCA的籃球訓練班受訓，那時我還親自下海擔任籃球訓練班的助教，只是現在工作與事業忙得抽不出身，暫時停止了訓練計劃，此次到籃球故鄉一遊之後，再一次下決心要栽培他成爲籃球的棟樑之材，妻子也答應要協助我完成這個心願，我們已爲他報名參加由「芝加哥公牛籃球學校」(BULLS BAS-

KETBALL SCHOOL)所舉辦的密集籃球訓練課程，到時候，我將拋開身上的一切事物，全心全力的陪伴他集訓。

在我們的旅行車沿著一五O公路離別法蘭西斯・林克鎮後即一路向西行，在跨越羅戈地市(LOOGOOTEE)、華盛頓市(WASHINGTON)和文斯尼斯市(VINCENNES)後，我們已駛到印伊兩州的州界地，當我在公路旁邊看到樹立的牌子上寫著「歡迎到伊利諾州來！」的大字時，內心有了一種「回到家的感覺」，進入伊州州土後，我把旅行車讓婷婷駕駛，自己則坐在前座旁欣賞路邊景緻，並且在腦海裡不斷的思索整理此次到法蘭西斯・林克鎮之旅的見聞觀點，我的心裡久久甸記著這個小鎮，或許多年以後，我還會再帶著家人回去那裡遊覽的吧……。

喊亮他的名字：『李霸』！

做人做事必須有一些『霸氣』，才能成功。只要心中沒有『惡霸』之意，不傷天害理，『強霸』一些又何妨呢？我為我的愛兒取了『李霸』這個超級大名，我要大聲喊亮他的名字！廿年後，眞的，我盼望廿年後，我家李霸可以在美國體壇雄『霸』一方！

美國體育界，江山代有人才出，各領風騷數十年……。細數著一代又一代叱吒風雲的體壇英雄與好漢，他們的豐功偉業的確讓人肅然起敬，然而，在一顆又一顆巨星流逝後，我們又有對他們留下幾多的回憶呢？

JOHNSON、JACKSON、ROBINSON、JONES、DAVIS、SMITH以及WILLIAMS等等這些著名的美國大姓，就如同咱們老中的趙、錢、孫、李大姓一樣，由於歷來人口眾多，因此，這些姓氏人才輩出，史不絕書。

中國人的姓名十分簡明易記，百分之九十五以上的姓都是單字單音，只有少數的姓如「司徒」、「司馬」、「歐陽」和「上官」等是偶數雙字，因此，中國人的姓名除了極少數例外，絕大多數是介於兩個字到四個字之間，一般人的姓名則以三個字最多，這無論是在拼、寫、讀、記方面都可達到「速」和「簡」的科學原則。

而英文姓氏則拉拉雜雜一大串字母，動輒兩三個母音構成，如網球女神童CAPRIATI和田徑名將KRISTIANSEN等都是四個母音發音，光是姓氏就讓你拼念唸念個半天，如果再加上前名、中名、和匿名，非唸你念得嘴巴酸疼不堪。再舉個活例，如曾經贏得過七屆英國溫布敦網球賽和五屆法國公開賽冠軍杯的網壇女皇MARGARET OSBORNE DU PONT，咱們如果照正規的翻譯，這位女英豪的全名大姓應該翻成——馬格麗特．歐詩波瑞．杜．邦特，而棒球超級投手GROVER CLEVELAND ALX ANDER則應翻譯爲果佛．克星夫蘭德．亞歷山大。

試想，如果每一位好手名將的姓名都要照章譯出的話，我唸光他們的尊姓大名就已經很累了，怎可能熟記下他們的輝煌戰績呢？因此，我們爲了駕簡馭繁，所有的英文姓名，一律只譯姓而不翻名，一言以蔽之，咱們是以他們的「姓」來代表「姓名」，除非是他們的姓是單音字，如LEE和YOUNG等，咱們才連同一起翻譯，否則如果只翻爲「李」和「楊」那麼誰知道這傢夥家伙誰是誰啊！

翻譯英文姓名，還眞是一門大學問呢，以艾野翻譯英文名近十年以來所累積得的「八字要訣」是「取姓給名、因性制宜」。

所謂的「取姓給名」就是在翻譯一個「姓」時，一定要賦予他或她「姓」與「名」，使爲成業個完整的「姓名」，如JOHNSON，一般人把他翻成「強生」或「約翰生」，艾野認爲那是很差勁，也很不達意的翻法，所以一向把他翻爲「江生」或「莊遜」，請問讀者看官，那一種翻法比較吸引人而易於記憶呢？諸位有沒有在華文報章雜誌上看過直呼「強華」、「建國」而不冠以姓氏的?既然沒有，爲何要把JOHNSON翻成「強生」而不翻爲「江生」呢?所以像JONES和LEWIS，我們與其翻爲「瓊斯」和「路易斯」，還不如譯爲「鍾世」和「劉義世」來得貼切些，這可不是嗎?再如一代拳王ALI與棒球巨星AARON，一般翻人皆爲里阿裡』與『阿倫』，讓人聽起來頗怪的，眞像是在對某個好朋友的親切稱呼，如果我們譯爲「艾力」和「艾隆」，是不是比較文雅達意一些呢?

所謂的「因性制宜」是指，在翻譯英文名時必須先搞清楚被譯的人是「男」的還是「女」的，如果是「男」的，譯名就要有剛強健勇的氣慨，如果是「女」的，譯名就要有柔美典雅的氣質，例如前三藩市四十九人足球隊的天王四分衛MONTANA，艾野把他翻成「馬添男」，而田徑女傑JOYNER則譯爲「喬娜」，再如達拉斯小牛籃球隊前任中鋒DONALDSON和重量級拳王TYSON，艾野分別把他們翻譯爲「鄧能勝」與「戴勝」，網球女將GRAF與游泳女飛魚EVANS則分別譯爲「葛萊芙」與「尹芬詩」，諸位從「男」、「勝」、「萊」、「芬」和「詩」等字眼不是馬上就可以分辨出男女性別來了嗎?

艾野以爲，翻譯英文名必須掌握住音義並重的原則，絕不可照英文字母個別發音來翻譯，換句話說，在翻譯一個名字之前，必須先會唸這個名字，否則翻譯出來的英文名就風馬牛不相及，如NBA蠻將AGUIRRE，有些中文報把他翻譯爲「阿古力」，那顯然是因爲不會唸他的名字，所以才把他的名字翻得不倫不類、怪怪的呢，艾野把他譯爲「艾國懷」，主因是發音相似，然後再賦予他一個關懷國家含義的名字，雖然這與AGUIRRE暴烈的脾氣不甚匹配，但是相信他本人幷不會反對這個愛國的名字吧！

在談完翻譯英文名字後，艾野特別在本文裡談談自己爲愛子所取的名字「李霸(BOB LEE)」，並願以此文作爲送給他的一歲生日禮物，但願廿年後，霸兒能在美國體壇大展身手之餘，不忘老父母親當年爲他取名、養育栽培的苦心和孤旨。

愛子出生於一九九一年六月五日美東時間晚上八時廿四分，出生地是在華盛頓DC郊區洛克維爾市的雪德葛婁醫院。打從妻子懷孕，我就開始爲未來的孩子命名而費心，由於那一段日子，我每周飛奔在華府與美南之間，在飛行途中，我總是拿著紙筆在萬丈高空中邊想邊寫、邊寫邊看、邊看邊比，最後，我終於從所想過的萬千個名字之中取了一男一女的名字，男孩叫「李霸」，女兒叫「李霜」。

「霸」是一個極爲凶猛剛烈又氣勢不凡的字，在一般人的觀點裡，「霸」字與「壞」字的義意是相同的，所謂「霸道」、「霸王」和「惡霸」等等都是離經叛道的邪惡歪理，所以，艾野罕見有人會以「霸」字來命名的，艾野的父親在生前曾爲艾野哥哥的孩子取名爲「偉豪」，名字取得眞是雄偉突出，即是『偉人』，又是『豪傑』，如今的李偉豪已是芝加哥大學的高材生。而今，我卻爲愛兒取名叫「李霸」，大出我家人的意外，然而我對母親和妻子的解釋是「做人做事必須要有一些『霸氣』才能成功，只要心中沒有惡霸之意，不傷天害理，強霸一些又何妨呢？」於是我便爲愛兒取定了這個舉世無雙的超級大名『李霸』！」

由於我是那麼的熱心於美國體育，自己既無法在體壇一展身手，所以就把一切的希望和未曾實現的美夢寄托在愛兒身上了，我與妻子也準備全心全力栽培他，自從「胎教」開始，我們都一直在設法爲愛兒造就一個健全完善的運動環境，以望霸兒能在廿年後雄「霸」NBA球場，相信這個「霸王美夢」在當今美國的華裔父母親裡是絕少存有的吧！

「李霸的名字取得眞神，剛聽到的時候，覺得很邪惡，但是唸過以後再想想，眞是神勇，而且更是好念好記，終生難忘！」

這是許多好友對艾野所說的有關「李霸」這個名字的觀點。現在看著他一天天的成長，我內心對他的期望則是一日日的增加，廿年的歲月應該不算是漫長，廿年後，眞的，我盼望廿年後，我家李霸眞的可以在美國體壇雄「霸」一方！

夢幻NBA

作　　者／李著華 (艾野)
發 行 者／弘智文化事業有限公司
登記證：局版台業字第 6263 號
地址：台北市大同區民權西路 118 巷 15 弄 3 號 7 樓
E-mail:hurngchi@ms39.hinet.net
郵政劃撥：19467647　戶名：馮玉蘭
電話：886-2-2557-5685　0921-121-621
0932-321-711
傳真：886-2-2557-5383
網站：www.honz-book.com.tw
發 行 人／邱一文
經 銷 商／旭昇圖書有限公司
地址：台北縣中和市中山路二段 352 號 2 樓
電話：(02) 22451480　傳真：(02) 22451479
製　　版／信利印製有限公司
版　　次／94 年 11 月初版一刷
定　　價／ 490 元

ISBN ／986-7451-10-4

國家圖書館出版品預行編目資料

夢幻NBA / 艾野著. -- 初版. -- 臺北市 : 弘智文化, 民94

面 ; 公分

ISBN 986-7451-10-4(平裝)

1. 籃球 - 美國

528.952 94018406